考古学研究とその多様性

―東北からの視座―

Osamu Kagabu
利部修◉著

序

好漢　利部　修さんが『出羽の古代土器』（二〇〇八）、『「心象考古学」の試み―造形物の心性を読み解く―』（二〇一七）に次いで第三冊目の単著を上梓することになった。考古学に志して四五年目にあたると言う。その間、旧石器時代から現代にいたる遺跡一〇〇余箇所の発掘調査に参画し、多くの発掘報告書とそれに纏わる論文を公にしてきた。

土器の研究にはじまり、ヒトの心性を論じてきた利部流の考古学研究は、発掘調査には熟達の技術が肝要との境地に到達し、さらにその成果こそ自己の研究領域と認識しアウフヘーベンしていく。そして発掘結果の再認識とその形成を踏まえながら歴史の史料として演繹的に理解する一方、遺跡の地に生起した現象を客観的に凝視する姿勢を頑なに貫徹していった。発掘現場において、遺跡の形成過程を仔細に観察し、認識し、記録化を果すことにより、報告書に結実する。それは遺物包含層、遺構でも通有の方策は変わらない。遺跡の発掘調査においてかかる視点は当然であるが、対応遺跡それぞれの場において問題意識を堅持していくことは、あたえられた諸条件下において必ずしも容易ではないであろう。

その実践を自らの「研究領域」において具現化した例を開示することによって、行政に職を奉じてきた考古学の研究者としての誇りを披瀝する一書こそが本書である。加えて体験した調査によって得られた事象を「心性研究」「宗教」の次元に高揚していく努力を怠らない姿勢を随所に垣間見ることが出来るであろう。

かつて、濱田耕作が、すべての人文諸科学との有機的関連性と対象資料（物質資料）の自然諸科学との密接な関連性を指摘し（『通論考古学』一九二二）、また、大山　柏が、考古学的研究に自然科学のほか多くの分野との連携の必要性を喚起してきた（『基礎史前学』一九四四）。

かかる金言を脳裏に据え乍ら東北の地において、行政研究者の一人として任務を果たす傍ら、考古学を飽くこと無く憧憬し学び続けてきた、その遍歴の途次の記録が見事に整理され纏められた。ここには、半世紀に近く行政内研究者として営為してきた矜持と考古学研究者としての自負が鏤められるように散見している意欲的な論文が収録されている。まさに、行政内研究者の来たし道を示した一冊と言うことが出来る。

著者の終生の師、故倉田芳郎先生と共に坏を挙げて上梓を祝すると共に、積年にわたって研究を理解し尽くされたてきた令夫人に対し乾杯したいと思う。

平成己亥嘉節

立正大学名誉教授　坂詰秀一

まえがき

本書は、第一章と第二章の論考に第三章の理化学分析と発掘調査の報告を加えた三つの章立てで構成してある。発掘調査の成果は、調査方法やその実技によって左右されるため、豊富な経験による熟練した技術が必要である。そして理化学分析試料の作成には慎重さと細心の注意が必要であり、分析自体に高度な専門性を有する。このことから、筆者は理化学分析と発掘調査の報告を研究領域と見做す立場を採っている。

第一章は第一・二節の姉妹編による縄文時代、弥生時代、第二章は僅かながら古墳時代を含む（第二節）奈良・平安時代が中心で、第三章では第一・二節の古代と第三節の近世を扱っている。考古学の時代区分を仮に旧石器・縄文・弥生・古墳・古代・中世・近世・近現代とすると、旧石器時代と近現代を除く時代を対象としている。しかし、第一章第一節は縄文時代草創期、第三章第三節では近世を扱っており、旧石器時代と近現代の両時代に直接的な繋がりがあり、希薄な側面もあるが全時代に関連する内容になっている。

本書で目指した一つが、筆者が発掘調査やその整理作業を通じて得た知見を主体にして、一書を纏めたかった点である。対象としたのは第一章第一・二節の岩瀬遺跡、同第三節の諏訪台C遺跡、第二章第三節と第三章第二節の竹原窯跡、第二章第三節の富ケ沢窯跡、第二章第四節の片貝遺跡、第三章第一節の天代窯跡、同第三節の松浦皿山窯跡等であり、このうち群馬県天代窯跡と長崎県松浦皿山窯跡以外は、秋田県埋蔵文化財センター在職中に発掘や整理を手掛けた秋田県所在の遺跡である。

縄文時代の岩瀬遺跡は、草創期の文化層を切り込んだ古い順の河道A～Iまでが検出でき、草創期より後期にかけての遺構や遺物が層位毎に確認できた。結果、草創期から早期にかけての石器群を岩瀬一期～Ⅶ期まで区分する変遷が明らかになった。遺物の前後関係が河道堆積土に残された遺構によって把握できた、類い希な遺跡である。草創期の縦型と横型の石匙の存在、多数の切り傷を持つ台石や石器接合資料の豊富さ等、多くの情報が盛り込まれている。草創期最古段階の青森県大平山元Ⅰ遺跡との関連性も窺える。

諏訪台C遺跡では、三棟の住居跡から縄文晩期終末から弥生初頭に関わる土器群が一括出土しており、Ⅰ・Ⅱ類土器群として捉えていた。これを古い順にA群（Ⅰ類古段階）・B群（Ⅰ類新段階）・C群（Ⅱ類）とし、各群の属性観察からA群とC群との間に変革を見出したものである。水田が見つかった青森県の砂沢遺跡と共に在地色が強い。弥生時代の指標となるのが遠賀川系土器で、それを象徴するのが大型の壺形土器である。この種の壺は形態・文様・技法に特色があり、山形県酒田市生石2遺跡、秋田県秋田市地蔵田遺跡、同能代市館の上遺跡と東北日本海側で豊富に出土している。これらの遺跡と諏訪台C遺跡、砂沢遺跡との関連が注目される。

竹原窯跡は、八世紀中葉〜九世紀後葉にかけて須恵器を生産していた竹原窯跡支群の一部である。奈良時代の豊富な器種や金属器写しの器等から、奈良時代の雄勝城跡や雄勝郡衙等の官衙遺跡に供給されたと推定している。遺跡の所在する中山丘陵窯跡群には、長頸瓶が多量に出土し、筆者が確認調査において存在を確認した九世紀富ケ沢窯跡支群が存在する。この窯跡もやはり官衙に関連し、律令国家の征夷政策と密接に連動している。両窯跡は、東北城柵官衙関連遺跡の一角を占めている。

片貝遺跡は平安時代の集落遺跡で、「寺」の字を墨書・朱書した杯が同一の住居跡から複数見つかった。杯に対する字体の在り方、杯の形態・焼成から、杯身（墨書）と蓋（朱書）のセット関係を推定した。律令国家が蝦夷と称した地域に、仏教や陰陽思想を齎した数少ない遺跡である。筆者も調査を担った片貝家ノ下遺跡は片貝遺跡に近接しており、十和田a火山灰（九一五）による泥流（シラス洪水）が集落全体を覆った未曾有の災害遺跡である。その住居跡から出土した四点の土器を基準に据えて、片貝遺跡出土土器の編年を試みた。

四遺跡に関する論考の評価はさておき、どれもが東北を代表する遺跡である。また、第二章第一節の半地下天井架構式窯の検討は、関東・東北を対象とし東北の事例を盛り込んでいる。同第二節の古代土器の製作と技法に関する観点は、秋田県や東北地方の長きに亘る資料の実見と経験則に基づいている。同第三節は、城柵官衙遺跡と関係する由理柵や駅家を探すために、小規模発掘を継続している同人会が企てたものである。筆者もそれに参加している。同第五節の×形文は、元々が東北北部の古代刻書土器に認められる×形文に関する疑問より発したもので、古代の全国的な在り方から平安密教に辿り着いた経緯がある。同第六節の三三に関する考察では、三十三観音信仰の類例化を、秋田・山形・宮城・岩手県を例に試みたものである。第三章第二節は、前述した竹原窯跡須恵器試料の掲載表現を検討した、三辻先生との共著の一部である。

以上が東北地方を基軸に据えた考古学研究を模索した所以である。更に第三章第一節、同第三節の理化学分析報告と発掘調査報告について触れておきたい。両者を併せた考古学の調査報告書は全国的に流布している。理化学分析では、筆者もそうであったように、目的が希薄なままの消極的な分析報告が常態化する傾向にある。目的を深めて実施することの事例として、第一節を敢えて取り上げた。発掘調査では、調査例の格段に多い縄文時代と、ようやく地域に根指した形で調査が許容されてきた近世とでは、調査報告例に雲泥の差がある。中でも窯跡の調査は九州や東海地方と比べ歴然としており、東北地方に近世発掘調査の気運が高まる期待を込めて、第三節を掲載している。いずれにしても、東北地方に長く身を置いて常々感じてきたことが発端となっている。

本書が目指したもう一つの視点は、考古学の多様性についてである。本書掲載の論考や報告は、縄文時代から近世までで、間接的にはその前後も関係した長い時代を対象としている。地理的には、東北地方を中心として関東地方に及ぶ論考や九州地方の報告も加えてある。つまり日本の考古学を思考したのである。各節立ての内容は、主たる目的について考古学的手続きを踏まえて論じてきたが、そこには隣接して他の分野の研究領域も見出すことができる。本書の第三章第一・二節に掲載した理化学分析の領域はその典型である。以下に学問領域の幾つかを検討してみる。

第一章第一・二節では、縄文時代草創期から前期にかけての河道がA～Iまで確認できた。これらの河道からは、高位から底位にかけて移行し徐々に現横手川に収斂していく、地形の変化を読み取ることができる。これらの不整合面は、縄文人の生活痕跡を押し流した後の河道痕跡である。気象条件を伴う地形の変化は、地質年代である完新世の具体相を示している。遺跡の形状が、地質学、地形学、気象学とも関連している好例と言えよう。

第二章第三節は、東北の城柵遺跡の一つ由理柵が存在する秋田県由利地域を対象に、古代生産遺跡に焦点を当てたものである。取り上げたのは、須恵器・鉄・炭・塩・稲の各種生産物であり、それぞれに大きなテーマでもある。須恵器・製塩土器や鉄は元素を探る鉱物学、炭や稲は植物学と連携している。また、その一つの生産に限定しても、資本家・労働者、更に生産物の発注・受注、輸送販路に関わる交通手段とその担い手等、個人を越えた生産組織は共同生活の構造や機能を模索する社会学にも関連するだろう。

同第四節の片貝遺跡は、秋田県大館市比内町に所在し、十和田a火山灰のシラス洪水で埋没した片貝家ノ下遺跡が近接している。二つの遺跡は、律令国家の圧政に耐えかねて出羽国十二村が蜂起した「元慶の乱」の比内村の一角を占める。文献には、秋田城跡が焼き討ちに遭う等の戦況が生々しく伝えられているのである。また青森県や秋田県、宮城県と東北地方一円に分布する火山灰の年代も、文献から導かれたものである。このように歴史時代の考古学が、文献史学から知り得る情報は計り知れない。

同第五節では×形文、同六節では数字の三三を追求したが、どちらも神仏に関わる分野であった。仏菩薩が配置される空間は、高野山や東寺、三十三間堂に見られるように寺院建築と深く関連する。曼荼羅は、密教教理に基づきながら仏菩薩の世界を具現化したものである。宗教学は勿論のこと、伽藍配置や各種の建築物は建築学の知識を必要とする。また、建築・仏像・曼荼羅等の修復で専門性を発揮している保存科学と共に、赤や青等の色自体の表現やその組み合わせ手法は、色彩学の分野も必要としている。

この他第一章第三節の弥生時代の形態や装飾文様は、縄文時代から受け継がれてきた造形美学を引き継いでおり、第二章第一・二節では、大甕製作の民俗例や海外における球胴甕製作の民族例を引用している。考古学が多くの学問と関連していることが理解できる。

さて、考古学の学問領域を広く扱った文献に、各種の記念事業に関する論集等がある。ここに『考古学の諸相』（池上悟編一九九六）を一つの例として掲げる。内容は海外に関する第Ⅰ部、中近世の第Ⅱ部、奈良・平安時代の第Ⅲ部、古墳時代の第Ⅳ部、旧石器・縄文・弥生時代の第Ⅴ部に分かれる。更に第Ⅰ部は、アメリカ・シベリア・東アジアに及び、文化域・鉞・鏡・宗教起源等を掲載する。第Ⅱ部は墳墓・瓦窯・五輪塔・陶磁器・銭貨・煉瓦・汽車土瓶等、第三部は仏教遺物・蕨手刀・寺・陶硯・国衙・銅・須恵器・窯構造・経筒・光背等、第Ⅳ部は環状柄頭・方形周溝墓・古墳・横穴墓・線刻画・壁画等、第Ⅴ部では土器・土偶・絵画・住居跡・細石刃等の研究領域が示されている。

このような個別研究領域は、対象とする地域を設定することで更に広がりを見せる。先に述べた学問領域を重ねると、今後も考古学研究領域が益々細分化され拡散するのは必至である。これ程に研究領域が広いのは、考古学が、過去の日常の物質的資料の全てを研究対象とするからに他ならない。この意味では人類の総合歴史学とも言えるであろう。本書の内容を検討すると、考古学でその専門性が発揮される発掘調査とその整理作業が、今まで以上に重みを持って実感されてくる。第三章は、考古学の専門性と他学との協合性を示した具体例である。

以上、本書には二つの目的を盛り込んだ。二兎を追うものは一兎も得ずと言う。本書の評価は読者の感想に委ねることにするが、筆者が意図することを汲み取って頂ければ幸いである。

なお、各論考の掲載に当たり、統一を図るため多少の加除・変更を行った。また、第二章第四節と第三章第三節には「はじめに」の文章を添えてあり、後者は誌面の関係で遺構配置図を省いてある。ご寛容願いたい。

［初出一覧］

第一章　研究領域（1）先史時代

第一節　「秋田県岩瀬遺跡における草創期の石器群」（『列島の考古学―渡辺誠先生還暦記念論集―』　渡辺誠先生還暦記念論集刊行会　一九九八年）

第二節　「秋田県岩瀬遺跡における早期の石器群」（『関　俊彦先生還暦記念論集』立正大学考古学会　二〇〇〇年）

第三節　「諏訪台C遺跡のⅠ・Ⅱ類土器群」（『秋田県埋蔵文化財センター研究紀要』第五号　秋田県埋蔵文化財センター　一九九〇年）

第二章　研究領域（2）歴史時代

第一節　「第三節　半地下天井架構式窯」（『古代窯業の基礎研究』　窯跡研究会　二〇一〇年）

第二節　「古代土器の製作過程と技法の表記」（『秋田県埋蔵文化財センター研究紀要』第三一号　秋田県埋蔵文化財センター　二〇一七年）

第三節　「由利地域の古代生産遺跡―須恵器・鉄・炭・塩・稲―」（『古代由理柵の研究』由理柵・駅家研究会　二〇一三年）

第四節　「第五章　総括」（『片貝遺跡―大館工業団地開発事業に係る埋蔵文化財発掘調査報告書―』秋田県文化財調査報告書第五〇九集　秋田県教育委員会　二〇一八年）

第五節　「平安仏教の×形文―真言密教との関連で―」（『考古学論究』第一九号　立正大学考古学会　二〇一七年）

第六節　「仏教の「三十三」数字考―三三の節目に―」（『秋田県埋蔵文化財センター研究紀要』第三二号　二〇一八年）

第三章　研究領域（3）理化学分析と発掘調査記録

第一節　「一．科学的な分析について」（『天代瓦窯遺跡―中之条古窯跡群における天代C地区瓦窯の調査―』中之条町教育委員会　一九八二年）

第二節　「竹原窯跡出土須恵器の胎土分析」（『秋田県埋蔵文化財センター研究紀要』第一一号　秋田県埋蔵文化財センター　一九九六年）

第三節　「第Ⅱ章　調査窯址」（『長崎・松浦皿山窯址』先史一五　駒沢大学考古学研究室　一九八二年）

目　次

第二章　研究領域（2）歴史時代

第一章　研究領域（1）先史時代

第一節　岩瀬遺跡における草創期の石器群

一　はじめに

岩瀬遺跡からは、縄文時代草創期より中期にかけての遺構や遺物が多く見つかっている（図1－①）。横手川に隣接し河岸段丘の末端に位置している調査区（図1－②・③）では、縄文時代の草創期末頃より中期までの旧河道（A〜I）が明瞭で（図2）、これらに内包する遺構や遺物の先後関係が層位毎に把握し易い状態にあった。特に、草創期から前期にかけては石器製作跡や炉跡（草創・早期）が随所に見られ、草創期石器の共時性と変遷が良好に理解できた（図3右）。

調査は東北横断自動車道秋田線の建設に伴うもので、当初四一八〇平方メートルが対象面積とされ冬期を除く年度内の事業として着手した。しかし、遺跡の性格から一九九一と一九九三年の二カ年に亘って調査を実施することに変更し、一九九一年の冬から一九九六年に亘る整理期間を経て同三月に報告書として纏まった（利部編一九九六）。遺跡の概要については、一九九四年に中間報告として述べてある。以下には遺跡の特異性を考慮した発掘中の調査経過を若干述べておきたい。

調査は工事計画の条件があって、はじめ図2のME〜MGラインより西側（この北側の一部は除く）の一五八〇平方メートルが優先され、土量と排土処理の関係から更に東西半分ずつに分けた調査を行うことにした。試掘の予備知識では、旧地形は河川側に緩い傾斜地で、古い方では早期の遺物を含むやや深い単純な層位と考えられた。ところが初年度の調査で、それよりも現河川で早期の包含層より低い位置に、より新しい遺物や層位が発見されるという一見矛盾した現象が見られ、地表より二〜三メートル下の岩盤が現河川側に傾斜していることも分かってきた（豊島一九八九）。

①岩瀬遺跡の位置

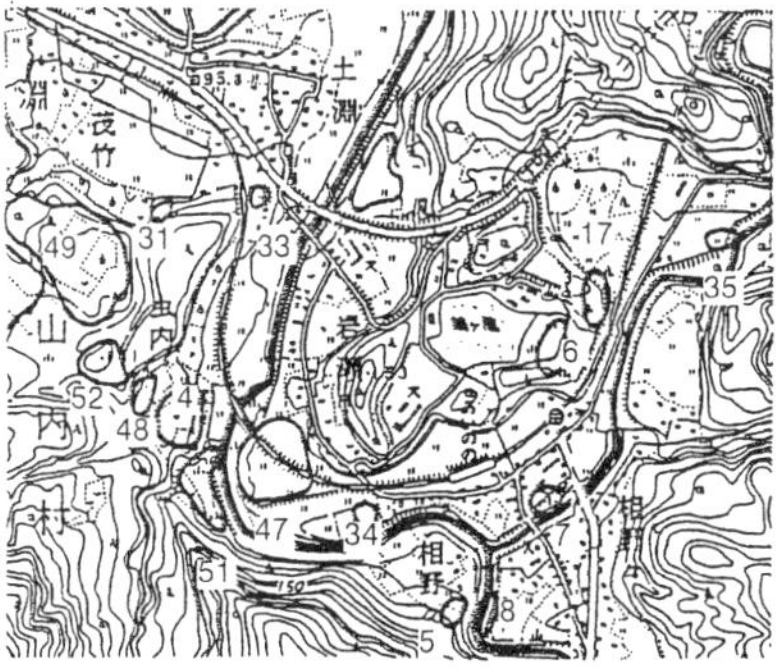

②周辺の遺跡と 47 の岩瀬遺跡（横手川は黒で加筆）

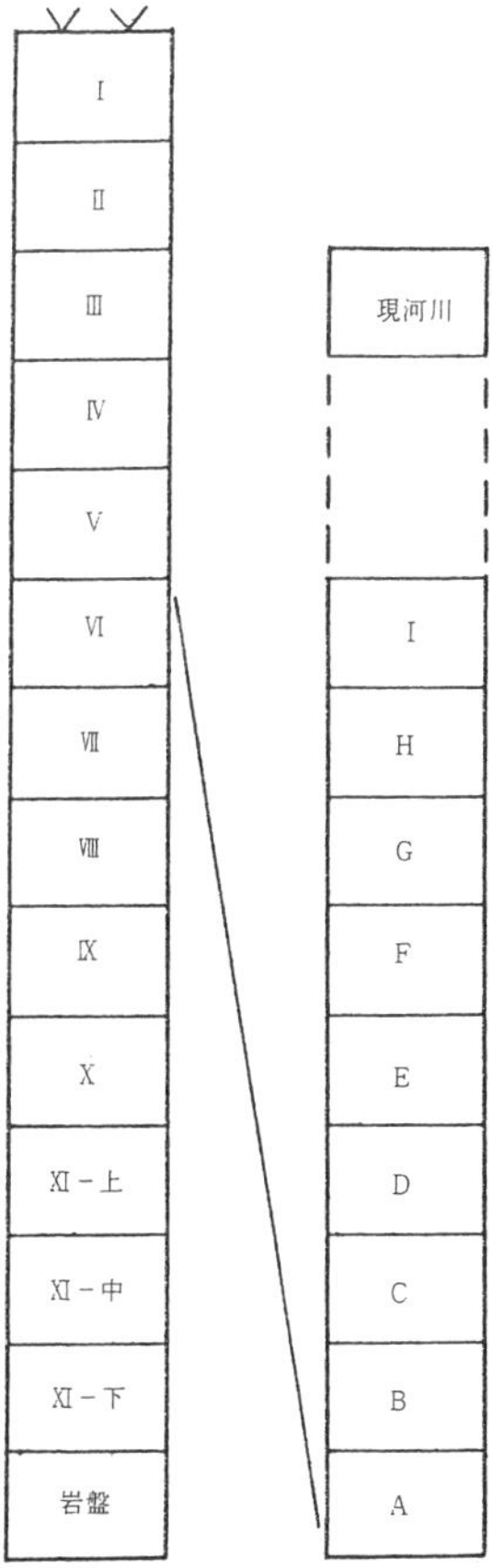

④基本層位と河道の変遷（利部作図）

← NE　③河岸段丘断面の概念　SW →

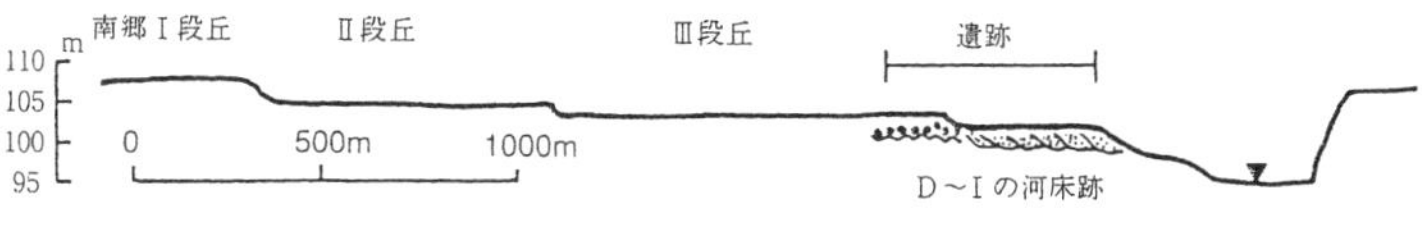

図1　岩瀬遺跡の立地と層位（利部編 1996 より）

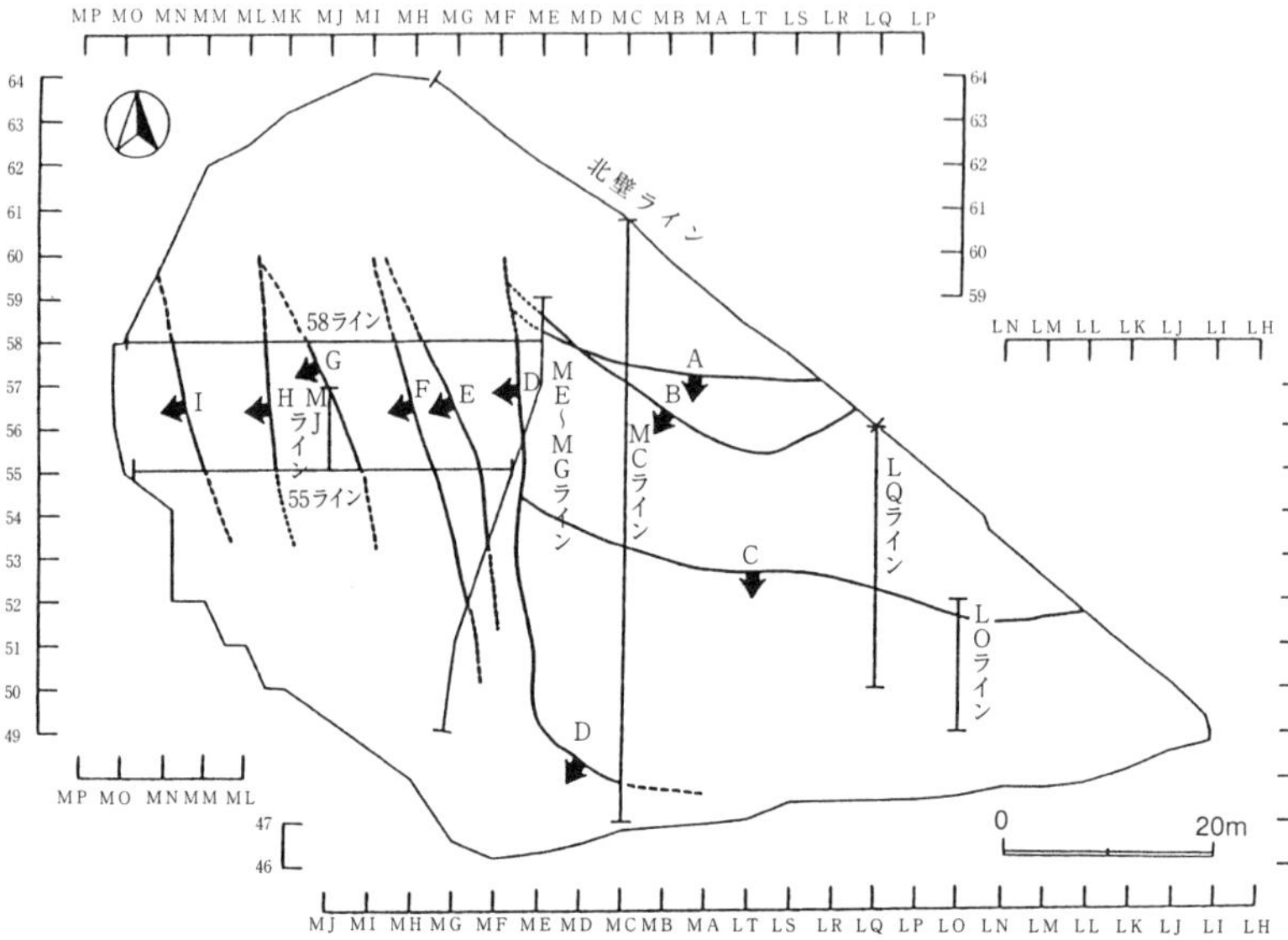

図２　河道の変動（利部編 1996 より）

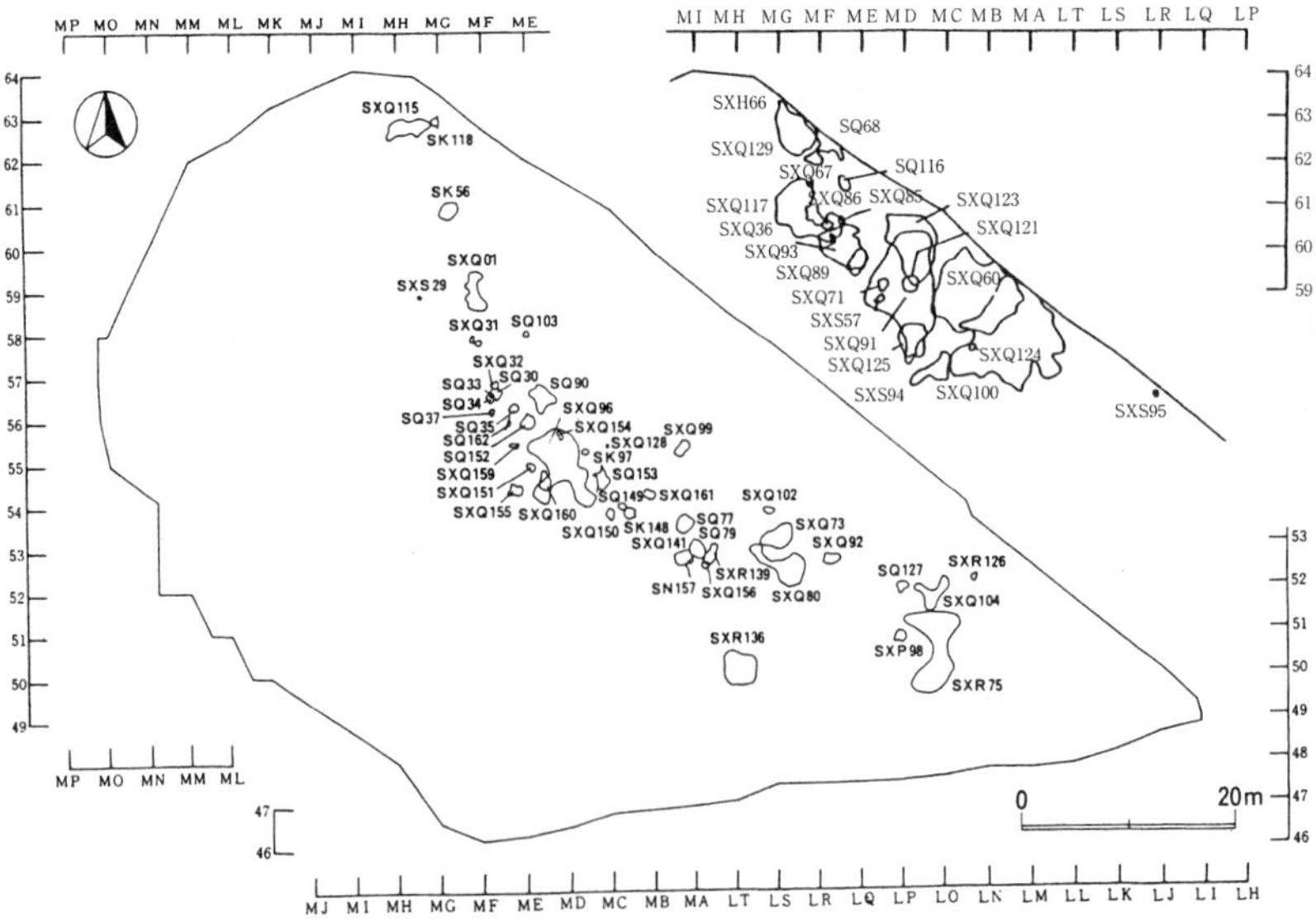

図３　草創期（右）・早期（左）の遺構（利部編 1996 より）

傾斜方向における土層観察は、平面では層位の連続性の把握が困難であったが、断面では斜めに重なる堆積層が明瞭で、希にこれらを切り込む層が見られた。この状況から、断面の個別層位の記号化はできたにしても、基本層位をどう理解し遺物をどのように対応させるべきかが、常に調査時点の課題であった。そして初年度の後半には、整合状態で細かに堆積している層位に対し、所々に現れる不整合面を個別層位の大きな括りとして捉えることで、個々の層位と基本的層序の解釈にある程度の兆しが見えてきたのである。

複数の河道による不整合面の在り方では、最も古い河川底面より高位にある岩盤上面に堆積する層が、河道Aに切り込まれていることが判明し、早期以前の文化層が想定されてきた。早々に、東側未調査区（図2の58ライン東側延長線）に沿った試掘溝を入れることになった。その結果、地表面より一・五メートル程の所では調査区で最も高位の岩盤上に載る礫層が見られ、この直上を中心にして草創期の石器が多量に見つかった。

二年目の調査では、高位の岩盤上の層位を基本層位とし、更に一部南北方向に直行するような河道が想定されていたので、MCラインの断面を大事にした。その結果、A～Dの河道とこれらに関わる遺構・遺物が発見され、基本層位と河道の関係、草創期の遺構が高位岩盤の礫層上を中心に分布すること、礫層中の石器の存在等が分かってきたのである。

二　層序と土器

高位岩盤上の層位は、Ⅱ～Ⅳ層を除くⅠ～Ⅺ層に分けられた。Ⅱ～Ⅳ層については他の地点で補った。これを基本層位とする（図1-④左）。Ⅰ層は約四〇センチの表土で盛土も含む。Ⅱ層は約一〇センチの黒褐色土である。Ⅲ層は約一〇センチの黒褐色土で褐色に近い。Ⅳ層は約三〇センチの黒褐色土で黒色に近い。Ⅴ層は一〇～二〇センチの暗褐色土でシルト質の漸移土である。Ⅵ層は、二〇～四〇センチの黄褐色系の砂質土である。灰白色微粒子を多く含む。Ⅶ層は、二〇～三〇センチの黄褐色系のシルト質土である。Ⅷ層は二〇～三〇センチの黄褐色系の砂質土である。Ⅸ層は一〇～三五センチで、a層（礫）・b層（細砂）・c層（粗砂）に分かれa層が主体であるⅩ層は一〇～二〇センチの黄褐色で砂とシルトの在り方で二分した。Ⅺ層は一三〇～一八〇センチで、主体的な礫の在り方から上位・中位・下位に区分した。

一方、河道の堆積層は河道A～河道Iまで確認できた（図1－④右）。河道Aは、上端の幅が約二〇メートル以上で一・八メートルの深さがある。礫層が岩盤直上を覆い、その上は砂とシルトの互層である。河道Bは河道Aを覆っている。河道Aの直上に二〇～四〇センチの礫層、更にシルト層が覆う。河道Cは、上端の幅が約二二メートル以上で、基本的に砂とシルトの互層を成し、上位はⅤ層に覆われている。河道Dは上端の幅が五・五メートル以上あり、下部堆積層は黒色系の土層で砂とシルトの互層を成し、上部にはⅤ・Ⅳ層が覆う。流路は南東から北へほぼ直角方向に転換し、以降の河道E～Iは上端幅が約九メートルの河道Hを除けば、一・五～六メートルに収まり段階的に下降する。これらは、削平を受けていない上部では黒色土であり、下部は砂とシルト褐色土等の互層を成す。

以上、河道AはⅥ層もしくはⅥ・Ⅴ層間に収束するように観察され、且つ河道BをⅤ層が覆っていることから、略述した基本層位と河道堆積層は相互に関係付けられ、これらを合わせて基本層序として把握する。

土器と層序の関連はどうであろうか。Ⅹ層からは、草創期の爪形文土器（図4－D1・D2）や無文土器（無文部）が遺構に伴って数点出土した。D1は器肉が二・三ミリの薄く外反した口縁部で、縦位に二つ連なる爪形文を単位にしている。D2は器肉が三・四ミリで、ハの字形の爪形文が縦横に連続して見られる。Ⅸa層の最下位からは、草創期の隆起線文土器が遺構に伴うように出土している（D3）。D3はやや外反し縦位に幅約五ミリの盛り上がりを作る波状の口縁で、口唇部とこの表面直下を波状に作る。Ⅵ層からは、草創期と考えられる縄文土器が倒立した状態で遺構に伴って出土した（D4）。D4は推定口径一四センチ・現存高九・八センチで、肥厚した口唇部

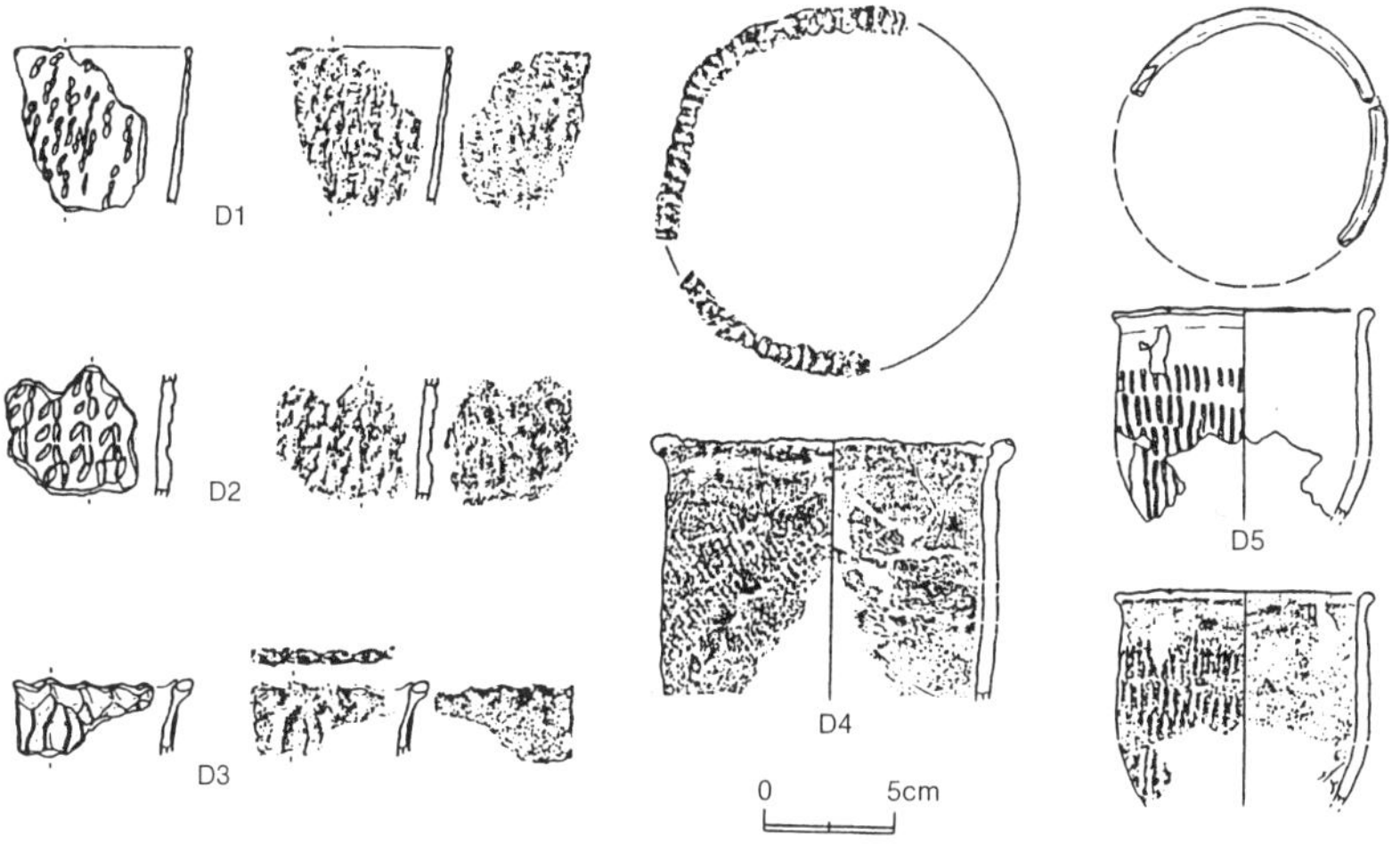

図４　草創期と早期初期の土器（利部編 1996 より）

を持つ口縁部はやや外湾する。胴部に斜縄文を口唇部には深い押圧縄文を施す。河道Ｂ堆積層上部からは、早期と考えられる撚糸文土器が遺構に伴って出土した（Ｄ５）。Ｄ５は口径一〇センチ・現存高八センチで、口唇は肥厚し口縁部は外反する。口縁部は幅一・五〜二センチの無文帯で、その下に縦位の撚糸文を施す。更に、Ｖ層からは早期中葉の貝殻文系土器が出土し、河道Ｇで前期の土器が纏まって出土したりするが、Ｖ層及び河道Ｃ堆積層以降については省略する。

　上述の土器と層位の関係は、同時に石器と層位の時代相を規定する。Ⅺ層から土器は出土しないが、石器の様相より草創期と考えられる。河道Ｂ堆積層からは石器製作跡に伴う石器が多量に出土したが、草創期の下限を規定する撚糸文土器によって、河道Ａ堆積層も含んで河道Ｂは早期以降と理解できた。従って、Ⅺ〜Ⅵ層までが草創期の文化層と言え、このことが、草創期の遺構・遺物が高位岩盤上を中心に分布している理由でもある。

三　層位と遺構による石器群の変遷

Ⅺ〜Ⅵ層のうち、Ⅷ層を除いた各層より遺構や遺物が確認されており、上・中・下位としたⅪ層礫層中からも少量ながら見つかっている。遺構にはＳＸＨとした竪穴状遺構、ＳＸＱの石器集中部、ＳＸＳの石器石材集積遺構があり、石器集中部の殆どは石器製作跡と考えられる。以下では、層位の序列を基準にした石器の変遷を述べるが、石器の確実な共時性を把握するために、層位ごとの帰属が明瞭な遺構内資料を用いることにする。層序を大きな纏まりで括れば、間層を挟んだⅪ～Ⅸ層までとⅦ・Ⅵ層の上下に区分でき、前者は更に爪形・隆起線文土器を伴うⅩ・Ⅸ層と、岩盤直上で土器が見つからないⅪ層に分けられる。この三つの時代相を、古い方から岩瀬一期（Ⅺ層）・岩瀬二期（Ⅹ・Ⅸ層）・岩瀬三期（Ⅶ・Ⅵ層）とし、各々の時期から出土する石器の纏まりを各時期の石器群として捉えることにした。但し、掲載資料は紙面の都合で意図的に抽出しており（表）、掲載されていない資料も層位的には同一の価値基準を持つものである。

（1）　岩瀬一期の石器群（図5）

ＳＸＱ一二三（1～7）とＳＸＱ一二一（8・9）を取り上げる。ＳＸＱ一二三は長軸約七メートル×短軸五メートルの範囲で、石器四七五点（以下、チップも含んだ点数を表示）がⅪ層中位より出土した。ＳＸＱ一二一は径約一・六メートルの範囲で、石器二七六点がⅪ層上位より出土した。これらの石器は、層位より1～7から8・9の変遷がある。

図5－1は石斧で、表面上位の右側縁が緩く抉れた状態を示し、刃部は丸く収める。2・3・5は掻器である。1は縦長剝片で、打点を除く背面に細かく丁寧な調整を施す。4は石錐と考えられ、先端部に小さく部分的な剝離がある。6は削器で、正面左側縁が大きく抉れている。7は二次加工ある剝片である。8は薄く丁寧な剝離を施す石槍で、一五センチ以上の長さが推定される。9は薄く丁寧な舌状部分を作っており、有茎尖頭器と考えられる。

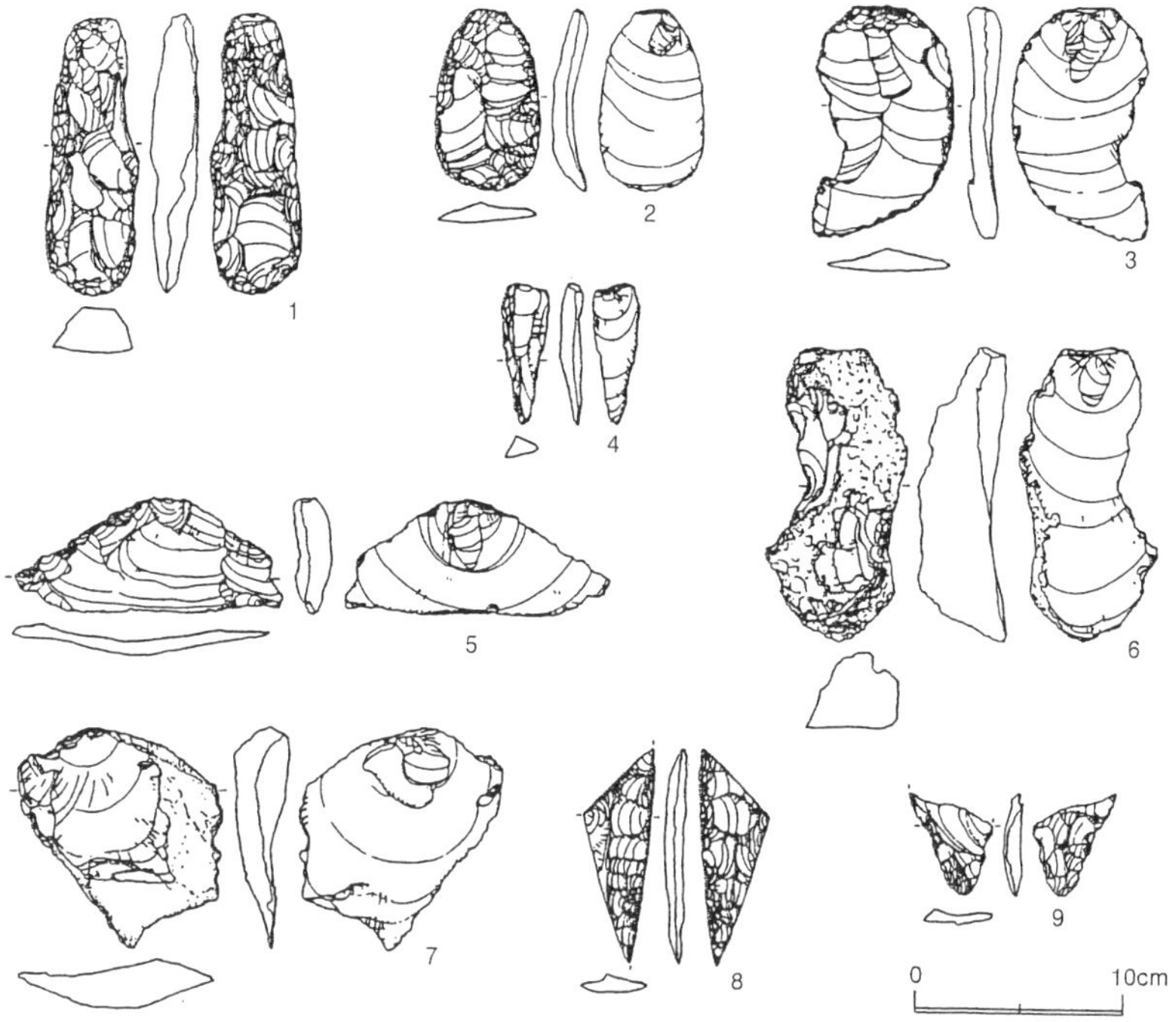

図５　１期の石器（利部編 1996 より）

（２）　岩瀬二期の石器群（図６〜10）

ＳＸＱ六〇（10〜33）、ＳＸＨ六六（34〜41）、ＳＸＱ一〇〇（42〜47）を取り上げる。ＳＸＱ六〇は約八・五メートル×七・五メートルの範囲で、石器九二四四点がⅩ層より出土した。ここからは、確実な炉跡三基が見つかっている。ＳＸＨ六六は、未調査区域も含むが三〇センチ前後の大きな礫を取り除いて緩い窪み状にしたもので、推定長軸約二・二メートル×短軸約二メートルである。内側に、推定長軸一メートル×短軸〇・八メートルの部分的に火熱を受けた範囲がある。石器は礫の直上（Ⅹ層に対応）を中心に、竪穴状遺構の内外に約六メートル×四メートルの広がりで、石器一〇〇四点が出土した。ＳＸＱ一〇〇は長軸約一一メートル×短軸一〇メートルの範囲で、石器など一〇〇〇点がⅨ層より出土した。これらの石器は、層位より10〜41から42〜47の変遷が考えられる。

図6－10・11は石槍（16・17）の接合資料である。10は、11よりも僅かに大きな扁平で薄い河原石を素材にして、効率の良い製作を行っている。11は両側縁に交互剥離を施し、薄くて長い剝片を意図している。

図7－12・13は両面体石器（ブランク）で、粗い調整で楕円や半月状に整えている。14は上下を欠損した半月形石器で、側縁に細かな剝離を施す。15～19は石槍である。17は木葉形の未製品である。18は、基部側に左右非対称の抉りを持つ舌状部を作っていたかも知れないが、二次的にノッチとして使用していた可能性がある。19と共に基部を丸く丁寧に仕上げており、両端が尖っている木葉形や基部が舌状を呈する有茎の石槍とは区別される。20・21は石斧である。20は断面が三角形で、刃部を表裏の剝離で丸く収める。正面上位の右側がやや抉れている。21は幅広で分厚く、片面が礫皮面の刃部は水平である。22～24は、縦長の薄い剝片を利用した石匙である。つまみ部の抉れ以外は、打点とその付近に一部分調整を施すのみである（22・24）。23には全体にトロトロした光沢がある。

図8－25～27は掻器で、26は横長剝片を用いている。27は数個の剝片が接合している資料の石核で、未製品と考えられる。28～30は両側縁や片側に調整を施す削器である。31は鋸歯縁石器とした。横長剝片で、長辺に粗い鋸歯状の剝離を施す。32は炉の付近から出土した台石である。長さ五一一ミリ×幅二五五ミリ×厚さ七六ミリの泥岩で、幅一・二ミリ深さ一ミリ以下の傷が両面に無数認められる。33も泥岩の有溝砥石である。両面にV字状の溝があり、これに沿った擦痕が顕著に認められる。

図9－34・35は箆状石器とした[1]。両面に調整を施した扁平で狭長な石器で、35を例にとれば下端の幅広側を丸く収めた刃部と考えられ、基部側は舌状の形態をとる。34は同類の舌状部と見做される。36は半月形石器と考えられる破片である。側縁に比較的丁寧な調整があり半月状を呈する。37は箆状石器もしくは石槍と考えられる。38・39は石槍である。38は柳葉形の欠損品、39は木葉形の未製品である。40は大型の円形掻器である。大きい剝片の表面に大きな剝離を施したと見られ、縁沿いに全周する細かい調整がある。41は舟底形石器である。正面の

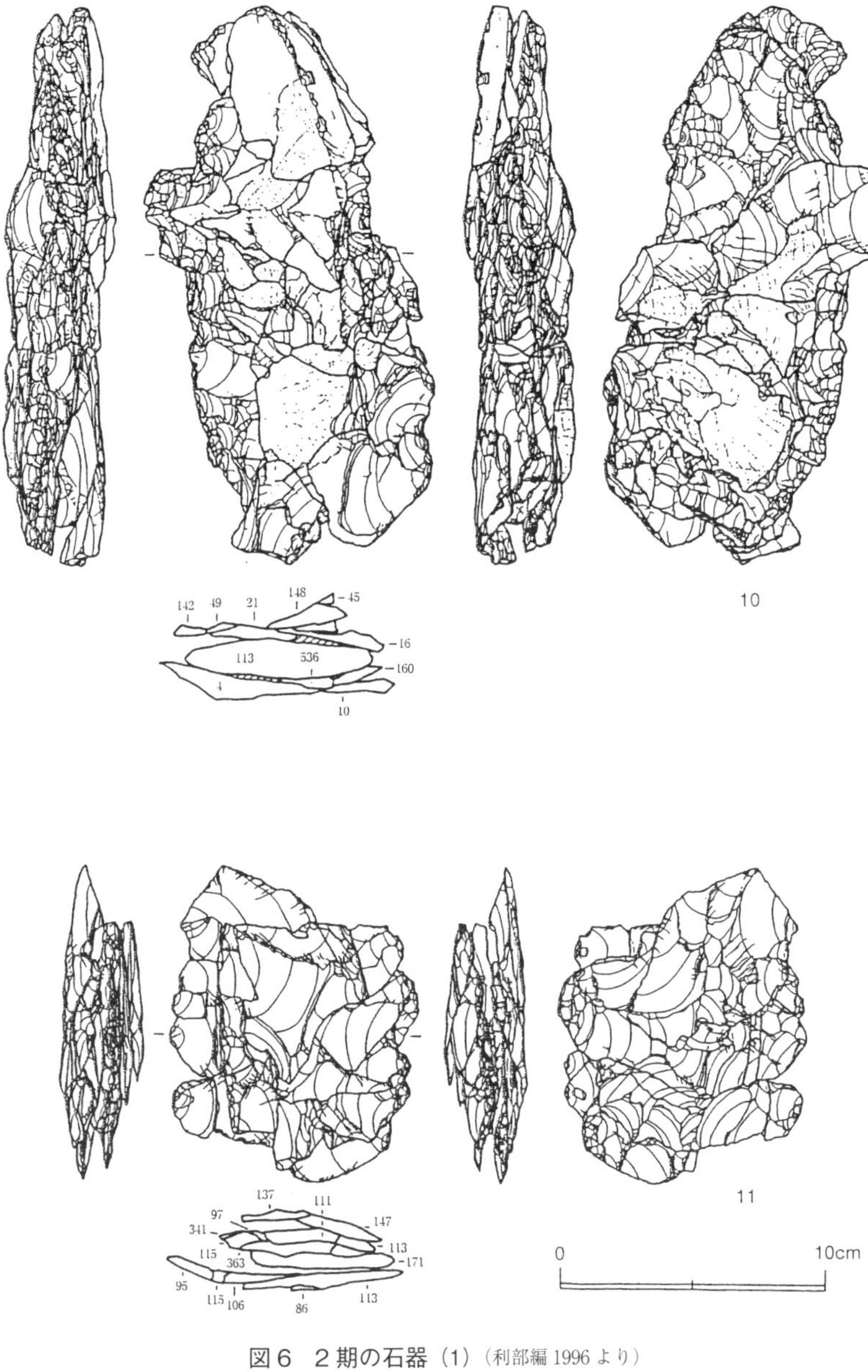

図６　２期の石器（1）（利部編 1996 より）

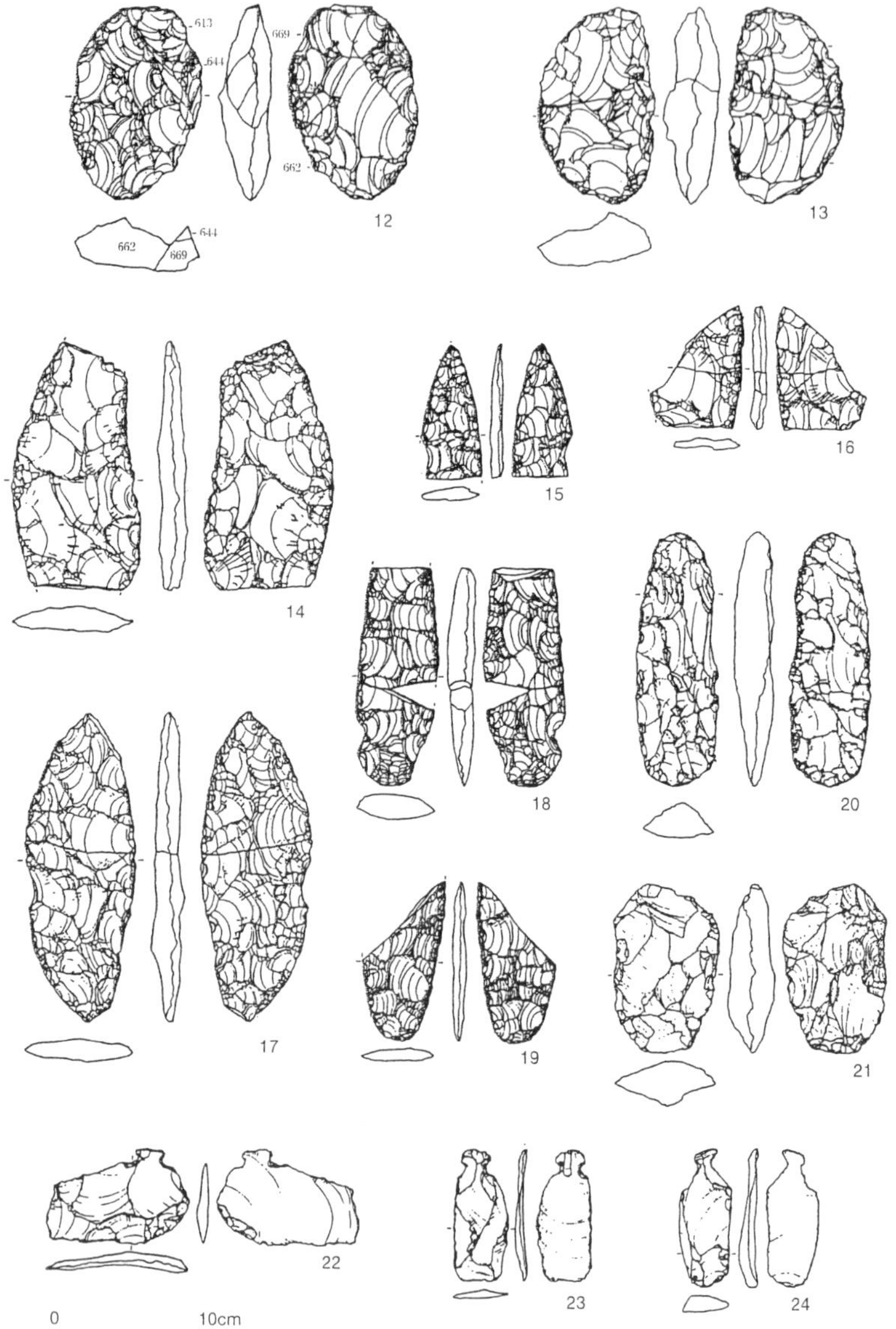

図７　２期の石器（2）（利部編 1996 より）

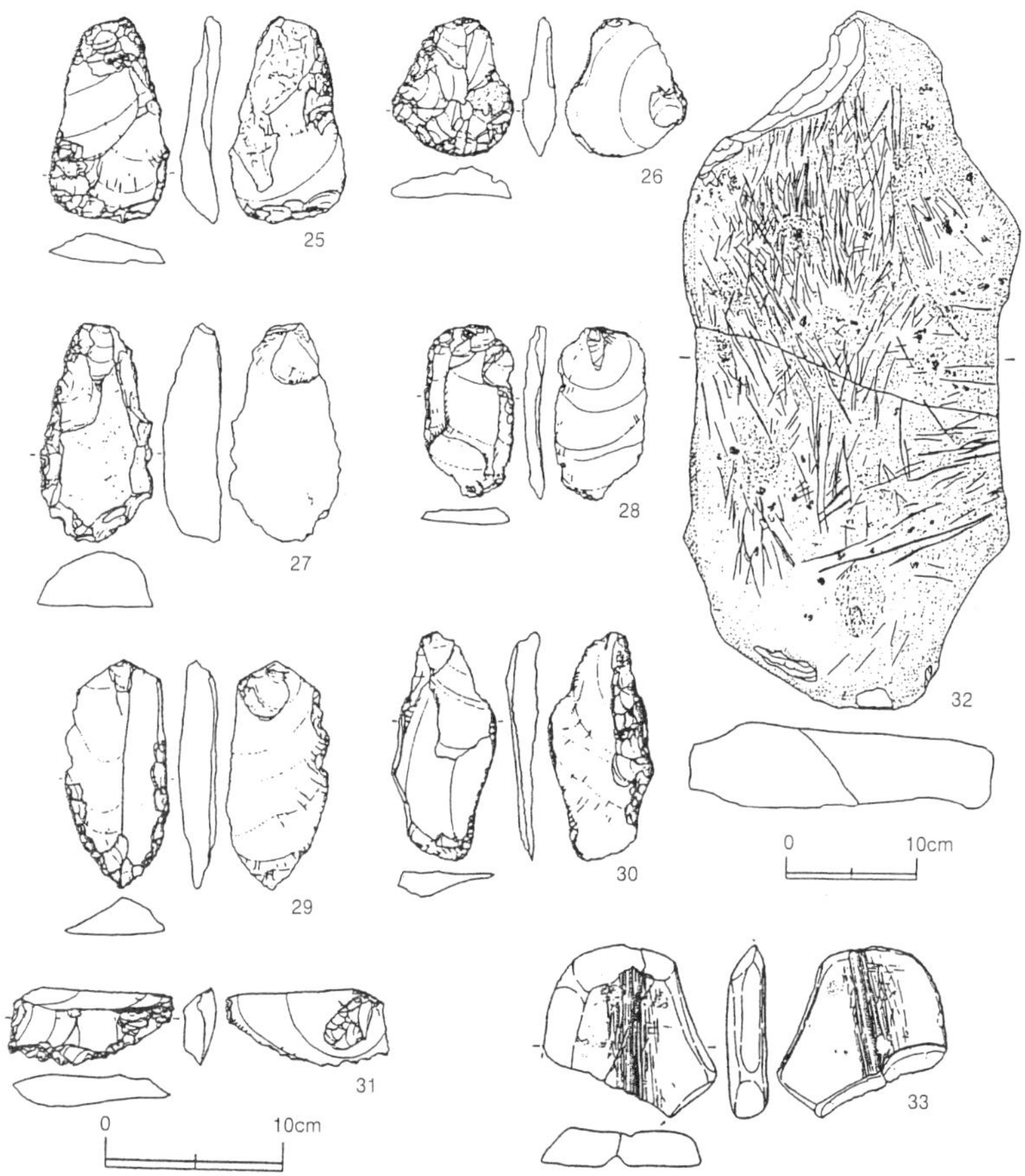

図８　２期の石器（3）（利部編 1996 より）

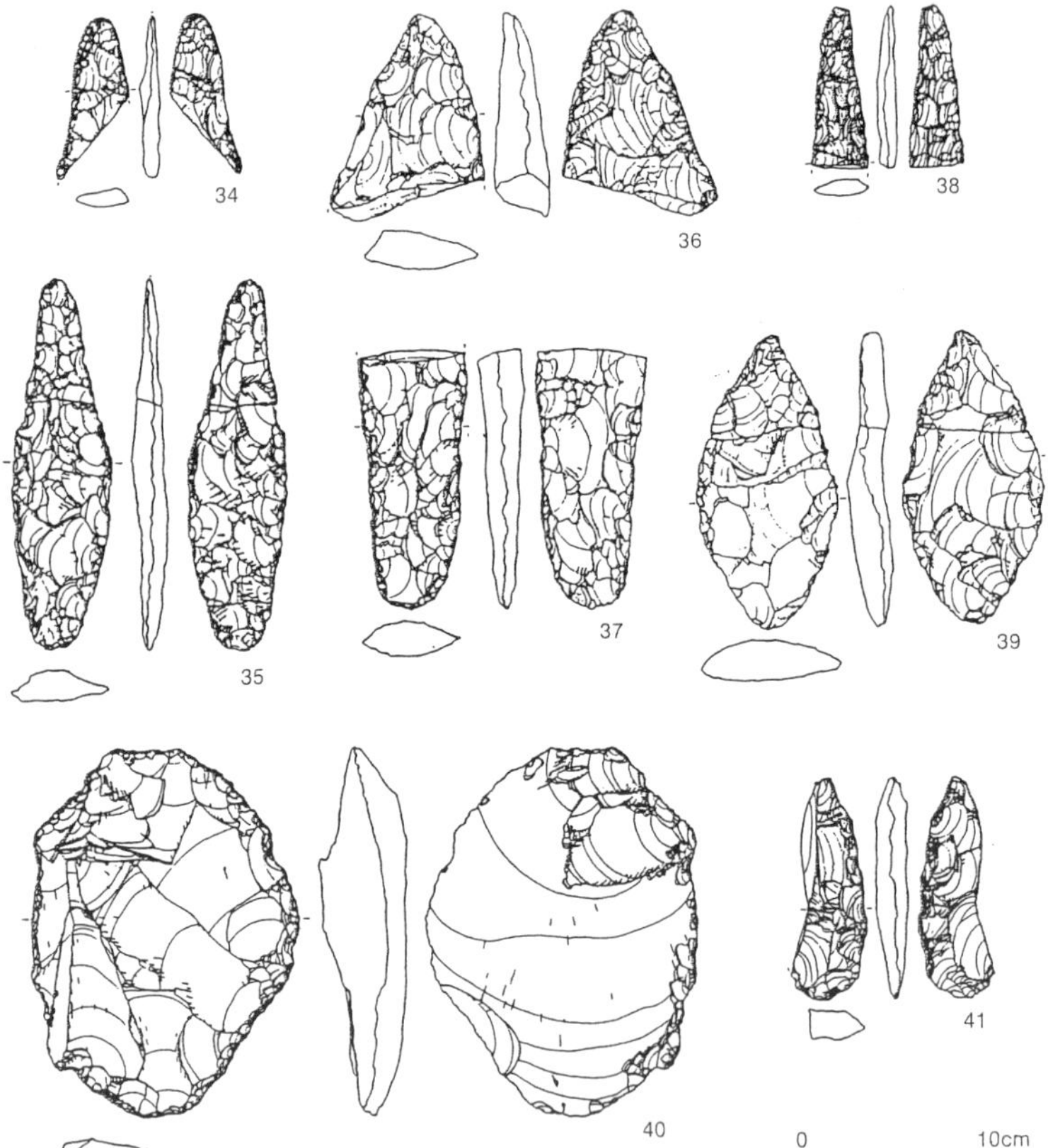

図９　２期の石器（4）（利部編 1996 より）

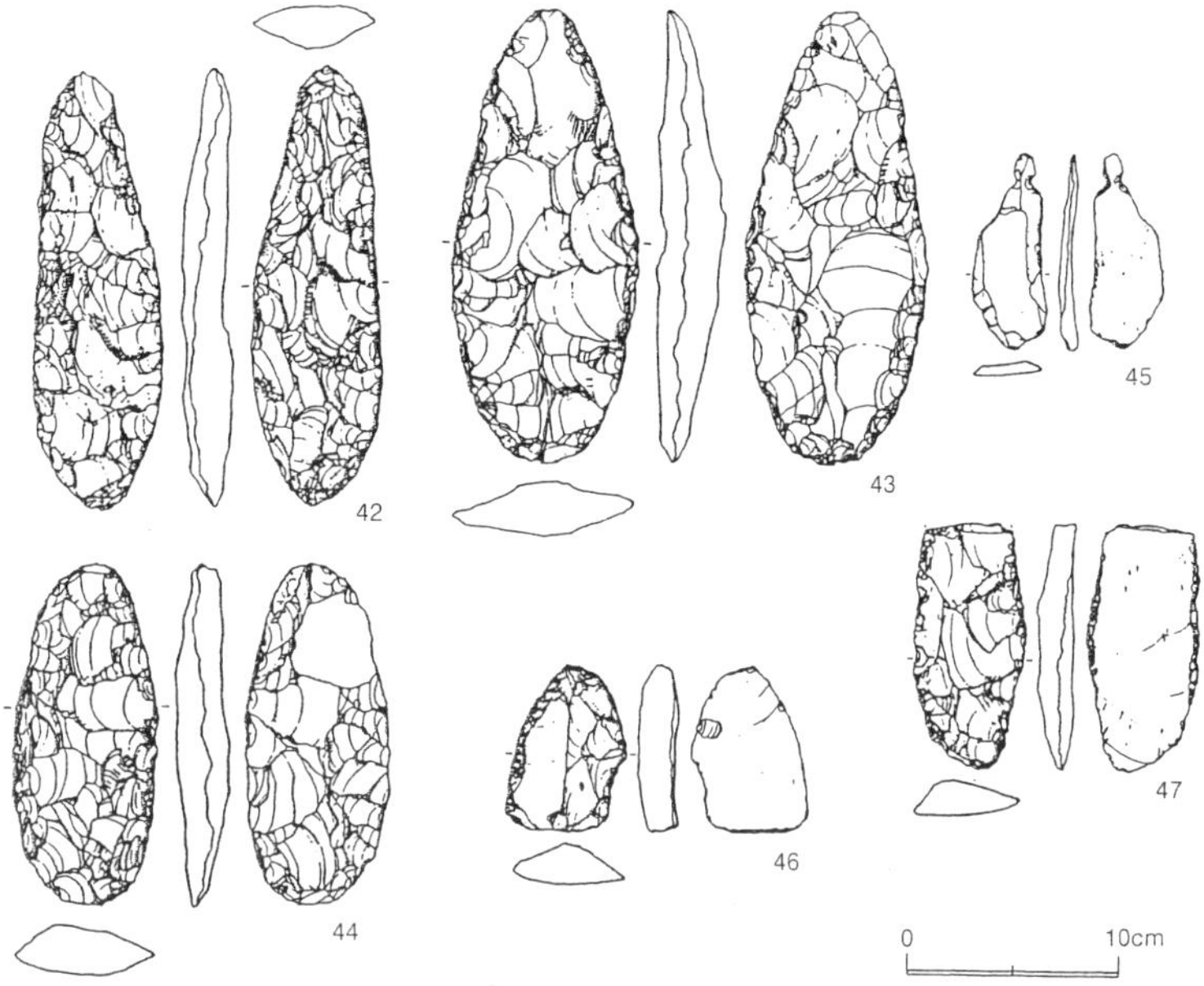

図10　２期の石器（5）（利部編 1996 より）

右半分に加工が加わる[2]。

図10－42～44は箆状石器である。扁平で表裏面のほぼ全面に調整を施す。刃部は丸く基部側はそれに比べて細身になる。42・43は全体に湾曲している。45は石匙である。薄い縦長剝片を素材にして、調整は摘み部の抉りに見られるだけである。表面の側縁にトロトロの光沢がある。46・47は削器で両側縁に沿った調整を施す。

（3）岩瀬三期の石器群（図11～13）

SXS五七（48～51）、SXQ一一七（52～57）、SXQ九三（58）、SXQ六七（59）、SXQ八五（60）、SXQ七一（61～63）、SXQ三六（64～70）を取り上げる。SXS五七では、四点の石器が長軸線をほぼ揃え密着した状態でⅦ層から出土した。石器は下から48・50→51→49の順に重なる。SXS一一七は約七メートル×六メートルの範囲で、石器六〇二点がⅦ層より出土した。SXQ九三は径約〇・三メー

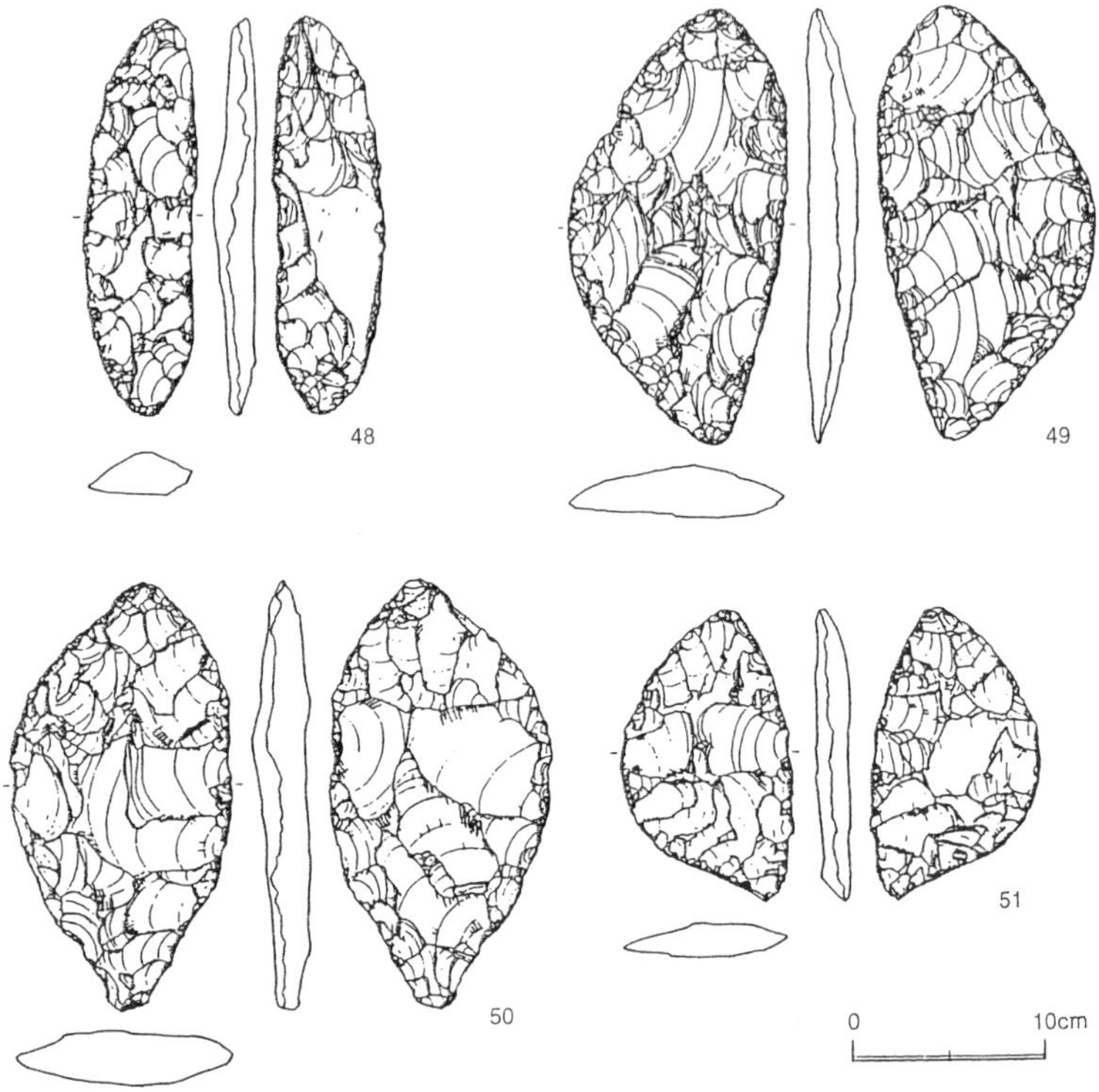

図11　3期の石器（1）（利部編 1996 より）

トルの狭い範囲で、石器四七点がⅦ層より出土した。ＳＸＱ六七は長軸一メートル×短軸〇・三メートルの範囲に、石器四九点がⅦ～Ⅵ層にかけて出土した。ＳＸＱ八五は径約一メートルの狭い範囲で、石器二七三点がⅥ層で出土した。ＳＸＱ七一は径約一メートルの円形の狭い範囲で、石器三八一点がⅥ層より出土した。ここでは石器の取り上げ状態から、長軸一メートル×短軸〇・三五メートル×深さ約〇・二メートルの掘り方が確認された。ＳＸＱ三六は、五～四〇センチの礫が長軸四・五メートル×短軸二・五メートルの広がりに数十個認められ、その中に多量の石器が三・五メートル×二・九メートルの範囲に重なって出土した。中央には、火熱を受けた組まれた礫が数個あり、端側に草創期の縄文

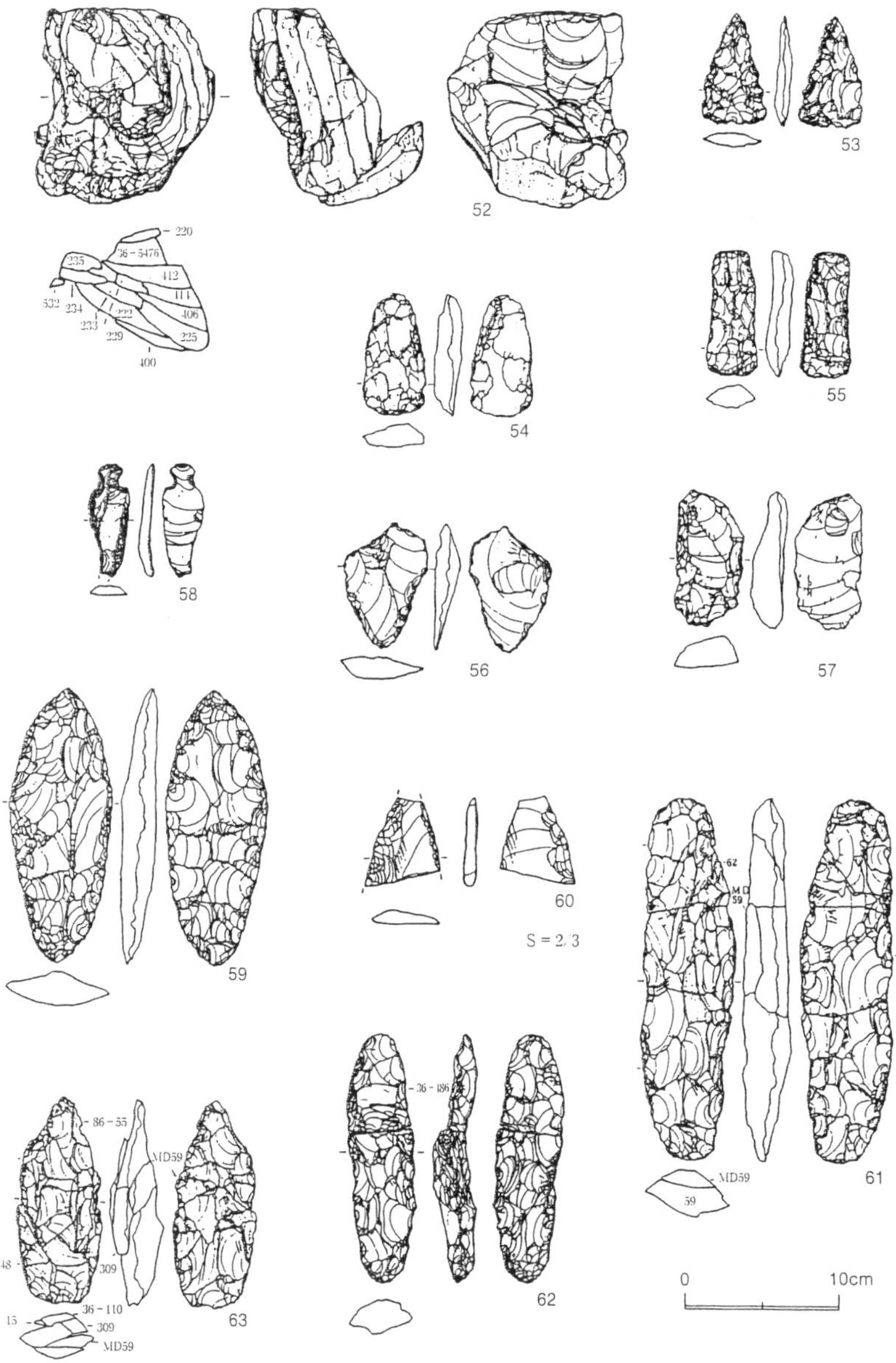

図12　３期の石器（2）（利部編 1996 より）

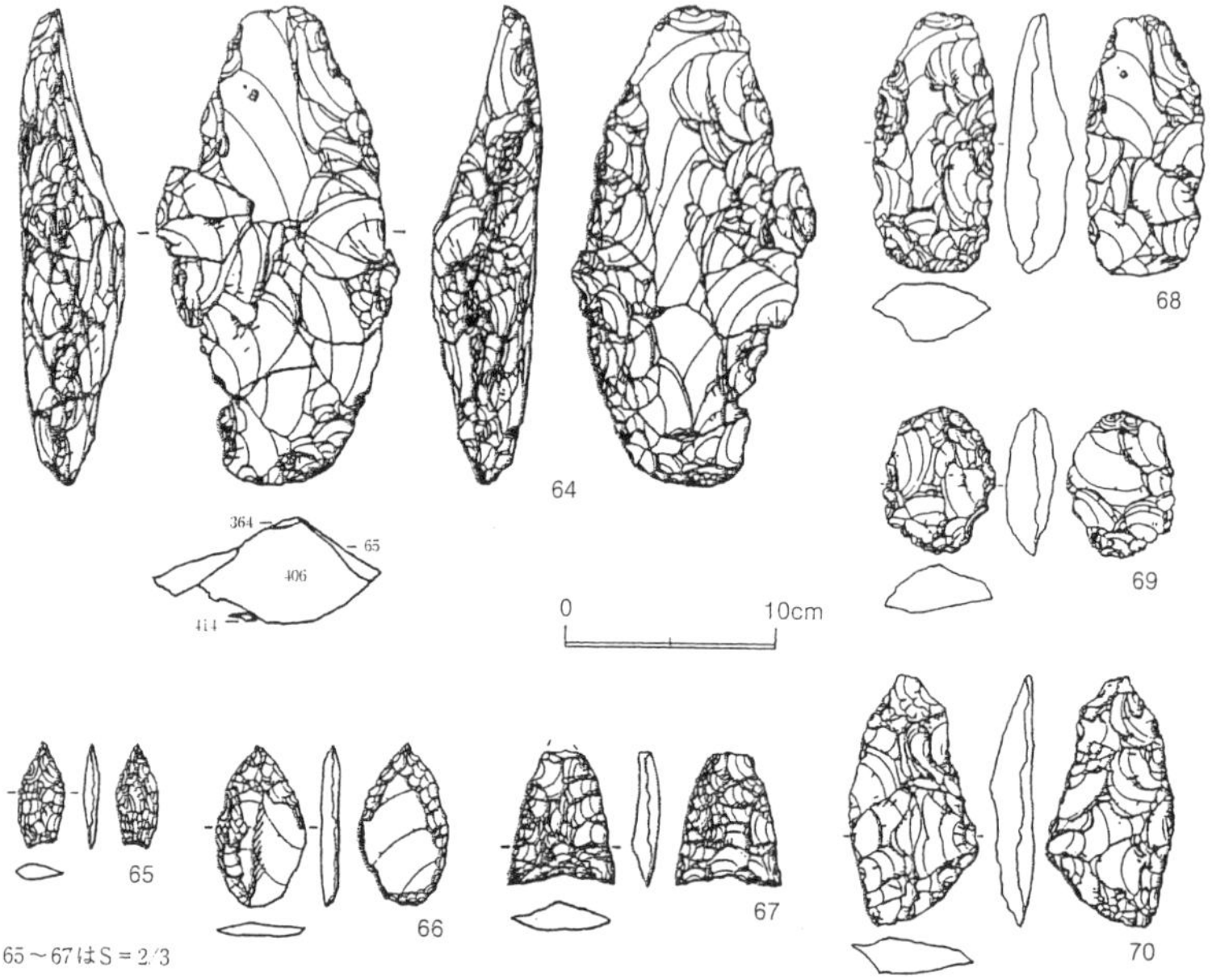

図13　３期の石器（3）（利部編 1996 より）

土器が出土している（D４）。礫を含む遺物の総数は四三六二点で、これらはⅥ層から出土した。以上の石器は、層位より48～58から60～70の変遷があり、59はそのどちらかに属する。

図11－48は箆状石器の可能性もあるが半月形石器であろう(3)。扁平な細身の石器で、非左右対称形を成す。49～51は半月形石器である。扁平な左右非対称形で、両面に丁寧な調整を施す。左右の縁辺に細かな剝離も見られる。

図12－52は拳大の河原石を素材にした石核の接合資料で、縦長の剝片と57の石器が接合する。上下に打面を形成して、打点が連続したり、それを一八〇度転移させながら剝片を得ている。53は大型の石鏃である。平基式で薄く扁平だが、三つの縁辺の調整は粗い。54・55は石箆である。54は縦長剝片を用いた撥形に近い形態である。正面は全面を調整するのに対し、裏面は部分的である。刃部は片面調整で角度がきつい。55は短冊形に近

表　石器の出土状況と観察（利部編 1996 より）

番号	器種等	遺構	層位	大きさ（mm）			重量
				長	幅	厚	(g)
1	石　斧	SXQ123	Ⅺ中位	132	45	23	131
2	掻　器	〃	〃	68	23	11	12.7
3	〃	〃	〃	108	67	17	82.6
4	石　錐	〃	〃	85	51	17	51.9
5	掻　器	〃	〃	105	97	26	172.4
6	削　器	〃	〃	54	128	19	57.1
7	二次加工ある剥片	〃	〃	137	65	42	308.6
8	石　槍	SXQ121	Ⅺ上位	102	34	11	22.4
9	有茎尖頭器	〃	〃	48	40	9	9.3
10	石槍（接合資料）	SXQ60	Ⅹ	206	108	42	539.1
11	〃	〃	〃	116	96	34	164.1
12	両面体石器	〃	〃	124	87	34	324.3
13	〃	〃	〃	125	76	36	301.9
14	半月形石器	〃	〃	159	84	20	230.3
15	石　槍	〃	〃	85	40	9	26.5
16	〃	〃	〃	78	60	10	34.2
17	〃	〃	〃	198	73	21	251.7
18	〃	〃	〃	140	54	18	131
19	〃	〃	〃	103	54	10	39.1
20	石　斧	〃	〃	161	54	27	223.7
21	〃	〃	〃	108	68	31	192.5
22	石　匙	〃	〃	61	93	8	40.9
23	〃	〃	〃	83	36	8	16.9
24	〃	〃	〃	87	34	11	24.1
25	掻　器	〃	〃	114	69	23	104.7
26	〃	〃	〃	77	70	19	71.1
27	〃	〃	〃	120	69	29	267.5
28	削　器	〃	〃	95	52	13	55.1
29	〃	〃	〃	127	58	22	142.6
30	〃	〃	〃	131	60	18	80.2
31	鋸歯縁石器	〃	〃	44	94	19	70.3
32	台　石	〃	〃	511	255	76	8100
33	有溝砥石	〃	〃	95	92	23	162.6
34	篦状石器	SXQ66	〃	85	40	10	19
35	〃	〃	〃	194	54	19	115
36	半月形石器	SXQ66	Ⅹ	110	84	30	174.3
37	篦状石器・石槍	〃	〃	135	59	26	175
38	石　槍	〃	〃	85	31	105	23.9
39	〃	〃	〃	155	77	21	220
40	円形掻器	〃	〃	198	144	48	1066.6
41	舟底形石器	〃	〃	119	39	18	70.7
42	篦状石器	SXQ100	Ⅸ	200	63	25	355.4
43	〃	〃	〃	208	89	33	488.5
44	〃	〃	〃	156	72	25	258.1
45	石　匙	〃	〃	90	36	8	15.8
46	削　器	〃	〃	76	57	20	76
47	〃	〃	〃	113	53	19	108.5
48	半月形石器	SXS57	Ⅶ	194	59	24	234.8
49	〃	〃	〃	213	144	18	563.2
50	〃	〃	〃	207	116	29	634.9
51	〃	〃	〃	141	120	18	218.4
52	石核（接合資料）	SXQ117	〃	119	116	112	932.3
53	石　鏃	〃	〃	69	42	11	21.9
54	石　篦	〃	〃	76	40	19	46.1
55	〃	〃	〃	78	33	17	41.2
56	削　器	〃	〃	80	53	16	46.5
57	掻器・石篦	〃	〃	79	61	19	80.5
58	石　匙	SXQ93	〃	72	28	10	14.5
59	石　槍	SXQ67	Ⅶ～Ⅵ	172	66	21	227.3
60	石　鏃	SXQ85	Ⅵ	19	18	4	0.9
61	石　斧	SXQ71	〃	225	63	33	367.9
62	〃	〃	〃	154	45	27	134.2
63	〃	〃	〃	132	54	36	157.9
64	石篦（接合資料）	SXQ36	〃	147	76	33	269
65	石　鏃	〃	〃	18	8	3	0.4
66	〃	〃	〃	27	16	3	1
67	〃	〃	〃	22	18	5	1.4
68	石　篦	〃	〃	122	57	30	198.9
69	円形掻器	〃	〃	70	53	23	71.1
70	掻器・削器・石篦	〃	〃	118	62	21	115.9

く、縦長剝片を素材にしたと考えられる。全面に調整を施し先端は両刃をなす。小型の石斧にすべきかもしれない。56は削器、57は掻器もしくは石箆の未製品と考えられる。58は先端が欠損した石匙である。縦長剝片を素材にして打面側に摘みを作る。正面の両側縁に丁寧な調整を施す。59は木葉形の石槍である。全体に丁寧な調整があり、上半に比べて下半がやや細身になる。60は上下を欠損している石鏃と考えられる。薄い縦長剝片を素材にしている。61〜63は未製品の石斧と考えられる。61・63はいくつかの剝片が接合している。61・62は細身で63は短い短冊形を意図している。下端を刃部に仕上げている。

図13－64は68の接合資料である。横長剝片を素材にして、両側縁の交互剝離で側縁を整えている。65〜67は石鏃である。薄い小さな剝片を素材にしている。66は円基式67は凹基式で、65と67は表裏全面、66は周縁部に調整を施す。68は石箆と考えられる。刃部は片面からの調整で僅かに反る。刃部の調整は角度を持つ裏面と逆の正面に施す。69は円形掻器で上下にやや粗い調整がある。70は斜めの刃部を持ち、掻・削器か変形した石箆の可能性がある。

四　器種組成の検討

岩瀬遺跡からは様々な種類の石器が出土しており、定形的な石器も多く含まれる。その中には、器種として理解し難いものもあって、報告書作成時の判断と異なるものがいくつかある。これは、器種認定の非力さと器種相互の境界線が不明確なことによる。特に本文の両面体石器・半月形石器・箆状石器・舟底形石器を、報告書では両面調整石器と統括した用語で用いてきた。両面調整石器として扱ってきた器種には個々の補足を加えたが、器種の有無は器種組成全体の評価に直結するため慎重でなければならない。このような認識に立って、岩瀬一〜三期の各石器群における器種組成の在り方を見てみたい。

岩瀬一期には、石斧・石槍・有茎尖頭器・石錐・掻器・削器がある。岩瀬二期には、両面体石器・半月形石器・石斧・石槍・掻器・削器・篦状石器・石鏃・石匙・鋸歯縁石器・舟底形石器・台石・有溝砥石がある。岩瀬三期には、半月形石器・石斧・石槍・掻器・削器・石鏃・石篦がある。石器の種類は一期が最も少ないが、器種の少なさには遺構の有無が影響する場合もあり、その文化相を必ずしも代表しない点を考慮しておく。

一～三期を通観すれば、各期の共通器種には石斧・石槍・掻器・削器があり、石斧が両刃で刃部・基部とも丸く短冊形の形態をとる等、各期に共通した石器も見られる。この中で、器種の豊富さ量ともに群を抜くのが、二期の石器群である。各期を大きな特徴で簡単に括れば、一期では、定形的な掻器と茎が平坦で身の幅が広い有茎尖頭器が注目される。二期では、両面体石器・半月形石器・篦状石器・円形掻器・石槍等と大型品が目立ち数も多い。篦状石器の有茎のタイプは他に類例がない(4)。三期では、四点の半月形石器や石斧以外に大型品は少ない。

器種の多い二期と三期には、共通する石器以外に各々独自の器種が存在し、組成の上で大きな相違がある。これに関して特に二つの点を指摘しておきたい。一つは、二期において顕著な石槍が三期では減少し石鏃が卓越してくる点である。二期の石槍には基部の丸いものがあり、三期の石鏃には小型の円基鏃や大型の平基無茎鏃がある。一期の有茎尖頭器の存在を考慮すれば、狩猟具の変遷が一期→二期→三期とスムーズに理解される。

二つには、二期に石匙、三期には石篦が確認されている点である。石槍の隆盛する時期に石匙、石鏃の早い時期に石篦と、早期以降の縄文時代に定着する石器が草創期段階に確実に存在している。二期の石匙は摘み以外に調整は殆どなく、三期の例では両側縁を調整し先端を尖らせている。前者は、大型石器の薄い剥片を利用した初期の型式と言えるもので、縦型以外の横型の存在も注目される。

また二期では、扁平な素材より両面を調整する両面調整技法が卓越している。石槍・半月形石器・篦状石器・石斧等の製作技術は、この技法によるものである(5)。三期では、縦長剥片を連続して得る技法が認められており(52)、より古い石刃技法との関連が留意される。また、分厚い横長剥片を加工して石篦を得ている技法等は(68)、早期以降の石箆等の製作に普遍的にみられる技法であり、今後注意が必要である。

以上より、岩瀬一〜三期では草創期の共通要素も持ちながらその器種組成や型式学的な特徴より、各々の時期における特色も見出すことができる。

五　おわりに

岩瀬遺跡は川縁に立地し、旧河道と関係した草創期の石器がⅪ〜Ⅵ層間で良好に観察された。それらは、Ⅹ層の爪形文土器・Ⅸ層の隆起線文土器・Ⅵ層の押圧・回転縄文土器の草創期土器と、早期初頭とした河道A堆積層の撚糸文土器に裏付けられており、層位と土器に基づいた草創期石器群が把握された。特に本論では、遺構から出土した石器を取り上げて石器の共時性に留意している。その結果、層位的知見をはじめ石器組成の在り方や型式学的特徴に基づき、岩瀬一〜三期の石器群が各々に纏まりを持つと理解され、一期から三期の変遷も把握できた。このうち、一期の石斧は二期のものと形態的に類似する。この点を重視し、土器の出現を草創期とする立場からすれば、一期は爪形文よりも以前の草創期でも前半に位置付けられよう。二期の石器群は、爪形文期の草創期資料として充実している。そして三期とした石器群は、草創期から早期に移行する時期として重要である。いずれにしても、草創期の石器資料が個別的にもその総体的視点においても、共時性や変遷が明らかになった点で大きな意味があるだろう。

一九九三年に「環日本海地域の土器出現期の様相」と題して行われたシンポジウムでは、新潟県小瀬が沢洞窟遺跡の遺物等、草創期石器に関する検討が深められ大きな成果が得られた。しかしそこでも、石器の共時性や変遷その組成の確実性が繰り返し強調されているのである。その中で岡本東三は「縄紋文化移行期石器群の諸問題」とした知見を述べ、先土器時代終末から縄文時代成立期にかけて、第Ⅰ期（細石器文化）・第Ⅱ期（神子柴・長者久保文化）・第Ⅲ期（石鏃文化）と三区分を示した。岡本は弓矢による狩猟社会の変革期を縄文文化成立過程の重要な要因と考え、矢柄研磨器の出土も考慮して石鏃文化として捉えた。更に、石刃技法の消長を重視している。第Ⅰ期に萌芽を見せる両面調整技法は第Ⅱ期の大型石槍や石斧にもある。これと併行して、石核や掻器・削器の加工材として石刃技法が存在するが、第Ⅲ期にはこの技法が衰退し縄文的石器製作技法に転換する、としている。縄文移行期の石器から見た転換期を、石鏃の出現・石刃技法の消長を指標にして第Ⅱ期と第Ⅲ期の間に求めたものである。

岡本の列島的な立場からの見解に対して、岩瀬遺跡の草創期石器群の位置付けはどうであろうか。岩瀬二期の石槍をはじめとする大型品の隆盛と両面調整技法は、移行期における第Ⅱ期の特徴をよく示している。また、岩瀬三期の石鏃の存在と石箆やその製作技法は第Ⅲ期そのものであろう。岩瀬一期も、第Ⅱ期の範疇とみられる。ところが、岩瀬二期には縄文的な器種の石匙が認められたり、岩瀬三期により先土器的な石刃技法が認められる等、これらの事象が第Ⅱ・第Ⅲ期に含め難い矛盾した現象として受け止められなくもない。しかし、寧ろこの在り方は第Ⅱ期と第Ⅲ期の一地方の遺跡における局地的な実態を如実に示していると評価すべきであろう。何をもって先土器時代と縄文時代を区分するかの議論は置くにしても、岡本の移行期区分を基準にすれば岩瀬二期から三期の石器群は、正に先土器時代と縄文時代を繋ぐ接点の石器群として位置付けられるであろう。(6)

先にも触れてあるが、岩瀬二・三期の石器群には本文で取り上げていない資料がまだある。特に、接合資料は豊富である。それらの解釈で新知見が見出され、より深化した評価が整っていくものと考えられる。大方の資料に対する検討を仰ぐ次第である。また河道B堆積層中には早期石器群が多く見つかっている。一〜三期の草創期岩瀬遺跡の内容は、早期石器群との比較対照によって更に充実したものになるだろう。今後の課題にしておきたい。なお、本文掲載の挿図は、報告書からの転載であることを付記しておく。

［註］

（1）石篦を篦状石器と呼んでいる場合もあるが、石篦とは区別して用いることにしたい。扁平な両面調整技法によって、基部よりも幅のある刃部は丸く仕上げている。凡そ一〇センチ以上の大型品に限定しておく。

（2）本例は、両面調整技法の尖頭状の石器を片側より打撃を加えて切断したと解釈したもので、側縁に垂直的な打裂を施したものではない。

（3）小野田正樹は、半月形石器を平面形態で二つに分類している（小野田一九八三）。第Ⅰ類は一側辺が直線状で他側辺が大きく湾曲するもの、第Ⅱ類は一側辺は大きく湾曲するが他側辺が直線状をなさず緩く湾曲するものである。岩瀬遺跡の草創期資料は第Ⅱ類が主体的である。

（4）篦状石器を、茎のないもの（a類）と茎のあるもの（b類）に分類しておく。

（5）X層相当のSXQ一二五出土の接合資料は、長さ二六九ミリ×幅一一三ミリ×厚さ九三ミリの分厚い河原石を素材にして、大型の石斧を意図した両面調整技法を施す例である。

（6）「縄文草創期の回転施文系の土器から、いわゆる日本列島ナイズされた縄文式土器と考え、それ以前の土器群はプレ縄文式土器との認識を持っている。」としたのは、森嶋稔である（森嶋一九七九）。

［参考文献］

岡本東三　一九九四「縄紋文化移行期石器群の諸問題」『環日本海地域の土器出現期の様相』雄山閣出版

小野　昭・鈴木俊成編　一九九四『環日本海地域の土器出現期の様相』雄山閣出版

小野田正樹　一九八三「半月形石器」『縄文文化の研究』第七巻　雄山閣出版

利部　修　一九九四「岩瀬遺跡と草創期の遺構・遺物」『考古学ジャーナル』No.382　ニュー・サイエンス社

利部　修編　一九九六『東北横断自動車道秋田線発掘調査報告書XXII―岩瀬遺跡―』秋田県教育委員会

豊島正幸　一九八九「過去二万年間の下刻過程にみられる一〇年オーダーの侵食段丘形成」『地形』第一〇巻第四号　日本地形学連合

森嶋　稔　一九七九「神子柴型石斧をめぐる最近の動向」『考古学ジャーナル』No.167　ニュー・サイエンス社

第二節　岩瀬遺跡における早期の石器群

一　はじめに

岩瀬遺跡は秋田県平鹿郡山内村にあり、秋田県教育委員会が平成三年（一五八〇平方メートル）と平成五年（二六〇〇平方メートル）の二箇年に亘って調査したもので、縄文時代草創期から晩期にかけての遺物が出土した（利部一九九四）。遺跡は標高一〇一～一〇四メートルの横手川に近接した右岸に位置しており、特に草創期から前期にかけては石器製作跡に関する多くの石器が出土し、草創期爪形文土器の存在や旧横手川の堆積層との関わりで注目された。遺跡の詳細については『東北横断自動車道秋田線発掘調査報告書』に纏めてあるが（利部編一九九六）、事実記載に終始しており機会を捉えて少しづつ遺跡の評価を補足したいと考えていたのである。

平成一〇年刊行の渡辺誠先生還暦記念論集の中に、「秋田県岩瀬遺跡における草創期の石器群」と題した拙論を加えて頂いた（利部一九九八）。後述する基本層位と検出遺構の在り方から、層位による草創期石器群の変遷を導き出し、その型式学的な変遷を辿ろうとしたものである。基本層位Ⅰ～Ⅺ層のうち、岩盤直上で土器を伴わない礫層（Ⅺ層）の石器群、爪形文や隆起線文土器を伴う礫より上層等（Ⅹ・Ⅸ層）の石器群、この上にあり上層で多縄文系土器を伴う層（Ⅶ・Ⅵ層）の石器群を、それぞれ岩瀬遺跡の時代相として捉え岩瀬一期～三期とした。一期は草創期でも前半とし、二期は爪形文期として充実した内容を持ち、三期は早期への移行期と評価した。二期に石匙が存在する等、個別器種の出現についても触れてある。

本論では、草創期に後続する岩瀬遺跡の時代相を、早期に限定して述べてみたい。

二　層序と土器

岩瀬遺跡は、基本層位と河道堆積層の二つの基本的層序によって、はじめて理解される。遺跡の調査区域では、草創期末葉から早期初頭にかけて、河道が現在の横手川に徐々に後退しており、気候の変動による大きな不整合面としてその痕跡を留めている（第一節図2・3）。旧河川が蛇行して浸食・下降したため、弧状に残された高位面が最も基本層位（Ⅰ層～Ⅺ層）の適する所であり、事実この部分に草創期の包含層が残されていた。河道はA～Iまで確認でき、最も古い河道Aは、基本層位のⅥ・Ⅴ（漸移層で黒色土と黄褐色・砂層・礫層を大きく区分）層間に収束するように観察された（第一節図1）。

本文に関する河道堆積層の概略を述べる（図1）。「河道Aは、上端の幅が約二〇メートル以上で一・八メートルの深さがある。礫層が岩盤直上を覆い、その上は砂とシルトの互層である。河道Bは河道Aを覆っている。河道Aの直上に二〇～四〇センチの礫層、更にシルト層が覆う。河道Cは、上端の幅が約二二メートル以上で、基本的に砂とシルトの互層を成し、上位はⅤ層に覆われている。河道Dは上端の幅が五・五メートル以上あり、下部堆積層は黒色系の土層で砂とシルトの互層を成し、上部にはⅤ・Ⅳ層が覆う。流路は南東から北へほぼ直角方向に転換し、以降の河道E～Iは上端幅が約九メートルの河道Hを除けば、二・五～六メートルに収まり段階的に下降する。これらは、削平を受けていない上部では黒色土であり、下部は砂とシルト褐色土等の互層を成す。」（利部一九九八）。本文では、河道A～F堆積層までが直接関わり、河道I堆積層は間接的な関わりを持つ。

土器と層序の関連は以下のようである。河道堆積層Aの上部砂層からは、早期初頭と考えられる撚糸文系土器が遺構に伴って出土した（図3－D1）。小型の深鉢で、口縁部の二分の一と胴部の約四分の一を残存する。口径一〇センチ、現存高八センチである。口唇部は丸く、胴部に縦位の撚糸文がある。

基本層位のⅤ層からは、遺構に伴って早期貝殻沈線文系土器が出土した（図9－D2・D3）。D2は無文の尖

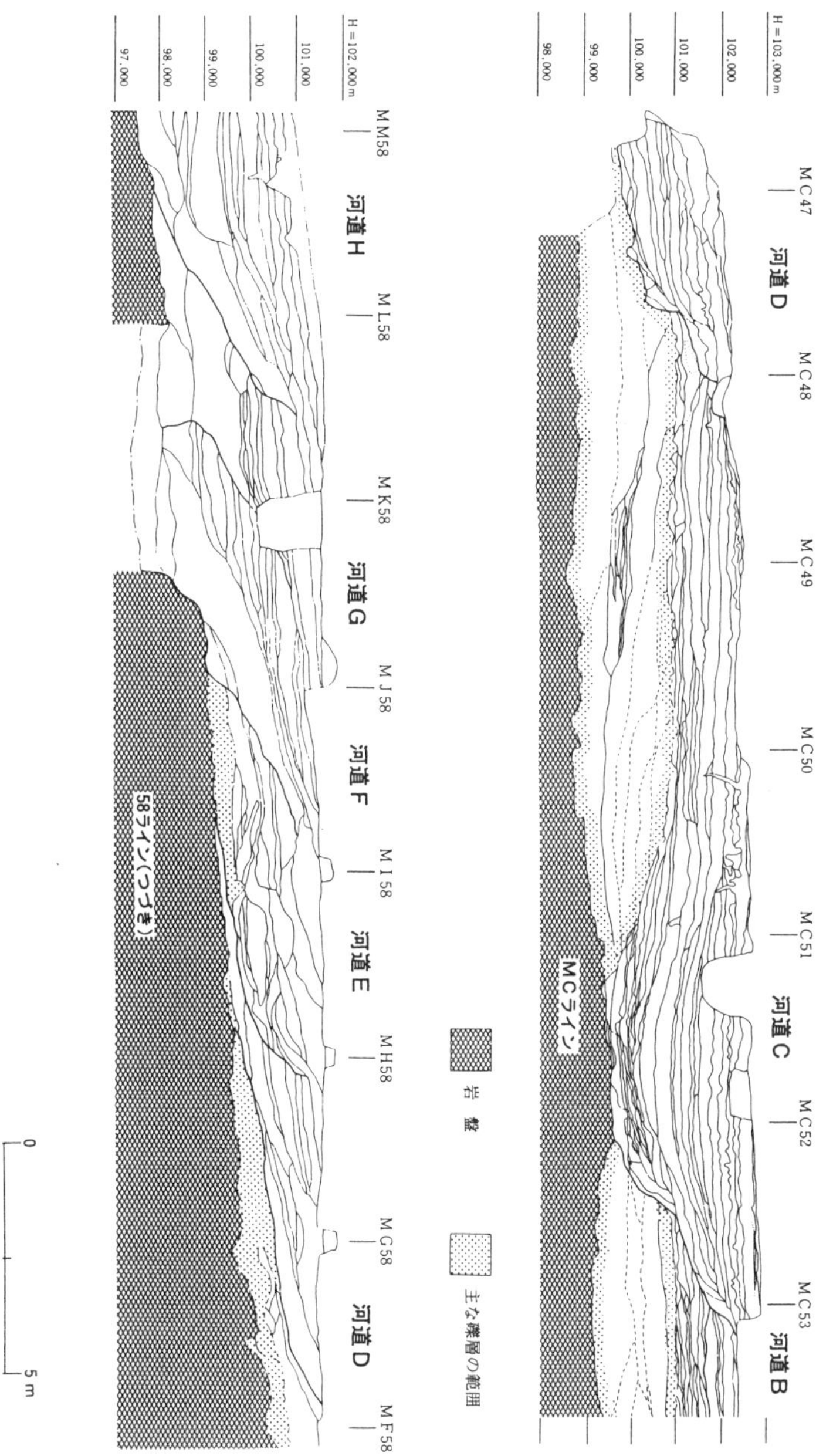

図1　河道推積層の切り合い（利部編 1996 より）

底深鉢である。口縁部から胴部の三分の二と底部を欠損。口径二七センチ、現存高二七センチである。口縁部はほぼ平坦で、内外面に丁寧なナデを施す。D３は、四つの突起を持つキャリパー形の深鉢で、貝殻腹縁文を充填した平行沈線文が主体である。

河道Ｆ堆積層からは、やはり遺構に伴ってＤ４とＤ５〜Ｄ７の土器片が出土した（図10・11）。総てに繊維を含み、Ｄ５は内外面に縄文を施す表裏縄文系土器である。また、遺構外では河道堆積層Ｅより貝殻文土器や沈線文土器が出土した。[1]一方、河道Ｇ堆積層上部からは、縄文前期初頭と考えられる繊維を含んだ羽状縄文が遺構に伴い纏まって出土した。

上述の土器と層位の関係は、同時に石器と層位の時代相を規定することでもある。河道Ｂ〜Ｄ堆積層までは土器の出土がないものの、これらが早期の時期に包括されることは前後の土器より明白である。従って、河道Ａ〜Ｆ堆積層までが早期の文化層となり、且つ草創期の岩瀬三期に後続するものである。

三　層位と遺構による石器群の変遷

河道Ａ〜Ｆ堆積層からは石器や土器が確認され、特に河道Ａ・Ｂ・Ｆ堆積層では、ＳＸＱとした石器集中部から定形的な石器が纏まって出土している（第一節図3左）。これらには石器製作跡と考えられる遺構が多く、特に河道Ｂ堆積層からは良好な状態で検出された。以下では、層位の序列を基準にした石器の変遷を述べるが、石器の共時性を把握するために層位毎の帰属が明瞭な遺構内資料を対象にする。このことは、前回の草創期石器群の変遷を述べた時と同じである。

層序を良好な遺物出土状況から大きな纏まりで括れば、河道Ａ堆積層上部・河道Ｂ堆積層上部・河道Ｆ堆積層上部に分けられる。更に、基本層位のⅤ層は河道Ａ・Ｂ・Ｃ堆積層を覆い、Ⅴ層出土土器が河道Ｇ堆積層出土土器より古いことが判明している。つまり、四つの時代相が把握されることになり、以下これらを草創期の岩瀬時期区分に後続させて表記することにしたい。

以上を整理すれば、古い方から岩瀬四期（河道A堆積層上部）。岩瀬五期（河道B堆積層上部）・岩瀬六期（V層）・岩瀬七期（河道F堆積層上部）となり、各々の時期から出土する石器の纏りを各時期の石器群として捉えることにする（表）。今回掲載していない資料も、層位的には同一の価値基準を持つものである。

（1）岩瀬四期の石器群（図3）

SXQ一〇四（1・2）を取り上げる。径一・六メートルと一・五メートル×一・一メートルの範囲である。石器の総数は三七〇点で、河道A堆積層上部の砂層より出土した。これに伴って、撚糸文を付した小型深鉢形土器が出土している。

図3－1は石箆とした。細長い楕円形で、上下の先端がやや尖った棒状に近い形態である。裏面には一部礫皮面を持つ。2は剝片の接合資料である。剝片は九点出土し、長さ約九センチの剝片が最長で、四～五センチにかけてのものが目立つ。剝片は全般に薄く、両面調整技法で剝離した際の剝片が片側で接合した資料である。礫皮面があり、河原石の原石に直接加工した可能性が強い。

（2）岩瀬五期の石器群（図4～8）

SXQ九二（3～10）、SXQ一〇二（11～17）、SXQ九六（18～24）、SXQ一四一（25）、SXQ八〇（26・29～31・33）、SXQ一五〇（27）、SXQ一五一（32）、SXQ一五四（28）を取り上げる。これらの遺構は、石器製作跡もしくはその関連遺構で、総て河道A堆積層を覆う河道B堆積層上部から検出されている。(2)

SXQ九二は、長軸約一・五メートル×短軸一メートルの範囲で石器一九六三点が出土。SXQ一〇二は、

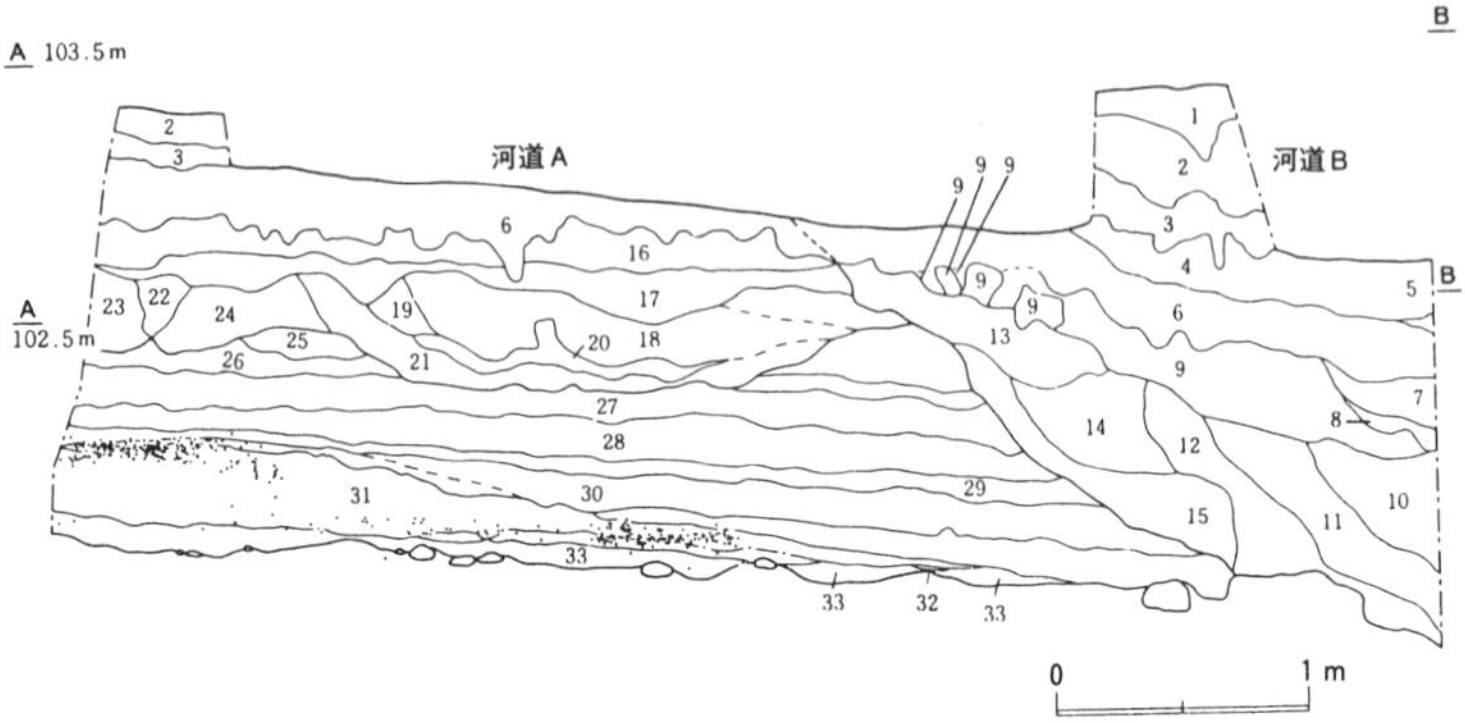

図２　SXQ104 と河道推積層（利部編 1996 より）

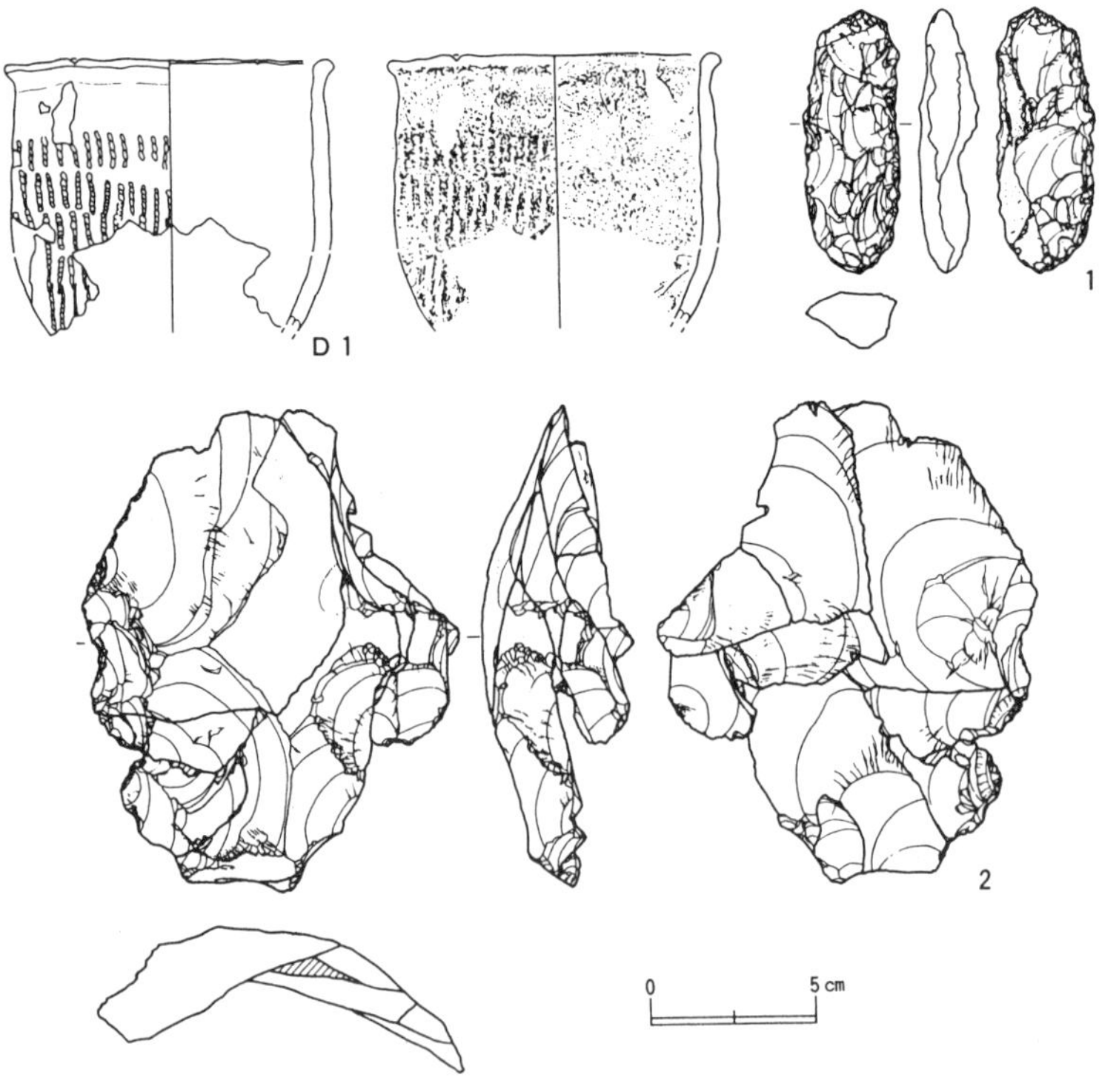

図３　４期の石器と土器（利部編 1996 より）

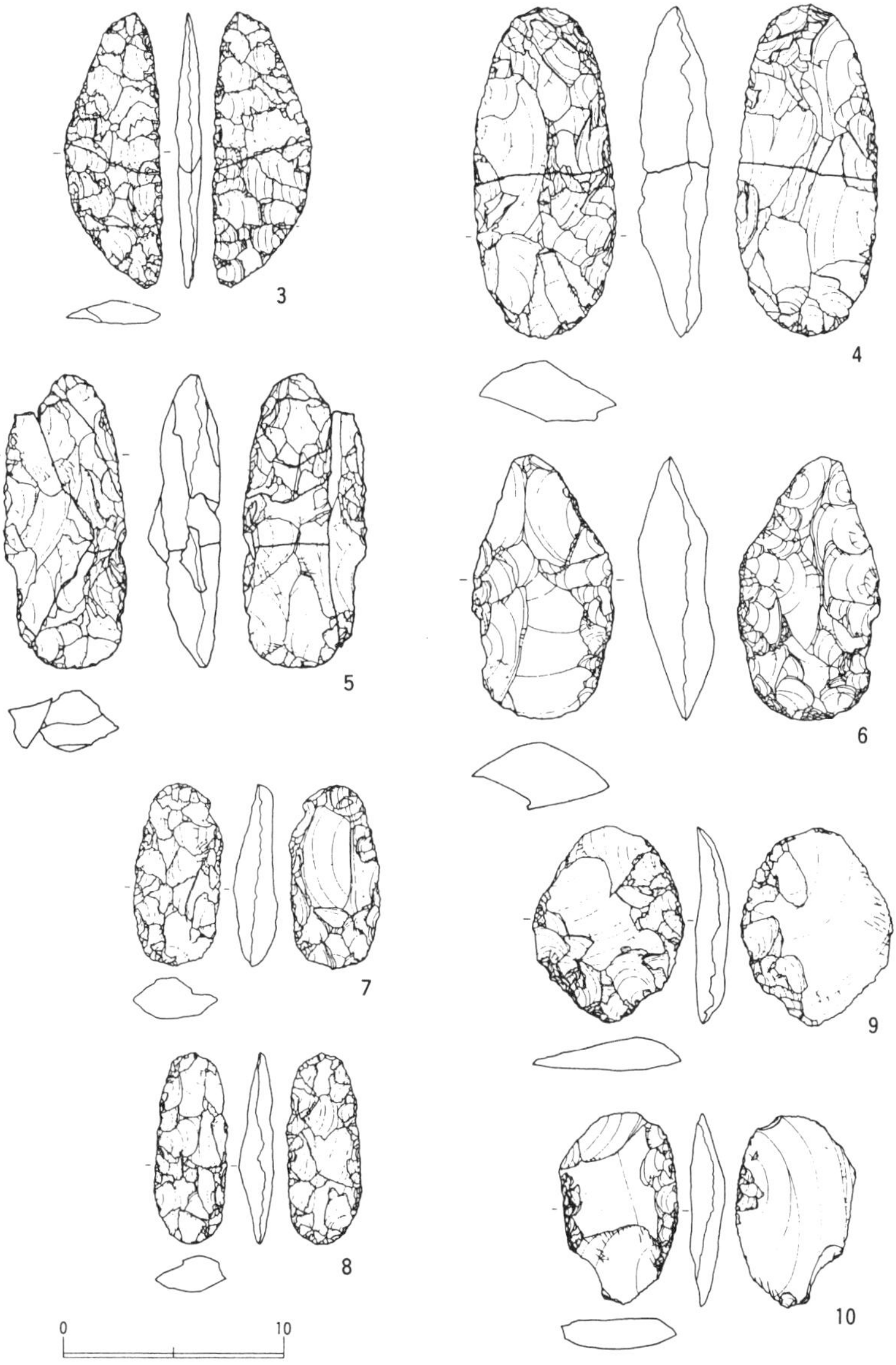

図４　５期の石器（1）SXQ92（利部編 1996 より）

長軸一メートル×短軸〇・七メートルの範囲で石器三八九点が出土。SXQ九六は、長軸九・四メートル×短軸八・二メートルの範囲で石器一一一点が出土。SXQ一四一は、径〇・八メートルの範囲で石器四八点が出土。SXQ八〇は、長軸五・五メートル×短軸三・五メートルの範囲で石器一一四六点が出土。SXQ一五〇は、長軸一・一メートル×短軸〇・九メートルの範囲で石器三八二点が出土。SXQ一五一は、長軸一メートル×短軸〇・八メートルの範囲で石器二七点が出土。SXQ一五四は、長軸一・八メートル×短軸一・五メートルの範囲で石器一八点が出土した。SXQ九二・一〇二・八〇は出土石器の一部が接合関係にあり、これらは他の遺構とも関連する可能性がある。

図4－3は半月形石器である。側縁の一方が直線的で、もう一方が大きく湾曲する。薄く丁寧な調整を施す。4は箆状石器とした。五三個の剝片が接合した接合資料の芯に当たる。接合資料からは、扁平な原石に両面調整技法を施したことが理解される。分厚い楕円形の形状で両先端を丸く整えている。石斧とすべきかもしれない。5・6は石斧である。5は五二個の剝片が接合した接合資料の芯に当たる。この接合資料も、やや扁平な原石に両面調整技法を施したものである。刃部は丸く、基部はやや尖り気味である。6は六個の剝片が接合した接合資料の芯に当たる。刃部は丸く基部は不整形で、一方に素材面を残しその裏面には丁寧な調整を施す。7・8は、細長い楕円形の石箆である。両面に全面的な調整がある。8は刃部を薄く整えている。9は横長剝片を丸く整えた円形掻器である。10は削器である。横長剝片を素材とし、主に表面の両側縁に調整を施す。

図5－11・12と図6－13は、石斧（15～17）の接合資料である。11は15に一七個の剝片が接合したもので、横長剝片を素材にしている。12は16に八個の剝片が接合したもので、両面に自然面を持つ扁平な素材を利用している。13は一一個の剝片と折損部の片割れが接合したもので、石斧を意図していたことが分かる。素材の性格は不明だが、裏面には自然面がある。

図6－14～17は石斧である。14は分厚く半月形に近い形状で刃部は直線状の両刃をなす。両側縁に比較的丁寧

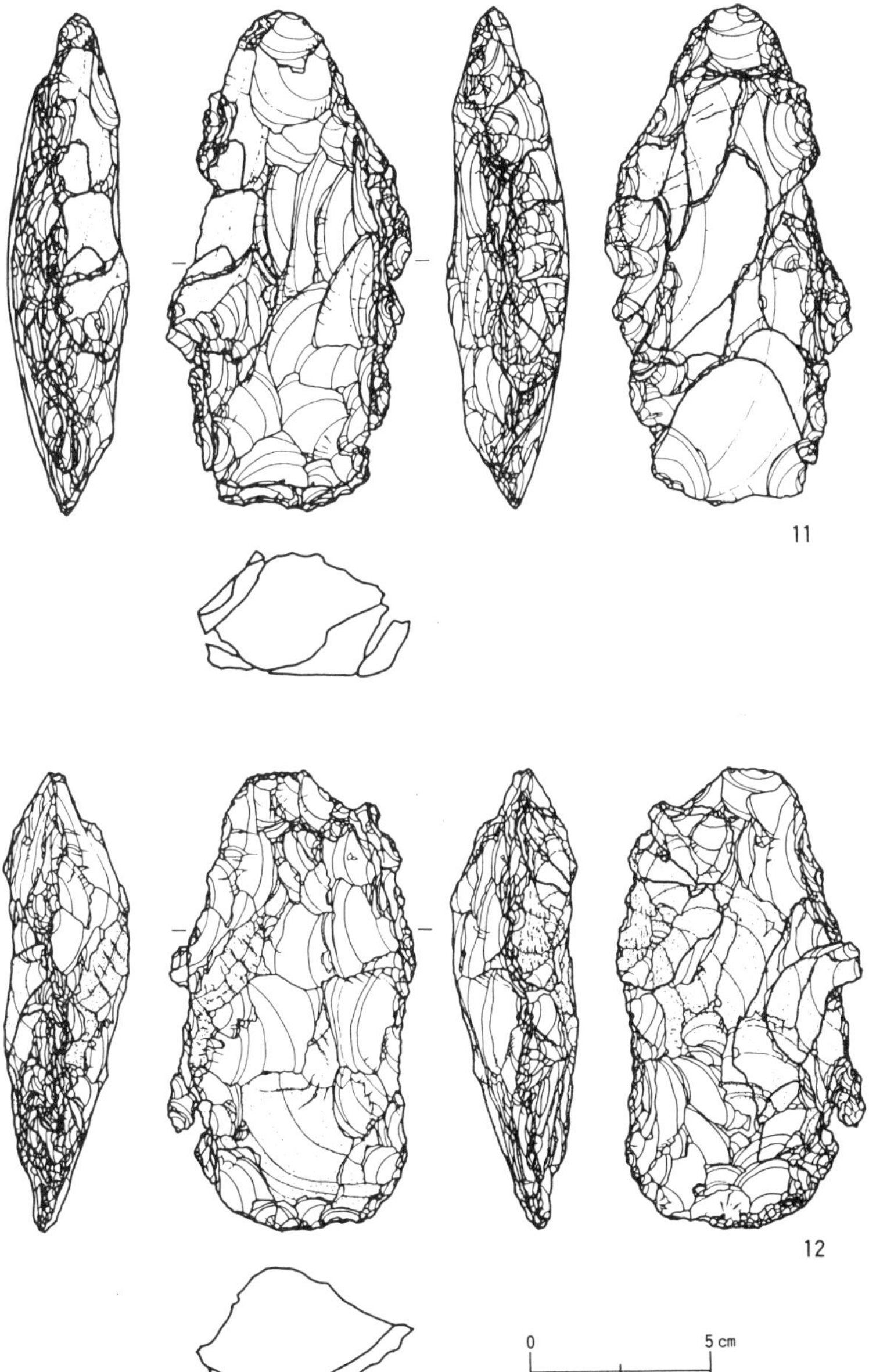

図５　５期の石器（2）SXQ102①（利部編 1996 より）

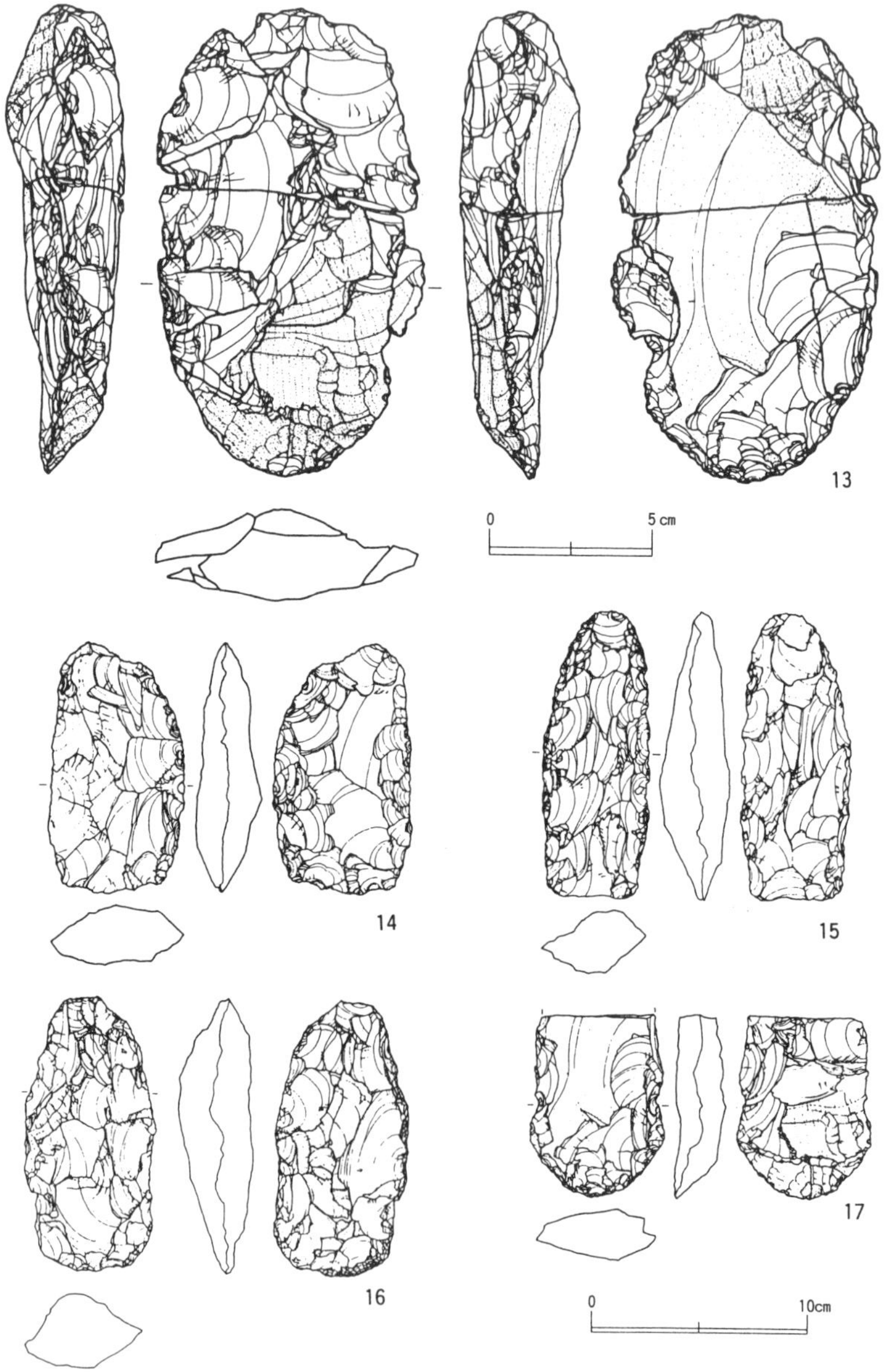

図６　５期の石器（3）SXQ102②（利部編 1996 より）

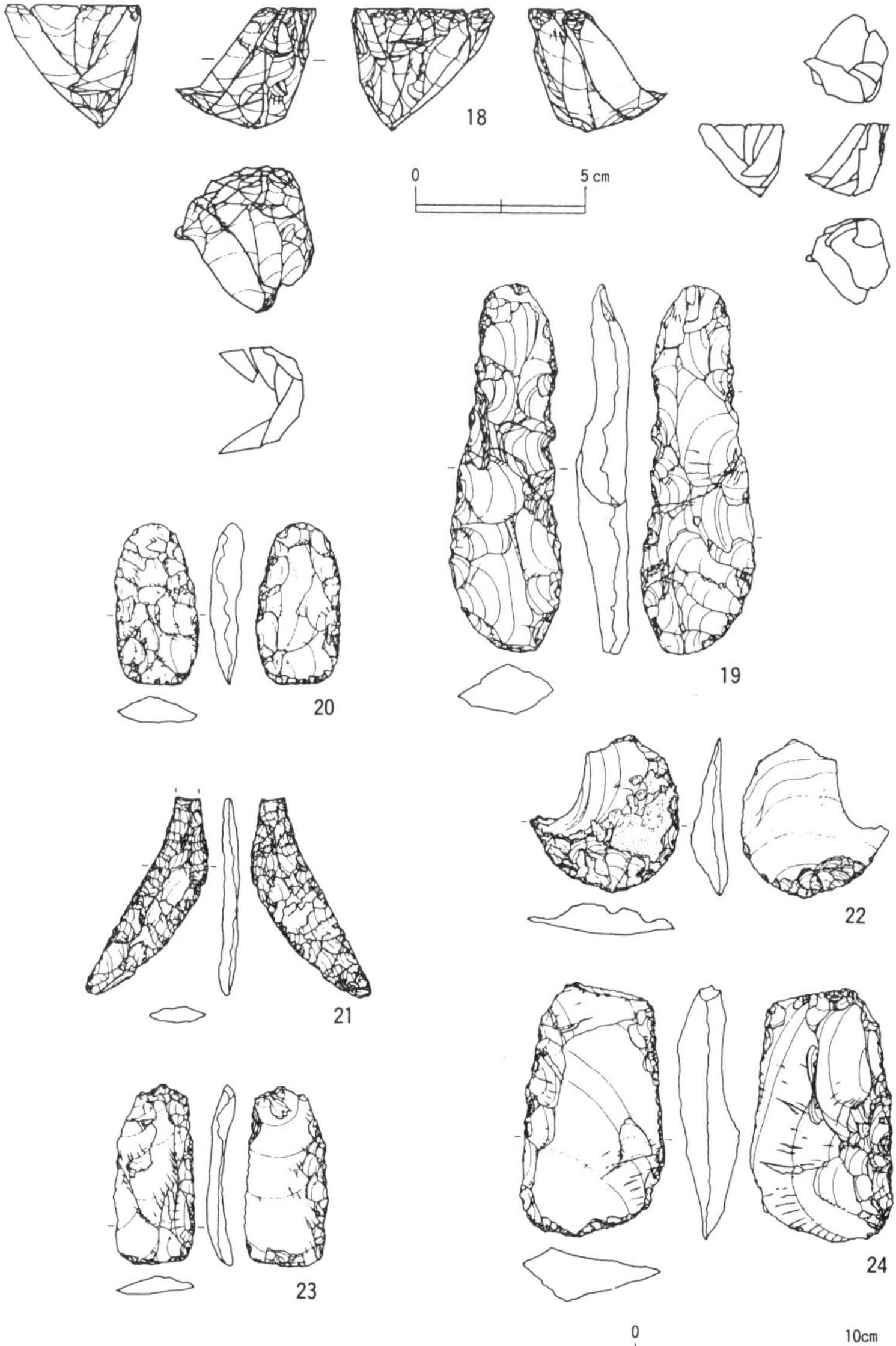

図７　５期の石器（4）SXQ96（利部編 1996 より）

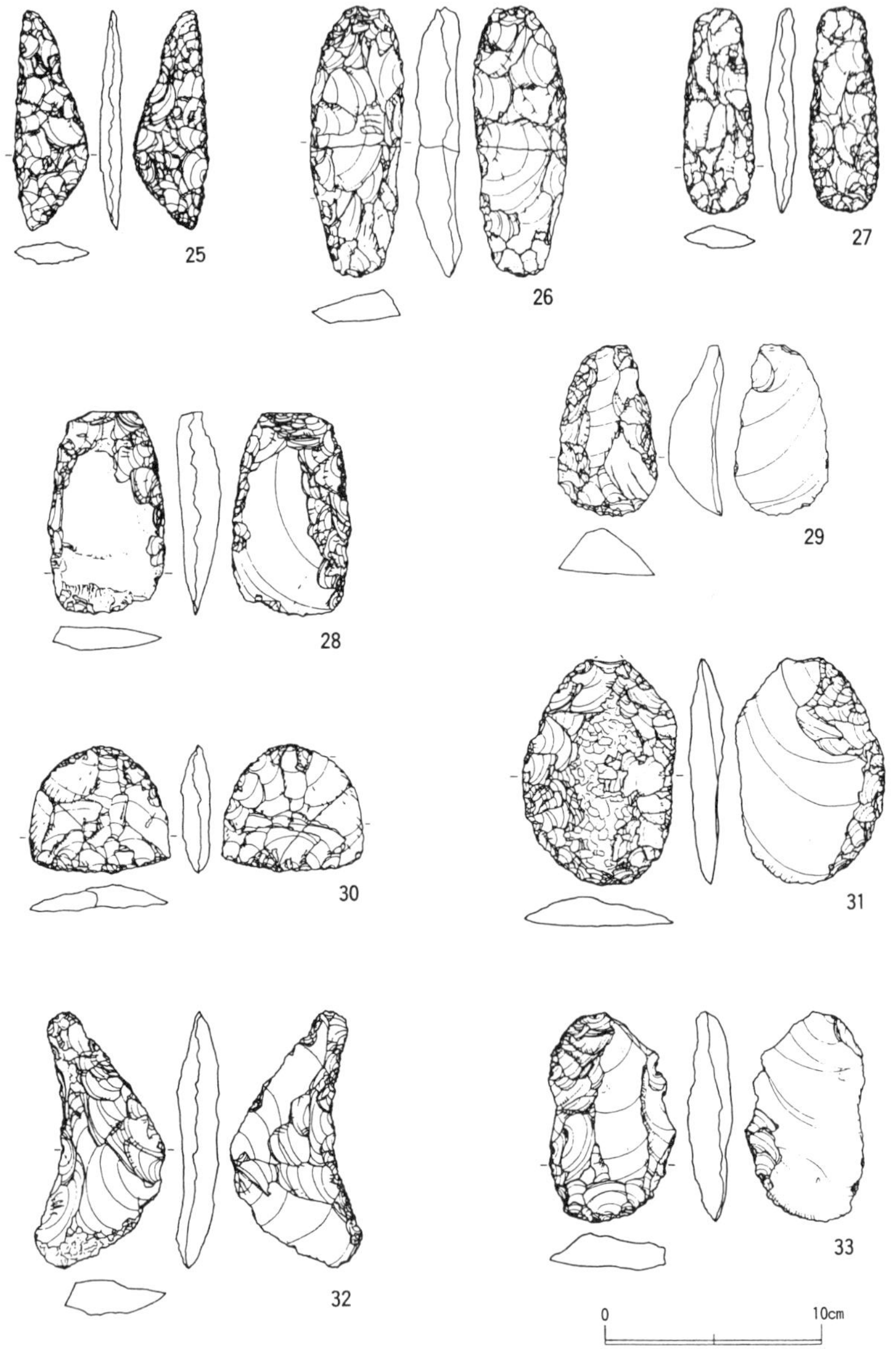

図８　５期の石器（5）SXQ80・141・151・154（利部編 1996 より）

な調整を施す。15は接合資料11の芯に当たる。下方が分厚く全体に整った短冊形の形状である。刃部は直刃の両刃を成し基部は丸い。16は接合資料12の芯に当たる。上方が分厚く丸い刃部に向って徐々に薄くなる。17は接合資料13の芯に当たる部分の片割れで、刃部は丸く片刃状を成す。

図7－18は、連続的に縦長剥片を作り出す舟底状の石核で、剥片六個が接合している。剥片は、長さ三二～四六ミリ・幅一六～二七ミリである。19は箆状石器とした。左右非対称形で刃部基部ともに丸く仕上げる。製作途中で折損したものかもしれない。20は整った形状の石箆で刃部は直刃状を成し基部は丸い。上方より刃部に向かって薄くなる。21・22は掻器である。21は三日月状の薄く丁寧な作りで削器の機能も持ち合わせる。22は横長剥片で半円状に丁寧な調整を施す。23・24は、一方の側縁に調整を施した削器である。23は薄い縦長剥片、24は横長剥片を素材にしている。

図8－25は半月形石器である。側縁の一方が直線的で、もう一方はやや歪んでいるものの大きく湾曲する。薄く丁寧な作りである。26は箆状石器とした。刃部は狭くなり両刃状に整えている。全体として粗い作りで折損しているため、石箆等の製作途中の可能性もある。27は石箆もしくは小型の石斧である。全体が薄く丁寧に整えてある。28は横長剥片素材の削器で両側縁に調整を施す。29～31は掻器である。29は横長剥片を素材にした甲高のもので、両側縁と刃部に調整を施す。30・31は全体に薄く周縁を鋭く作り出している。30は半円形で31は楕円形を呈する。32・33は削器である。32は横長剥片の打点の対辺に抉るような緩い曲線の調整を施し、全体を三日月状に整えている。打点部分が握部と考えられる。定形的な石器の可能性があり、三日月形削器とでも言うべきか。33は、縦長剥片の先端と一側縁側に調整を施す。先端の調整から掻器の可能性も考えられる。

（3）岩瀬六期の石器群（図9）

SXR一三六（34）とSXQ一一五（35・36）を取り上げる。これらは、河道B・C堆積層を覆う基本土層の

Ⅴ層で検出した。

ＳＸＲ一三六は礫集中部で、平面の掘り方は不明だが断面で長さ一・五メートルの落ち込みを確認している。五～四〇センチの礫が、径三・二メートルの不整円形の範囲で出土した。石器集中部のＳＸＱ一一五は、長軸四・五メートル×短軸二・四メートルの範囲で石器五九点が出土した。また、これらと同じⅤ層検出の遺構には、ＳＸＰ九八土器集中部とＳＫ一一八土坑がある。ＳＸＰ九八では、一・八メートル×一・二メートルの範囲に七九点の土器が集中して出土した。土器は無文の尖底深鉢である。ＳＫ一一八は、推定長軸約一メートル×短軸〇・七五メートルの楕円形と推定され、深さは二五センチである。覆土は大半が褐色土で、掘り込み面はⅤ層と考えられた。大半は細かな貝殻沈線文土器である。両遺構から出土した土器は、早期中葉の貝殻沈線文系土器で尖底土器である（冨樫一九八九）。

図９－34～36は、河道Ｂ・Ｃ堆積層出土石器より新しいものの七期との関係はやや説得力に欠ける。ここでは石器の内容よりも、五期と後述する七期（表裏縄文期）の間に貝殻沈線文期を設定できること自体に、寧ろ意義

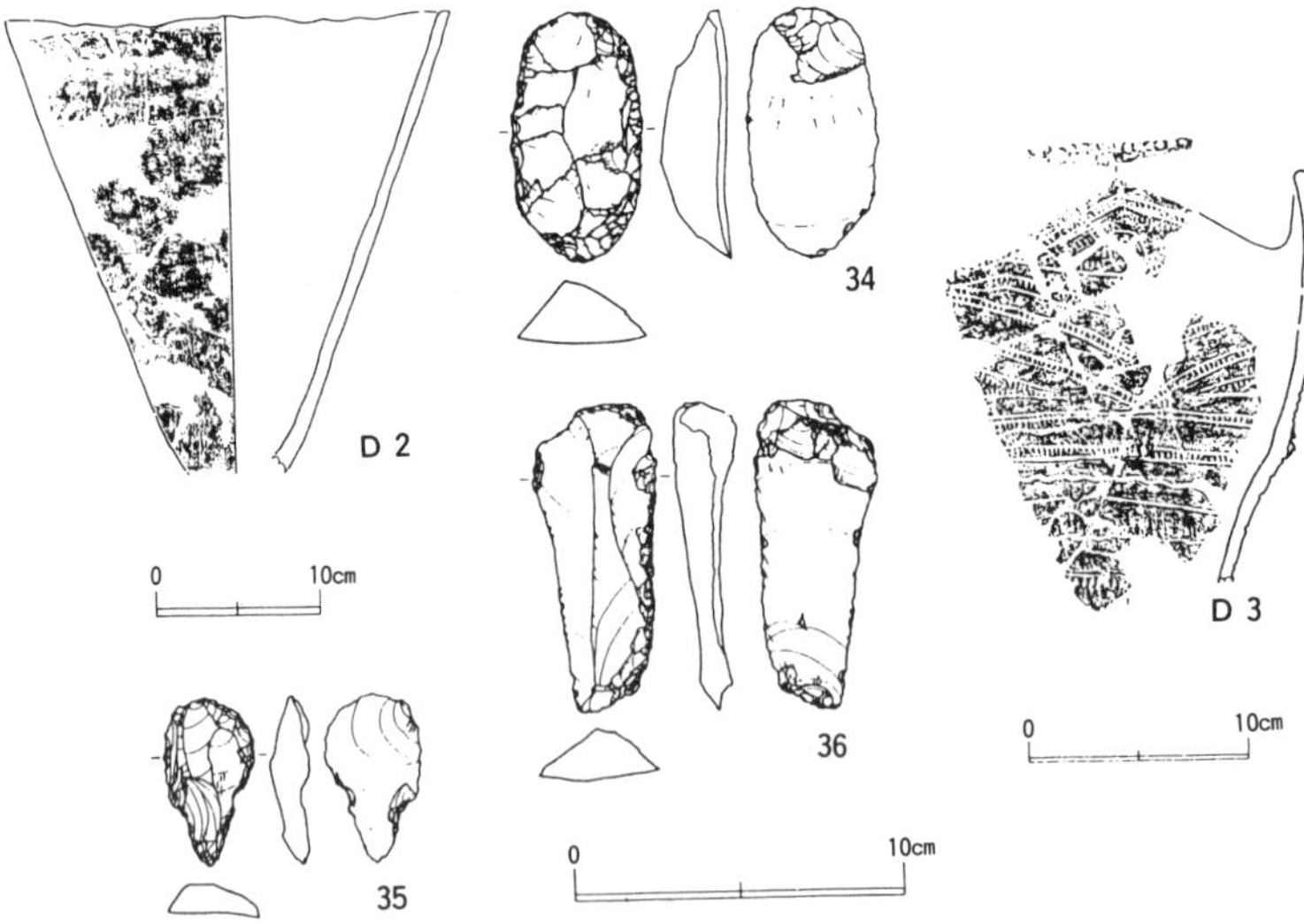

図９　６期の石器と土器　SXP98、SXR136、SXQ115、SK118（利部編 1996 より）

を見出したい。

34は掻器である。楕円形で甲高の縦長剥片を素材にしている。両側縁と刃部に丁寧な調整を施す。35は摘み部の大きな石錐である。横長剥片の一端を刃部にしている。先端の調整は片側だけである。36は削器で縦長剥片の一側縁に調整を施す。

（4）岩瀬七期の石器群（図10・11）

ＳＸＱ二二（37〜43）とＳＸＱ一七（44〜56）を取り上げる。これらは石器製作跡で、河道Ｆ堆積層上部から検出されている。(3)

ＳＸＱ二二は、一三メートル×七メートルの範囲で九〇七点の石器と一点の土器が出土した。土器（Ｄ４）は繊維を含み、外面は縄文、内面には条線の痕跡がある。ＳＸＱ一七は、七メートル×四メートルの範囲で八四九点の遺物が出土した。遺物の殆どは石器で、数点の小さな土器片を含む。土器（Ｄ５〜Ｄ７）は総てに繊維を含んでいる。Ｄ５は内外面に縄文がある。Ｄ６とＤ７は同一個体で、外面に縄文があるようだが内面は無文である。

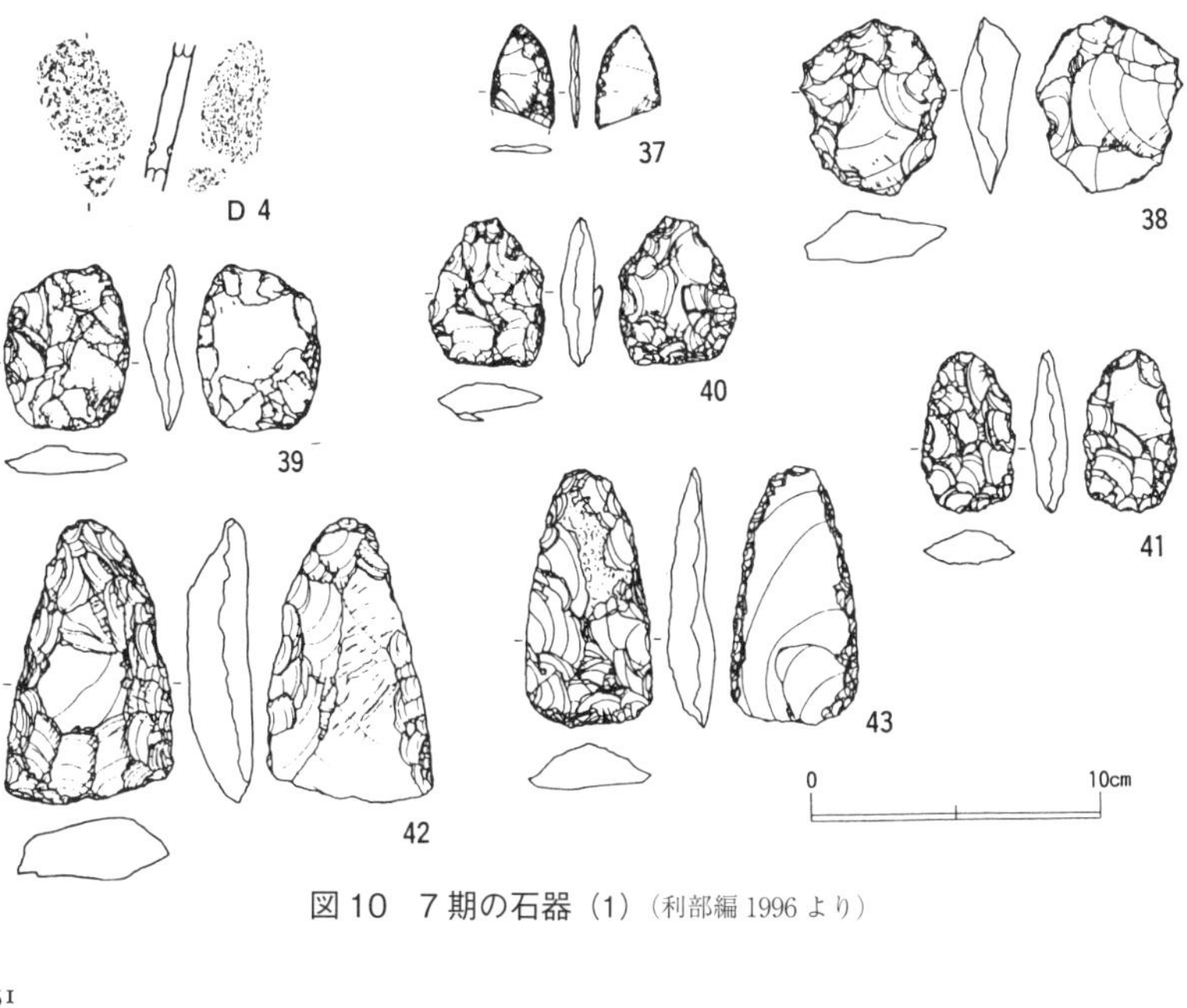

図10　７期の石器（1）（利部編 1996 より）

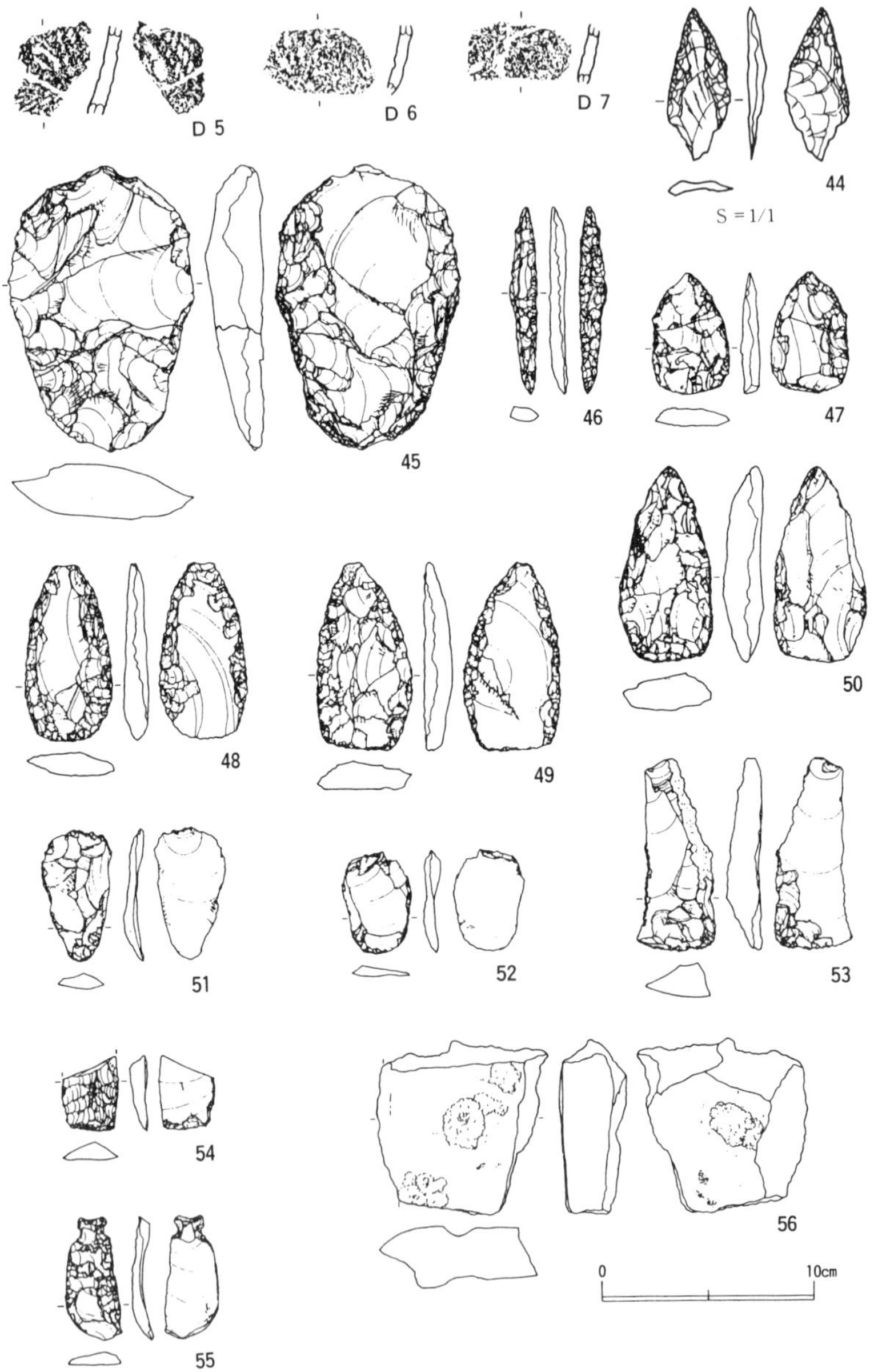

図 11　7 期の石器（2）（利部編 1996 より）

表　石器の出土状況と法量観察（利部編 1996 より）

番号	器種等	遺　構	層　位	大きさ（mm） 長	幅	厚	重量（g）
1	石　箆	SXQ104	河道A堆積層上部	78	29	19	37.9
2	接合資料	〃	〃	138	114	45	233.7
3	半月形石器	SXQ92 (80)	河道B堆積層上部	120	43	12	52.5
4	箆状石器	〃	〃	120	45	12	229.8
5	石　斧	〃	〃	128	55	33	174.1
6	〃	〃	〃	118	63	29	179.4
7	石　箆	〃	〃	82	40	20	60.6
8	〃	〃	〃	84	35	21	39.2
9	円形掻器	〃	〃	86	69	15	77.2
10	削　器	〃	〃	54	86	14	67.8
11	石斧（接合資料）	SXQ102	〃	134	70	34	261
12	〃	〃	〃	124	70	37	264.2
13	〃	〃	〃	136	82	37	340.6
14	石　斧	〃	〃	114	66	32	192.2
15	〃	〃	〃	132	45	31	176.9
16	〃	〃 (73)	〃	126	64	32	236.4
17	〃	〃 (73)	〃	84	63	24	133.4
18	舟底状の石核	SXQ96	〃	41	42	34	24
19	箆状石器	〃	〃	165	52	24	163.7
20	石　箆	〃	〃	71	38	16	36.5
21	掻　器	〃	〃	86	55	9	19.5
22	〃	〃	〃	70	68	17	50.1
23	削　器	〃	〃	80	34	13	25.8
24	〃	〃	〃	113	65	29	140.5
25	半月形石器	SXQ141	〃	98	35	10	26.8
26	箆状石器	SXQ80	〃	117	45	21	99.4
27	石斧・石箆	SXQ150	〃	91	33	13	37.8
28	削　器	SXQ154	〃	90	55	17	98
29	掻　器	SXQ80	河道B堆積層上部	77	44	25	70
30	〃	〃	〃	57	66	14	43.9
31	〃	〃	〃	102	69	17	100.6
32	削　器	SXQ151	〃	114	66	17	89.6
33	〃	SXQ80	〃	94	56	21	91.6
34	掻　器	SXR136	V	75	40	21	53.2
35	石　錐	SXQ115	〃	52	30	8	12.4
36	削　器	〃	〃	92	38	8	45.2
37	石　鏃	SXQ22	河道F堆積層上部	34	22	2	2.2
38	円形掻器	〃	〃	58	50	17	47.7
39	〃	〃	〃	42	56	10	22.9
40	石　箆	〃	〃	51	40	13	192.8
41	〃	〃	〃	54	31	12	20.3
42	〃	〃	〃	95	58	21	110.8
43	〃	〃	〃	85	43	15	53.4
44	石　鏃	SXQ17	〃	22	10	2	0.4
45	両面体石器	〃	〃	132	85	26	281.4
46	石　錐	〃	〃	86	13	7	8.3
47	石　箆	〃	〃	54	36	7	18
48	〃	〃	〃	81	41	11	39.2
49	〃	〃	〃	86	45	12	55.4
50	〃	〃	〃	91	43	19	70
51	掻　器	〃	〃	60	33	6	10.6
52	〃	〃	〃	45	32	6	8.1
53	削　器	〃	〃	89	41	15	39.8
54	石　匙	〃	〃	35	27	8	6.4
55	〃	〃	〃	56	26	6	9.5
56	凹　石	〃	〃	78	75	32	167.4

二つの遺構は平面では重複しているが、曖昧ながらＳＸＱ二二が僅かに古いものである。しかし、土器や石器の様相からほぼ同時期と解釈される。また報告書では、両遺構を前期に扱ったが、繊維を含む羽状縄文等が河道Ｆ堆積層より新しい河道Ｇ堆積層上部の遺構より安定して出土していることから、表裏縄文期の早期末葉に位置付けた。

図10－37は石鏃である。薄く小さな剝片の側縁に丁寧な調整を施す。38・39は円形掻器とした。38は片側に粗い調整を施す。39は全周に調整を施すがやや方形状を呈する。40・41は小型の石篦で刃部は40が直線的で41は丸い。42・43は石篦である。横長剝片の両側縁に表裏から調整を施し、刃部は表からのみ調整を加えたものである。

図11－44は薄い剝片に調整を施した石鏃である。45は両面体石器とした。一方がやや細みの両面を加工した石器で、両側縁に調整を施す。46は両端が尖った石錐で、断面が三角形の細長い形態である。47～50は石篦である。47は小型で、48・49は横長剝片を素材にして両側縁と刃部に丁寧な調整を施す。50も横長剝片を素材にするが、主要剝離面を主に調整している。51・52は縦長剝片を素材にした掻器で、51は刃部を調整している。53は削器で縦長剝片の一側縁を調整している。54・55は縦長剝片の石匙である。54は先端部分のみである。56は凹石である。扁平な安山岩の両面に凹部がある。

四　器種組成の検討

岩瀬遺跡の早期石器群には、定形的な石器とそうでないものが当然ながら存在する。器種選定にあたっては、取捨選択に迷う石器があると同時に、定形的な石器であっても選定基準の曖昧なものもある。本文提示の器種名には、器種間の認定基準の甘さによって報告書作成時の表記と異なる点のあることを、予め断っておきたい。

岩瀬四期は石篦だけの出土である。第五期には、半月形石器・篦状石器・石斧・石篦・円形掻器・掻器・削器と舟底状の石核がある。第六期では、石錐・掻器・削器と器種が少ない。第七期には、両面体石器・石箆・石鏃・石匙・円形掻器・掻器・削器・凹石がある。岩瀬四期と六期は、石器の器種に恵まれないが、土器を伴う点で重要である。以下、出土の多い五期と七期を主に比較するが、出土土器より五期は早期でも前葉に七期は後葉に位置付けられる。

五・七期に共通する器種には、石箆・円形掻器・掻器・削器がある。五期には、両面体石器・石鏃・石錐・石匙・凹石は見つかっていない。七期では、半月形石器・箆状石器・石斧・舟底状の石核がない。石槍は、両期共通して見られない。五期の半月形石器・箆状石器は、従来草創期的な石器と考えられており、舟底状の石核の存在と共に注意される。また七期の棒状の石錐や、打面調整剥離技法を持つ所謂松原型石匙（54）の存在も見逃せない（秦一九九一）。

共通する個別器種ではどうであろう。

石箆は、五期には全面的に調整を施すもの（7・8・20・27・…・A）と、素材面と主要剥離面で形成する部分を刃部にしたと考えられるもの（28）がある。28は横長剥片の両側縁に調整を加えたもので、形は整うが削器と分類すべきかもしれない。石箆としては亜流である。一方、七期では横長剥片の両側縁を表裏から調整し、刃部は表面だけ調整を施す技法を持つものがある（42・43・48・49・…・B）。また主要剥離面に主な調整を施すもの（50）もある。

AとBを比較すれば、Aの表裏面に全面的な調整を施す技法（両面調整加工）と、50も含んだBの素材面を極力残す調整技法（局部両面加工）との相違があり、先行するAの技法にBの技法が加わったと理解されよう。特にBは、横長剥片素材で表面は両側縁と刃部に調整を加え、裏面は両側縁に細い調整を連続させただけで主要剥離面を刃部裏面に利用する、完成された製作技術である。形状は大きく、Aの楕円形からBの三角形の変化と見られるが、製作技術の変化が形態を規制したものと考えられる。

円形掻器は、9から38・39に小型化する傾向にある。掻器では、縦長剝片素材の先端に刃部を持つ甲高タイプ（29・34）が五、六期に見られるが、七期では薄い縦長剝片に移行している。30の半円形で定形化した掻器が、五期に存在することにも注意しておきたい。

削器は、平行する両側縁に調整を施したもの以外に、三日月形削器とも言うべき定形的な石器の存在が注目される。類似したものが、早期末葉の寒川Ⅰ遺跡からも出土している（利部・小林・三嶋一九八八）。

次に五期で目立った存在を示す石斧について取り上げる。15～17は、それぞれ接合資料11～13の芯になる石斧で、11～13に両面から調整を加えたものであった。このうち、12・13は表裏に自然面を残す扁平な素材を利用しており、5の石斧や4の箆状石器の接合資料も同様である。これに対して、14は大きめの横長剝片を素材に用いたものである。この種の技法は、草創期岩瀬三期の石篦（石斧を意図した可能性がある）にも認められる。

このように、大きめな石斧製作において扁平な素材を用いた両面調整技法が卓越している中、分厚い横長剝片を素材に製品を得ている技術が存在することは注目されてよい。それは七期の石篦製作において、横長剝片素材が卓越してくることにも関連するものであろう。

以上のように、五期と七期の型式学的な特徴は特に石篦と石斧に顕著であるが、五期の石篦が両面に全面的な調整を施すのは、同期石斧製作における両面調整技法と無関係ではないであろう。

五　おわりに

岩瀬遺跡では、基本層位と補完関係にある河道堆積層がA～Iまで確認でき、それらに縄文時代の文化層が言わばパックされた状態で見つかった。草創期は基本層位の漸移層より下層にあり、早期から前期は漸移層を前後する層に該当する。河道堆積層のうち早期の石器は、河道Aから河道Fまでの堆積層中に存在し、石器製作跡が良好な状態で検出された。

これらは、河道A堆積層の撚糸文系土器・河道F堆積層の表裏縄文系土器・V層の貝殻沈線文系土器と、前期初頭とした河道G堆積層の羽状縄文系土器に裏付けられており、層位と土器に基づいた早期石器群が把握できた。特に本論では、石器の共時性を重視する立場から、遺構出土の石器に限定して述べた。その結果、層位的知見より岩瀬四期から七期の石器群は各々に時間的纏まりを持つと理解され、四期から七期までの変遷が捉えられた。四・六期の石器内容は希薄であるが、五期と七期との比較では、石器組成の在り方や型式学的特徴においても示唆に富む。

とりわけ五期の内容は充実している。五期は早期前葉に位置付けられた石器群であるが、草創期を代表する半月形石器や、小型の縦長剥片を連続的に剝離している舟底状の石核の存在、扁平な河原石を用いた両面調整技法による石斧の存在は、特に注目されよう。半月形石器は、草創期に特有の存在とされるが（小野田一九九五）、この器種が早期まで存続することは特筆される。舟底状の石核は、石刃のような小型で薄い製品の素材を、連続的に得るためのものではないだろうか。

石斧は、東北地方北部の早期中葉から後葉にかけては、擦切技法を含み全面が研磨されたものや局部磨製のものが一般的とされ、早期後葉では「楕円形の扁平な円礫を素材とした局部磨製石斧が主体的存在となり」と理解されている（工藤一九九九）。これらと五期の打製石斧が、好対照を成している点は重要であろう。

五期の石器群は、草創期と早期の脈絡を比較検証する上で欠かせない資料である。五期は撚糸文系土器を含む河道A堆積層より新しく、貝殻沈線文系土器を含む基本層位V層や、同じく貝殻沈線文系土器と考えられる土器を含む河道E堆積層より古い河道C・D堆積層に挟まれることから、概ね押型文期を推定しておきたい。

七期は早期後葉に位置付けられた。ここでは円形掻器や細身棒状の石錐が存続するし、初源が早期末葉とされる松原型石匙が確実に存在することも注意されてよい。また前述したように、五期の両面調整加工と局部両面加工の対照性も注目される点である。これは、五期の石斧における技法上の変化と関連してくるものではないだろうか。

本論では、河道堆積層と基本土層における新旧の序列と、そこから出土した土器を基に、岩瀬遺跡における早期石器群の実態を把握した。その結果、岩瀬四期から岩瀬七期までの共時性や変遷が明らかになり、型式学的面でも言及すべき点があった。この成果が、先に述べた岩瀬草創期三期区分に後続することは、岩瀬遺跡の石器変遷モデルが、一地方の草創期から早期にかけての石器変遷の基準になり得る可能性を示唆する。

岩瀬遺跡の早期資料には、本文で取り上げていない資料が多数あり、特に五期には多くの接合資料がある。そのため研究者による、これらの資料の検討が望まれるし、更に、文中における石器の認定や解釈の過不足を補って頂きたい。四～七期の早期岩瀬遺跡の内容は、河道G堆積層以降の前期石器群との比較により、更に充実したものになるだろう。今後の課題である。なお、本文の挿図は殆どが報告書の転載であるが、修正・加筆したものもある。

［註］

（1）遺構外の出土であるが、河道E堆積層上位より沈線とこれに沿う貝殻文を持つ土器が、河道E堆積層中位では原体が貝殻と推定された条痕文を持つ土器が出土している。また河道E堆積層下位より、平行沈線を持つ尖底部付近と見られるやや大きめの土器片も出土した。

（2）五期の石器のうち、ＳＸＱ九二とした4、ＳＸＱ一〇二とした13、ＳＸＱ八〇とした26は、それぞれＳＸＱ八〇・七三・九二に帰属するものである。ＳＸＱ七三・八〇・九二・一〇二は接合関係にある。

（3）ＳＸＱ一七は、報告書では河道G堆積層上部で検出したと記述したが誤りで、遺構の配置状況と層位の検討から河道F堆積層に帰属するものである。

［参考文献］

小野田正樹　一九九五「半月形石器」『縄文文化の研究』第七巻　雄山閣出版

利部　修　一九九四「岩瀬遺跡と草創期の遺構・遺物」『考古学ジャーナル』No.382　ニュー・サイエンス社
利部　修編　一九九六『東北横断自動車道秋田線発掘調査報告書XXII―岩瀬遺跡―』秋田県文化財調査報告書第二六三集　秋田県教育委員会
利部　修　一九九八「秋田県岩瀬遺跡における草創期の石器群」『列島の考古学―渡辺誠先生還暦記念論集―』渡辺誠先生還暦記念論集刊行会
利部　修・小林　克・三嶋隆儀　一九八八『一般国道七号八竜能代道路建設事業に係る埋蔵文化財発掘調査報告書Ⅰ―寒川Ⅰ遺跡・寒川Ⅱ遺跡―』秋田県文化財調査報告書第一六七集　秋田県教育委員会
工藤竹久　一九九三「東北北部における縄文時代早期の石斧」『先史学と関連科学』吉崎昌一先生還暦記念論集刊行会
冨樫泰時　一九八九「貝殻沈線文系土器様式」『縄文土器大観』一　小学館
秦　昭繁　一九九一「特殊な剥離技法をもつ東日本の石匙―松原型石匙の分布と製作時期について―」『考古学雑誌』第七六巻第四号　日本考古学協会

第三節　諏訪台Ｃ遺跡のⅠ・Ⅱ類土器群――土器の観察を通して――

一　はじめに

東北北部の縄文晩期終末から弥生時代初頭にかけての土器は、土器型式から大洞A′式→砂沢式の推移が考えられている（須藤一九八七）。ところが大洞A′式の終末と砂沢式の理解において、大洞A′式の終末に砂沢式を含める考え（工藤一九八七）と砂沢式は大洞式の終末と区別されるとする考えがある（弘前大考古研一九八一）。両者の考えが縄文・弥生のどちらの時代に属するかの議論が加わり（縄文文化検討会編一九八八）、該期型式の解釈を複雑にしている。この型式理解の相違点は、大洞A′式終末の様相と砂沢式の型式内容が充分に把握されていない現状に基づくもので、それには二つの留意点が挙げられる。

一つは良好な出土状況を示す資料が少なかったことである。青森県剣吉荒町遺跡の層位学的調査や秋田県地蔵田B遺跡（現地蔵田遺跡）をはじめとする各地土器棺墓の調査はあるものの（青森県立郷土館一九八八、秋田市教委一九八六）、住居跡出土の一括資料に乏しかった点である。二つには土器の研究方向が文様系統論に終始するあまり（新谷一九七五）、形態や技法について取り上げることの少なかった点である。本論ではこれらの問題点を踏まえた上で、一括資料が出土した諏訪台C遺跡の住居跡出土Ⅰ・Ⅱ類土器群について論じるものである。特に土器の技法と文様について言及し、その内容の把握と整理を目的にしている。

二　Ⅰ・Ⅱ類土器群

諏訪台C遺跡は秋田県大館市大茂内に所在し（秋田県教委一九九〇）、大館盆地の東にある小坂線東代野駅から北約六〇〇メートルの低い台地上に位置する（図1）。調査区は標高一〇四メートル前後、広さが約一〇メートル×一三〇メートルの平坦な舌状台地の西縁辺にあり、台地の南と西側では緩やかな傾斜になり沖積地が広がっている。時代は縄文時代前期、後期、晩期、弥生時代、平安時代に及び、弥生時代では竪穴住居跡六棟を検出した（図2・3）。六棟の竪穴住居跡は、三棟の砂沢式併行期と三棟の二枚橋式併行期に分けることができる。(1)このうち砂沢式併行期としたSI六〇・六一住居跡と住居に推定したSN焼土群の三棟は焼失家屋であり、床面からそれぞれSI六〇・SI六一・SN土器群が出土した。三棟のうち建て替えのあるSI六一には二時期の推移が認められ、新しい住居跡の南東壁際からは遺棄された一三個体の土器が集中して出土した（図4・5）。こ

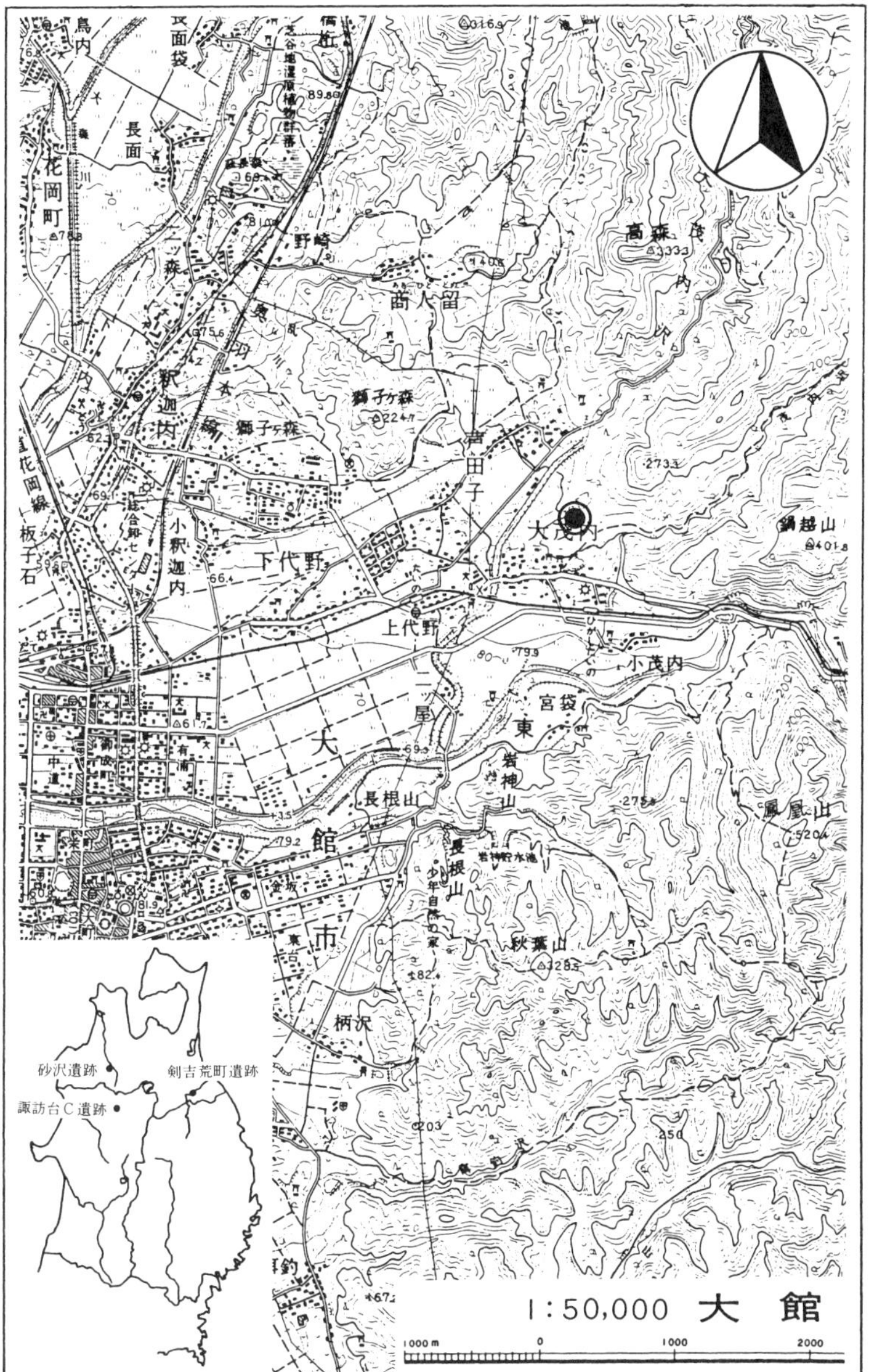

図１　諏訪台C遺跡の位置（利部他 1990 より）

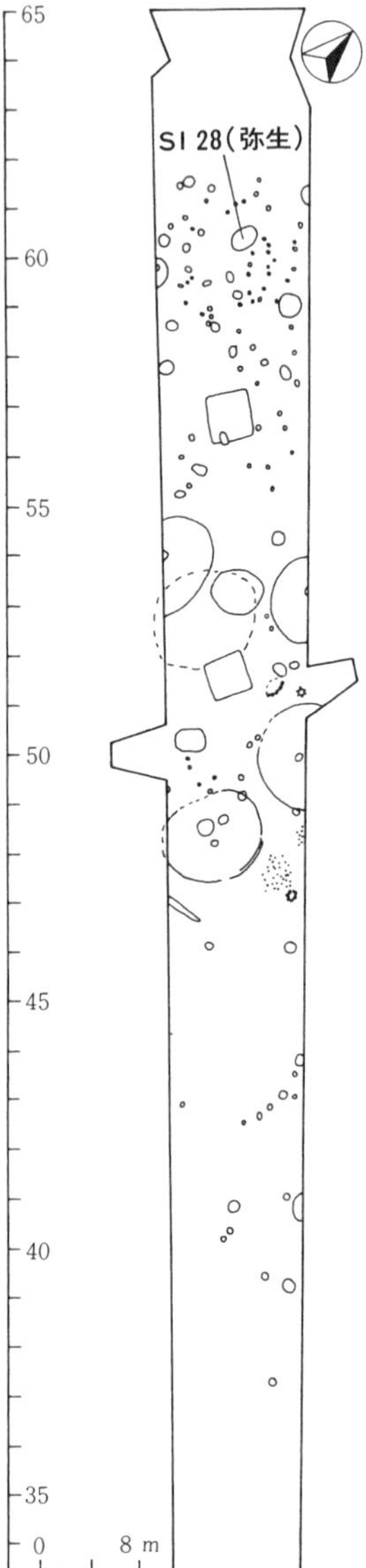

図２　遺構の配置
（利部他 1990 より）

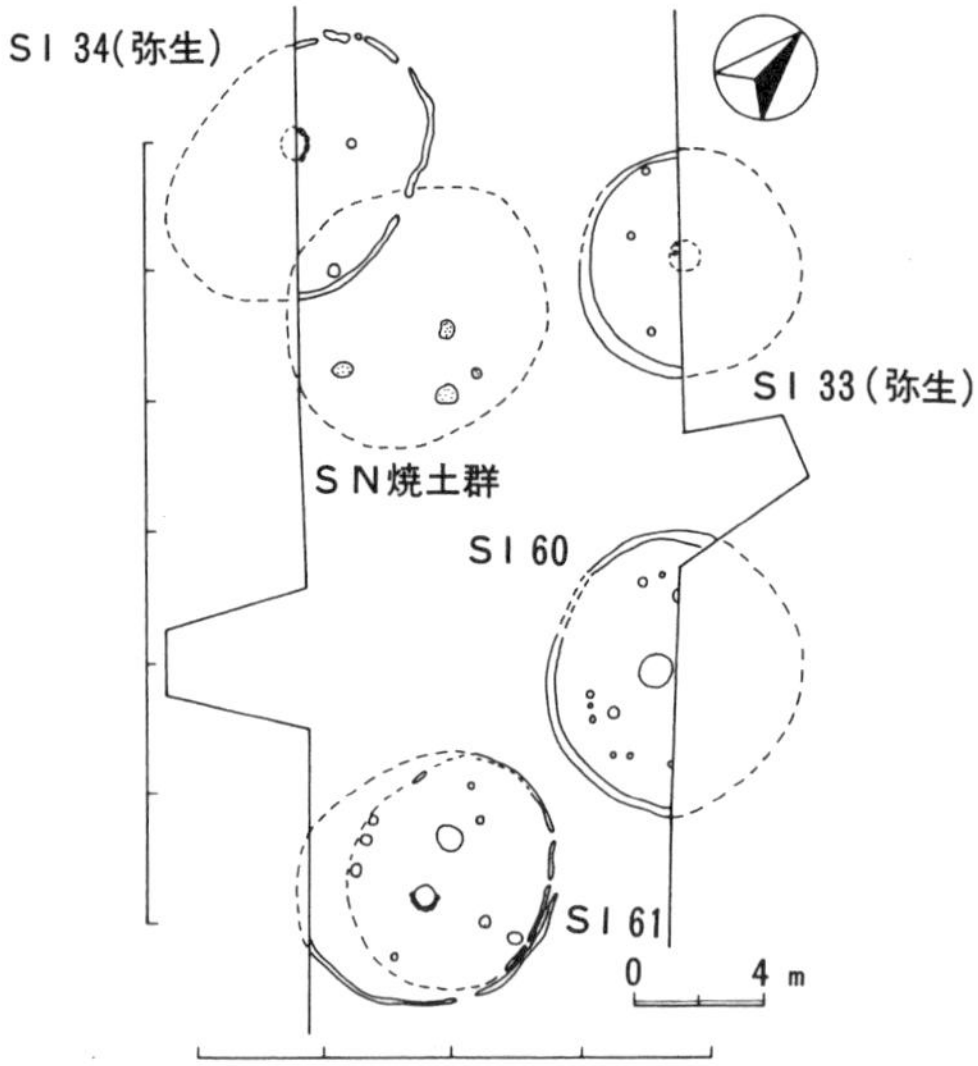

図３　A～C群が出土した住居跡
（利部他 1990 より）

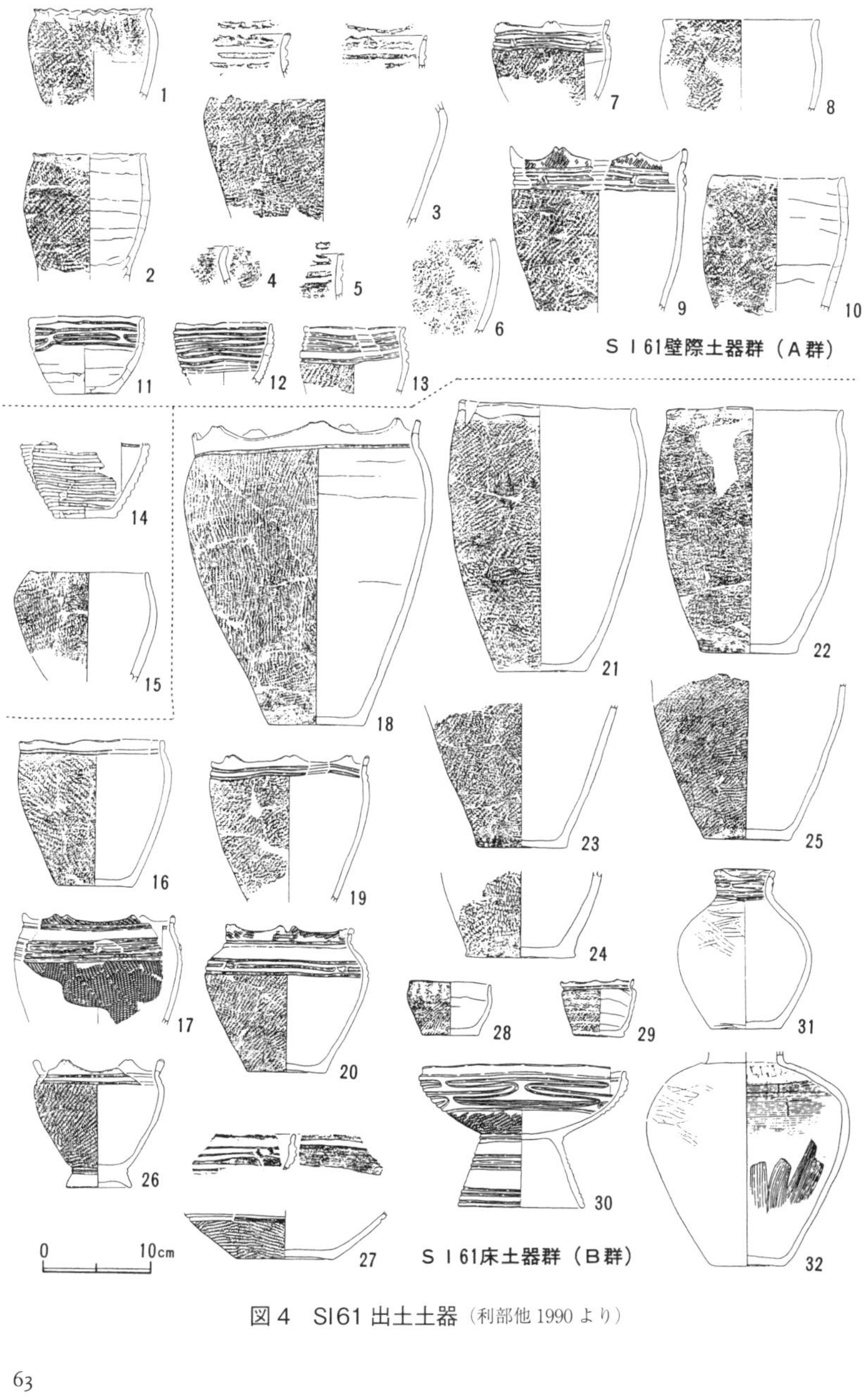

図4 SI61 出土土器（利部他 1990 より）

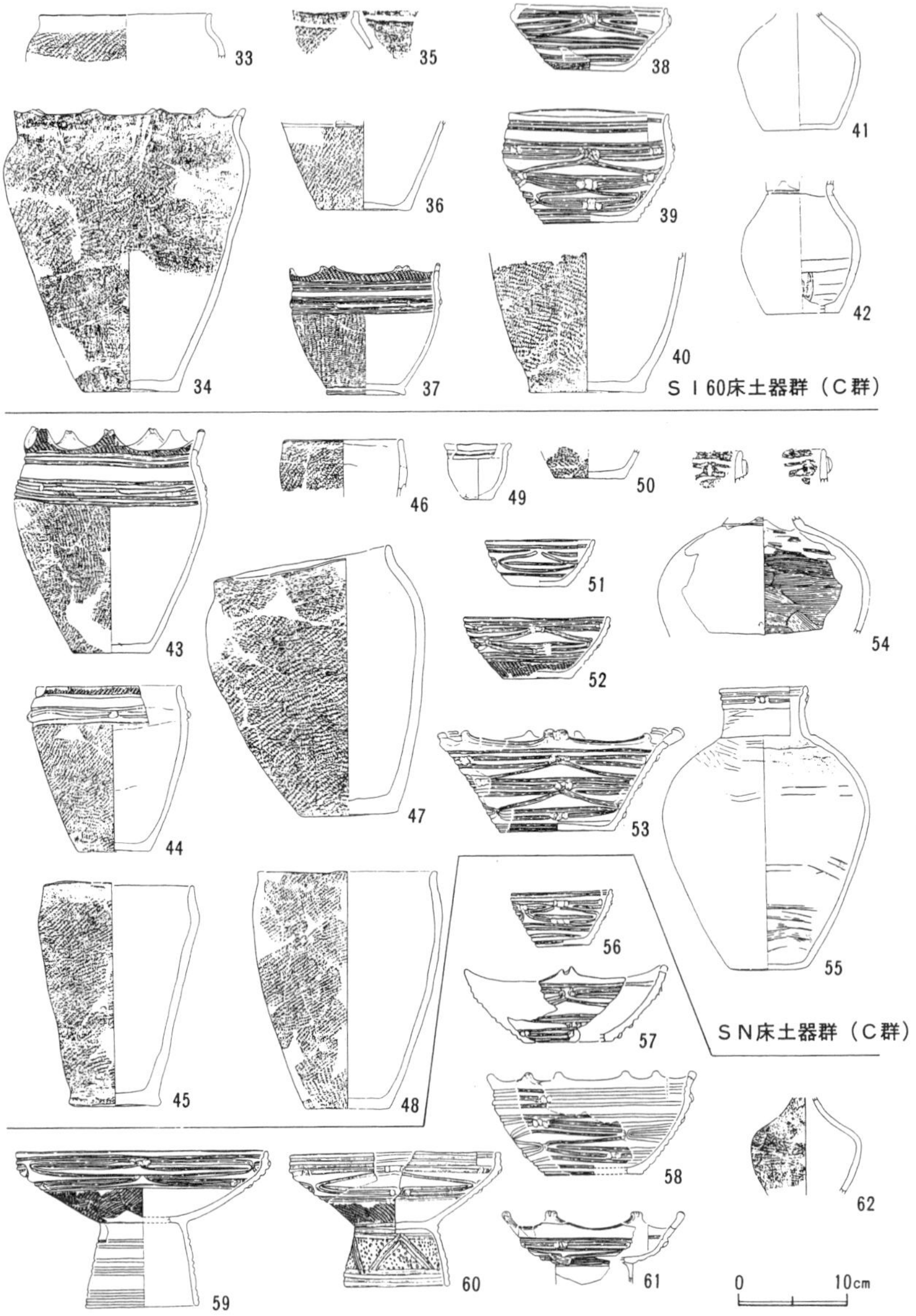

図5　SI60・SNと遺構外出土土器（利部他 1990 より）

れらは砂沢式とするよりも寧ろA'式の終末と考えた方がよい土器群である。(2) 従ってSI六一では、土器の出土状況から壁際土器群とこれ以外の床面土器群とを区別し、前者から後者の型式学的変遷を予想した。また、SI六一床面土器群の大半はSI六〇・SN土器群と形態や文様の特徴から同一型式内と判断し、壁際土器群を所有する意味においてやや古手の可能性のあることを指摘した。(3) このことは、壁際土器群とSI六一床面土器群の中に、ささくれだった特殊な縄文を共有していることからも言えることである。以上より、Ⅰ類土器群はSI六一床面土器群の一点(15)と埋土の一点(14)を含む壁際土器群(4)(A群)、Ⅱ類土器群はA群を除くSI六一床面土器群(B群)、SI六〇・SN土器群はC群として把握することができる。以下では土器の持ついくつかの特徴がどのような在り方をしているかを問題にするが、その際の比較・検討材料であるA~C群を基礎的内容を含む資料として捉えておく。

三　分析視点

土器の観察には形態・文様・技法等の研究領域があるが、本論では主として技法を中心にした記述を進めたい。一般的に技法と言えば粘土塊から焼成に至る間の成形や調整段階を指し、縄文やミガキを全面に施すこの時期の土器については不適格な研究法と考えられがちである。しかし、装飾や文様に関する技法に焦点を当てるとすれば、そこにはそれなりの技法が展開しているはずである。また、この時期の成形や調整技法についても、課題の設定次第で研究領域は深まるはずである。そこで本論では、技法を土器の製作技法と装飾・文様技法に二大別し、前者では(1)調整技法、(2)壺の製作技法、後者では(1)装飾口縁の作出技法、(2)瘤・沈線の作出技法、(3)所謂変形工字文の作出技法と、技法に関する五つの項目に分けて論じることにする。また、搬入土器について技法を基に考察してみる。これら五つの視点はそれぞれ土器の持つ属性として置き変えることができるもので、[5]以下ではこの属性がどのような傾向性を持つのか、時間的変遷の分かっているⅠ・Ⅱ類土器群の中で観察することにしたい。

四　製作技法

（1）調整技法

ここでは外面のミガキ調整を中心に扱うが、はじめに甕・鉢類（浅鉢を除く）の口縁部におけるミガキの有無、次に無文帯・沈線・底部におけるミガキの状態について観察する。

はじめに前者について記述する。A群では口縁部にミガキを施すものは皆無であるが、これに対してB群では18・19・21・22・26とその出土頻度は高い。[6]C群では35の一点だけがミガキを施し、その形態はA群には認められずB群には共通する特徴を持つものがある。以上より、甕・鉢類において口縁部にミガキを施すものはB群から認められ、当初多用されていた技法がC群では序々に施されなくなる傾向にある。また、B群において口縁部にナデを施すのは皆無で、逆にA・C群ではナデが多用されている。

次に後者についてはどうであろうか。はじめに明瞭な無文帯を有する土器について扱い、これらの土器の無文帯・沈線・底部におけるミガキの状態や有無について観察する。以下、ここでは丁寧で木目細かなミガキを特に研摩と表記していく。[7]表1からも読み取れるように、無文帯に研磨を施す土器は底面にも研摩を施すことが分かる。無文帯がナデや雑なミガキを施している場合の底面は、研磨を施していないことも分かる。これらの無文帯と底部の対応関係は、沈線における調整の対応関係とも一致している。従って、沈線におけるミガキの有無や状態は無文帯を有している土器に限らず、他の土器についても同様な因果関係にあると想定される。

次にミガキの有無や状態を浅鉢・高杯・壺に限って観察してみる（表2）。31・38・60は比較的雑な沈線にも関わらず底面が研磨される例である。これら三点を除く沈線の丁寧な土器は底部にも研磨が及ぶ。また、沈線の雑な土器は底部に研磨が施されない傾向がある。深鉢でも14や21・22のように体部や口縁部に研磨を施す土器の底部には、同様に研磨が及ぶ。このことは、外面体部に特徴的な研磨を施す土器は、底部にも研磨が及んでいる可能性が高いことを示している。

（2）　壺の製作技法

ここでは、高さ二五センチ前後の中型の壺（32・55）についてその製作技法の相違と（図6）、高さ一五センチ以下の小型壺の製作上の諸特徴を纏めることにしたい。

32と55は、32の肩部がやや張り出しているものの形態はほぼ類似している。これらの製作技法は大筋では類似するが、体部内面の調整法においては相違がある。以下では、完形に近い壺55の製作工程模式図に

表１　土器外面の調整技法観察表（1）（利部他 1990 より）

番　号	無文帯	沈　線	底　部	番　号	無文帯	沈　線	底　部
13	ナデ	ミガキ	−	39	研磨	研磨	研磨
17	研磨	研磨	−	43	〃	〃	〃
20	ミガキ	ミガキ	ナデ	44	ナデ	ミガキ	ナデ
30	研磨	研磨	研磨	59	研磨	研磨	研磨
37	〃	〃	〃				

表２　土器外面の調整技法観察表（2）（利部他 1990 より）

番　号	器　種	沈　線	底　部	番　号	器　種	沈　線	底　部
27	浅鉢	研磨	研磨	59	高杯	研磨	研磨
38	〃	ミガキ	〃	60	〃	ミガキ	〃
39	〃	研磨	〃	61	〃	研磨	〃
51	〃	ミガキ	ミガキ	31	壺	ミガキ	〃
52	〃	〃	ナデ	32	〃	研磨	ミガキ
53	〃	研磨	研磨	41	〃	−	ナデ
56	〃	ミガキ	ナデ	42	〃	ミガキ	〃
57	〃	研磨	研磨	54	〃	〃	−
58	〃	〃	〃	55	〃	研磨	研磨
30	高杯	〃	〃	62	〃	−	−

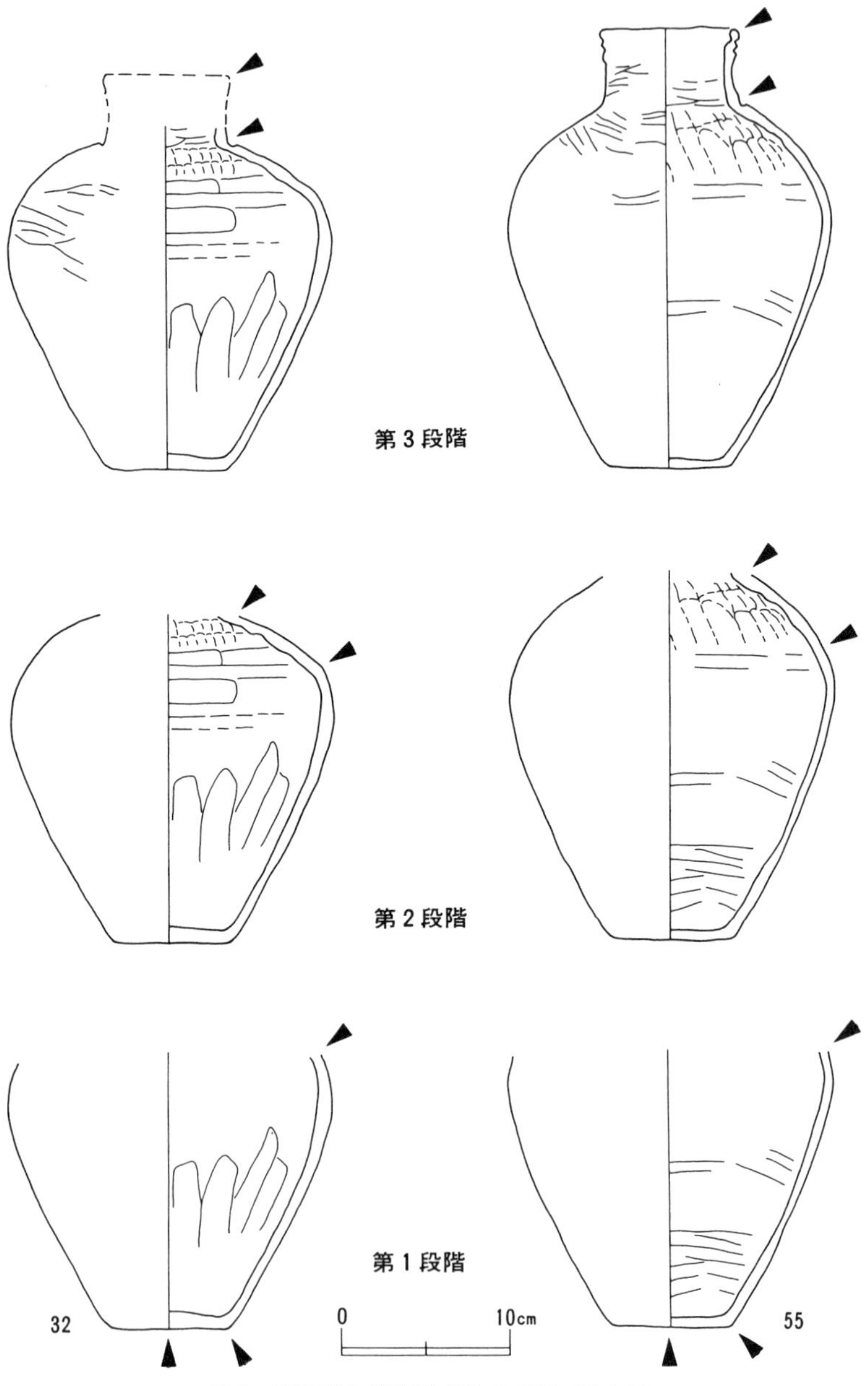

図６　壺の製作技法模式図（利部他 1990 より）

従って、特に内面観察による製作工程を述べていく。これらの壺には三段階の製作工程がある。第一段階は底部から最大径となる肩部までの製作で、粘土紐を積み上げた後工具による横位のナデを施している。32では工具による縦位のナデ調整を施している相違がある。第二段階は肩部から頸部最下端までで、更に粘土紐を積み上げ、それと垂直方向に放射状の指によるオサエを施す。その後に、肩部を中心にして工具による横位の入念なナデを施している。ナデを入念に施したのは、第一段階と第二段階の時間差による粘土接合状態の弱さを考慮してのことである。第三段階は頸部最下端から口唇部までで、粘土紐の積み上げの後ナデ等の調整を経てミガキを施している。内面における第二段階と第三段階の粘土接合部の調整は、口が狭いので指もしくは布を付した指等によるナデを施したと考えられるが、口唇部から頸部最下端に至る短い頸の長さと無関係ではないであろう。この第三段階の頸部と口縁部は、纏めて別個に製作し接合させた可能性もある。以上の製作工程の中で32が55と技法上異なる点は、第一段階の工具による調整が縦位を示す点だけである。両者には、この種の壺製作上類似点が多いことを指摘しておくと同時に、32はＢ群の55はＣ群の土器であり共にⅡ類土器群の範中であることも強調しておきたい。

次に小型の壺について考えてみたい。31・41・42・62はすべて高さ一五センチ以下の壺である。これらの四点の壺には部分的ではあるが煤状炭化物とは考えられない黒色の部分があり、意識的に施した可能性がある。また41は赤色斜彩を施すが、42と62についても僅かに赤味を帯びる部分があり赤色塗彩の可能性がある。62は調整に条痕を施している他、肩部から頸部までが特異な錨形の輪郭を呈しており在地産とは考えにくい。また42における粘土紐の積み上げは、接合面が内面上方から外面下方に傾斜する。(8)形態や後述する沈線や断面形態等も考慮すると、この壺も在地産の可能性が低い土器と考えられる。以上の諸特徴の他に、31・41・42と先の32・55の壺の中に共通している点が一つある。それは、底部の直径が六・七センチ前後と一致する点である。五点もの壺の底部が一致することは、それらが同一型式内であることを考えると、壺製作上底部の大きさにある種の規制が働いていたことを示すものではないだろうか。これら小型の壺もⅡ類土器群の範中であり、31はB群、41・42はC群である。

五　装飾・文様技法

（1）装飾口縁の作出技法

A～C群の中で、口縁部に装飾を持つ器種には甕・鉢類・台付鉢・浅鉢・高杯・ミニチュアがある。ミニチュアを除く甕・鉢類・台付鉢と浅鉢・高杯とでは文様系譜上異なった系統を引くと考えられるので、ここでは浅鉢・高杯を除いた器種に限って扱うことにする（図7）。甕・鉢類・台付鉢の装飾口縁の作出技法は、大きく二つに分けることができる。一つは、平口縁上で指頭によるオサエやナデを施すことによって装飾（性）を表わしたと考えられるもの（A種）。二つには平口縁上に波状や山形状となる形態に合せて小さな粘土塊を盛り、オサエやナデ等によって装飾を作出したと考えられるもの（B種）がある。A・B種は更に作出形態の相違によっていくつかに分けることができる。

Aa類　近接した二個一組の小さな突起が、間隔をおいて付く(3)。

Ab類　口唇部を指頭によって連続的に押さえたもので、連続の小波状を呈している(1・2)。

Ac類　極めて緩やかな起状を呈している(16)。

Ba類　平口縁に山形状の突起の付くもので、頂部に沈線を施している(7)。

Bb類　波状を呈し、突起は中位の高さのものと低いものが交互に配されている。波頂部には沈線を施している(9)。

Bc類　波状を呈し、波頂部の低いものが付く。二つに分かれる波頂部の形態によって、三つに分けられる。

Ｂｃ１類は波頂部が沈線で二分される(19)。Ｂｃ２類は波頂部が刻みによって二分される(17・37)。Ｂｃ３類は波頂部が刻みによって二分され、刻みの最も低い部分では口縁部に達している(20)。

Ｂｄ類　波状を呈し、突起は中位のものが付く。波頂部には沈線を施している(18・26)。

Ｂｅ類　波状を呈し、突起の高いものが付く。波頂部には沈線を施している(43)。

Ｂｆ類　平口縁に頂点が三角状を呈する山形状の突起が付く(34)。

以上のように分類が可能である。これらの分類をA～C群に対比すると、A群ではＡａ・ｂ類、Ｂａ・ｂ類、B群ではＡｃ類、Ｂｃ・ｄ類、C群ではＢｅ・ｆ類が存在する。Ａｃ類の明確な例はB群であるが、口唇部の微妙な起伏はA群にも認めることができる(11～13)。このように、A類の装飾口縁作出技法はA群において、B類のそれはB・C群で主流を占めている傾向を捉えることができる。またB群20のＢｃ３類は、特異な形態として

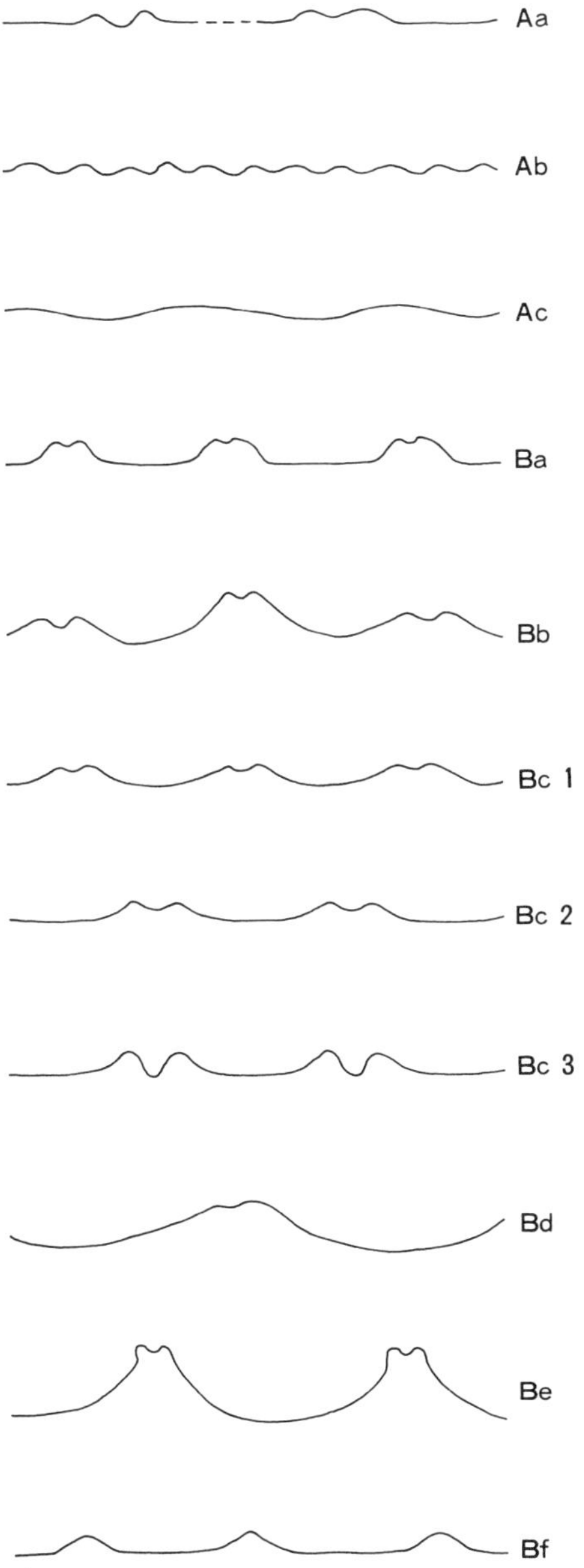

図７　装飾口縁分類模式図（利部他 1990 より）

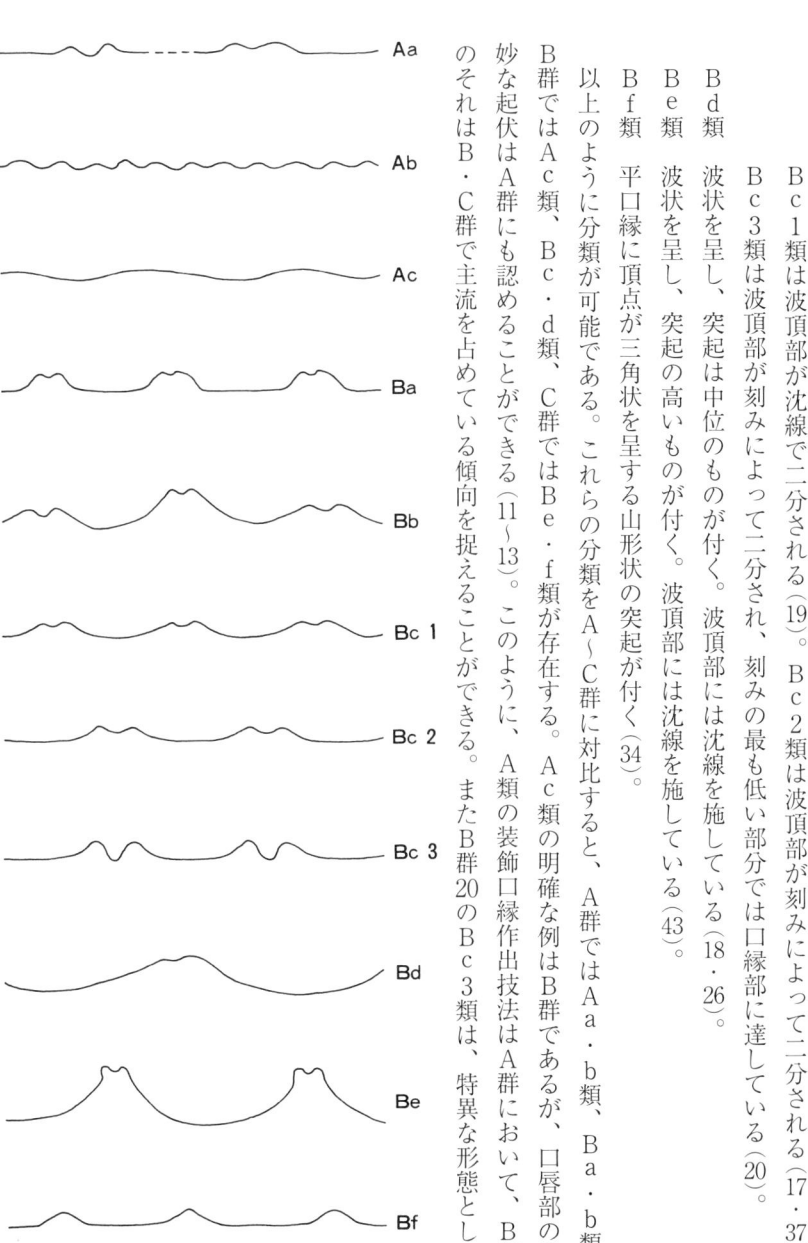

注意しておきたい。

（2）瘤・沈線の作出技法

瘤と沈線との関わりは、瘤に沈線が取付いたり沈線の中に瘤が配置されたりしている関係にある。瘤は平行沈線を遮断して幾種類かの平行沈線を作出しており、瘤の状態にもいくつかのバリエーションがある。以下では、瘤と平行沈線に限定して観察して見る（図8・9）。また沈線の断面観察についても記述する。

瘤は明瞭に貼付けの分かる貼瘤（A種）と粘土が寄せられて盛上がりを作る瘤（B種）に分けられる。以下A・B種の類型を行うが、これらに該当しないものは扱わないことにする。

Ａａ類　平行沈線上に二個の粘土粒を配し、縦の沈線によって下方が二分され上方では閉じている、所謂馬蹄形を呈している（7・9）。

Ａｂ類　平行沈線上に、短かい平行沈線を挟んで二個の瘤を貼付けている（20・59）。

Ａｃ類　平行沈線上に、エグリを挟んで二個の瘤を貼付けている（27・52・53・57・58・61）。

Ａｄ類　平行沈線上に、一個の瘤を貼付けている（44）。

Ａｅ類　大きな粘土瘤を配し、縦に細い沈線を入れることで縦長の瘤を二個つくる（54）。

盛り上がりを作る瘤（盛瘤と仮称）は、次のように分けることができる。

Ｂａ類　平行沈線上に、短かい平行沈線を挟んで二個の盛瘤を配している（60）。

Ｂｂ類　平行沈線上に、一個の盛瘤を配している（31・43）。

これらをA～C群に対比すれば、A群にはＡａ類、B群にはＡｂ・Ａｃ・Ｂｂ類、C群にはＡｃ・Ａｄ・Ａｅ・Ｂｂ類がそれぞれ存在している。これを整理するとＡａ類はA群の中に、Ａｂ類はB群の中にだけ認められる。Ａｃ類とＢｂ類はB・C群に共通しており、Ａｄ・Ａｅ類はC群だけの特色である。

瘤と平行沈線との関係において、平行沈線のモチーフに視点を置くとすれば次のように分類できる。

ａ類　平行沈線そのもので、起点から沈線が器面を一周して起点に辿り付く。

ｂ類　平行沈線に、垂直に突出した短かい沈線が付く（7・9）。

ｃ類　平行沈線が一点鎖線状を呈する（20・27・38・39・52～61）。独立した平行沈線ｃ1と変形工字文のｃ2に分けられる。

ｄ類　平行沈線が破線状を呈する（31・37・43・44）。

これらをA～C群に対比すれば、A群にはａ・ｂ類、B群にはａ・ｃ・ｄ類、C群にはａ・ｄ類がある。これを整理してみると、ａ類はどの土器群にも認められるが、ｂ類はA群だけに認められ、ｃ・ｄ類はB・C群に認められるという特色がある。

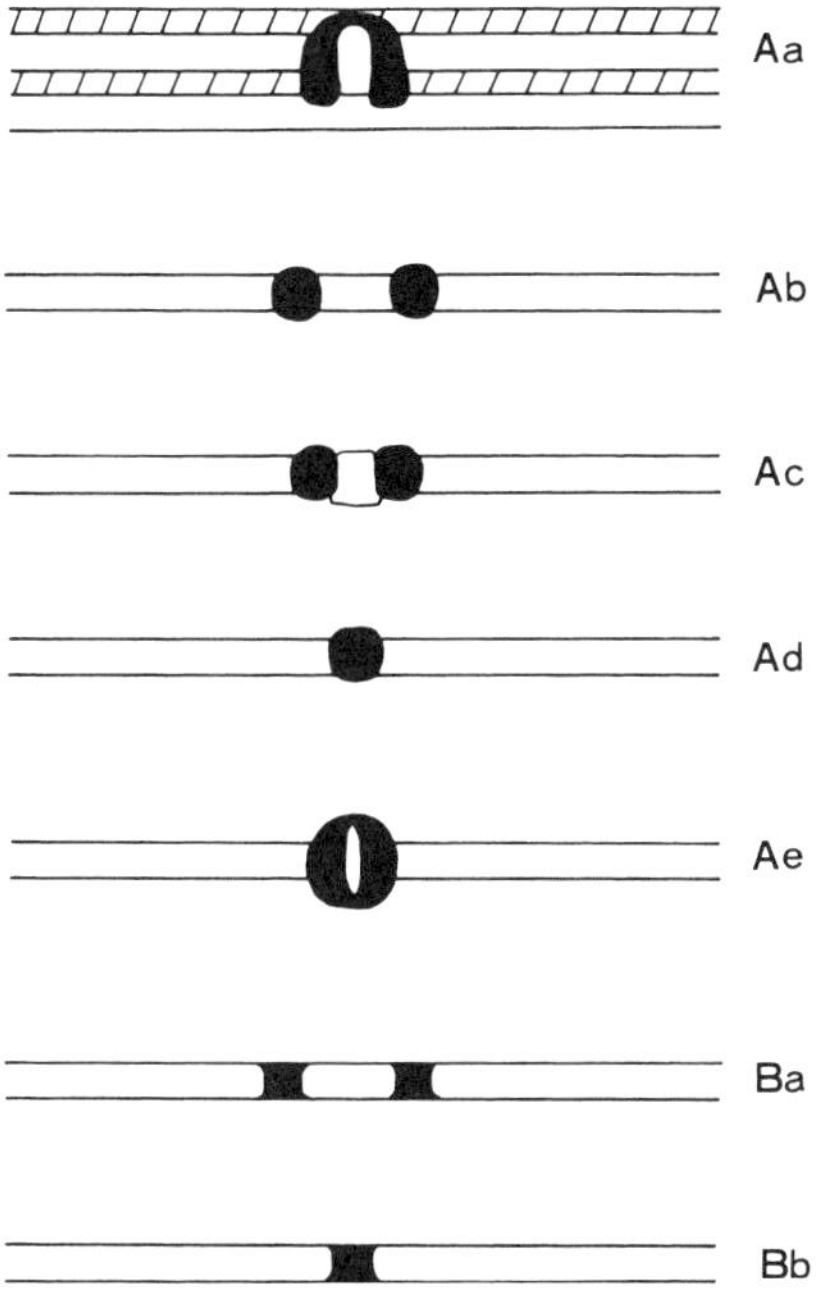

図８　瘤分類模式図（利部他 1990 より）

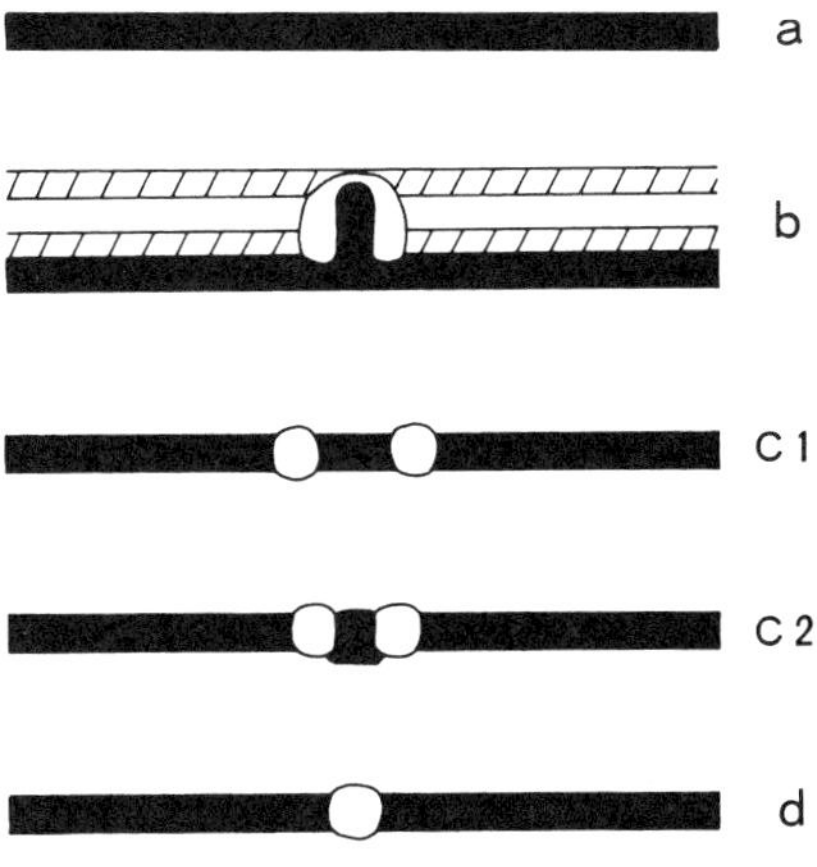

図９　平行沈線分類模式図（利部他 1990 より）

次に工具の違いによる沈線の断面形態について観察してみる。断面は大きくa～d類に分けることができる。
a類　断面形が三角形を呈するもので、幅は三、四ミリである（27・30・55・59）。
b類　断面形が半円形を呈するもので、幅は三、四ミリである（17・32・37・39・43・57・58）
c類　断面形がコの字形を呈するもので、幅は三ミリである（42）。
d類　断面形がa～c類以外のものを一括する。
d類を除くこれらの分類をA～C群に対比すれば、A群にはa～c類は存在せず、B・C群にはa・b類、C群にはc類だけが存在する。このことは、定形化した断面がB群以降に多用される特色として把握できる。

（3）所謂変形工字文の作出技法

ここでは、所謂変形工字文が重畳している39・53について扱うことにする（図10）。この類には上下二段の文様帯があり、53に例を取れば上段では隣りの文様と結付く変形工字文E′（連結型）、下段は三角形に独立したもので変形工字文D′（完結型）に近い[9]。以下、文様作出技法について主に二個の瘤と瘤間に入込む沈線の観察を通じて論じることにする。図10の1は39の拡大図である。瘤と沈線が関わる箇所には、（a）・（e）・（g）のように沈線が収束するように見える部分（Aタイプ）とそれ以外の部分（Bタイプ）がある。全体の中でAタイプは三箇所、他はBタイプが占める。このうちBタイプは、総ての瘤間で抉り取られておりミガキは及んでいない。瘤間のエグリは近接する沈線と較べて深く、別途に作出したことは明瞭である。これに対して（a）や図では陰となる（e）・（g）でも、ミガキによって収束しているように見えるものの、瘤間は深くエグリを施しているのは明らかである。以上より、Aタイプの瘤の両脇の沈線を仮に（ア）とし、瘤間のエグリを（イ）、二個の貼瘤を（ウ）と仮定した施文順序は、（ア）→（イ）→（ウ）もしくは（ア）→（ウ）→（イ）と観察できる。従って、図10－1の（a）に関わる沈線の施文順序として（f）→（a）→（g）→（b）→（e）→（a）→（d）と一連の軌跡を考えること

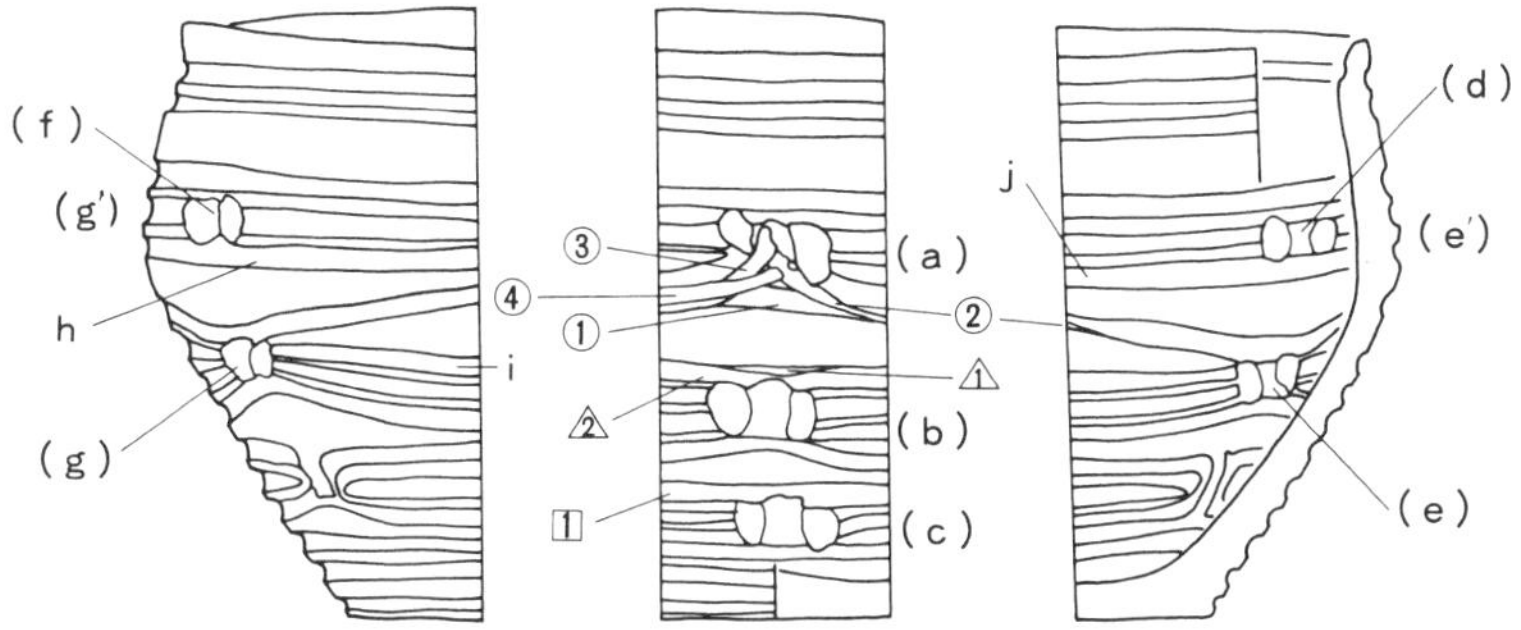

1　39の文様拡大図

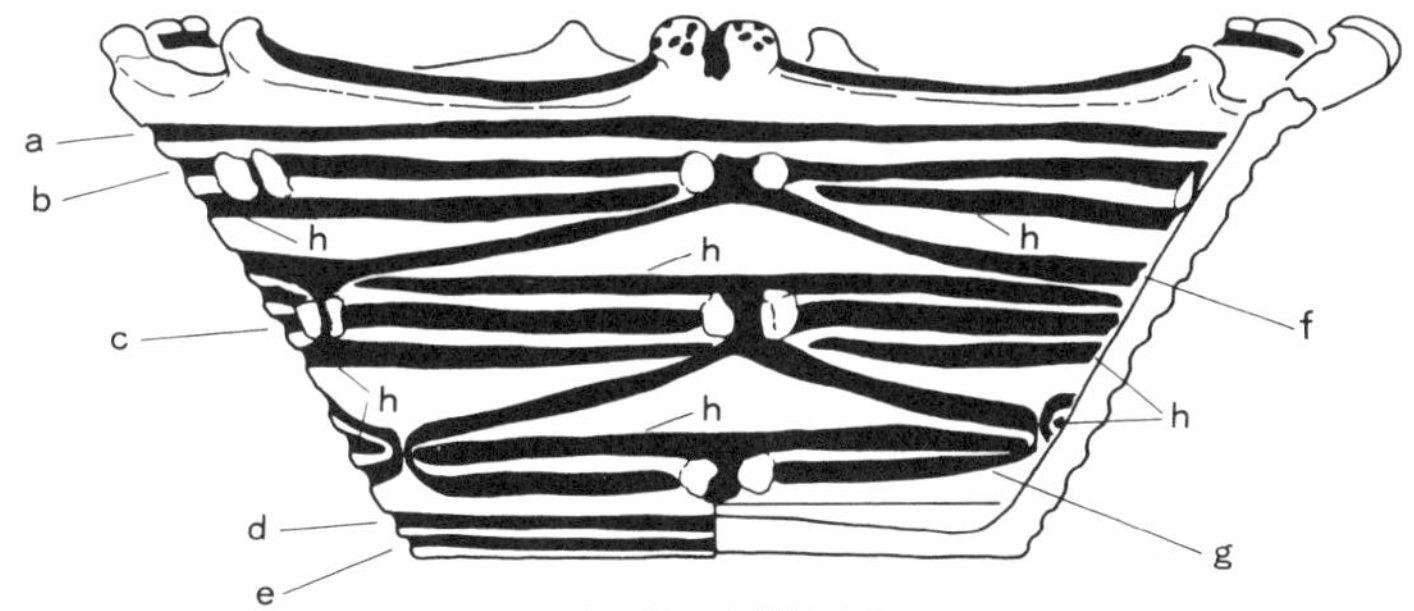

2　53の文様拡大図

3　53の文様模式図

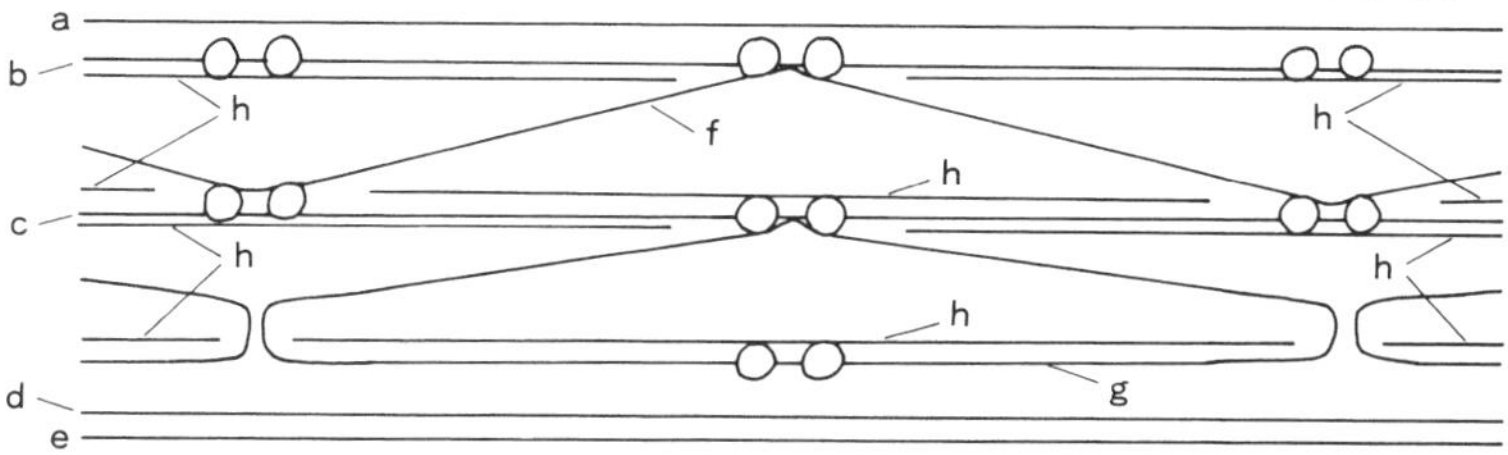

図10　文様施文工程図（利部他 1990 より）

はできない。

次にAタイプの（a）は収束するかに見える沈線とその沈線の内面調整の施工順序が明瞭で、それを順番に示せば、①→②→③→④となる。つまり（a）における沈線は①であり、②〜④はミガキを施したものである。（b）もまた本来の沈線の軌跡とミガキによる施工のずれを観察できる例（△1→△2）であるが、（c）はミガキが沈線と一致している例である。多くの場合、（c）のように丁寧なミガキを施すために、頭初の施工状態を残すものは希である。

以上より39の文様帯上段に関する沈線の施文順序は、（f）―（a）―（d）もしくは（g）―（b）―（e）の平行沈線（第一段階）、（g′）―（g）―（a）―（e）―（e′）の波状文（第二段階）、（h）・（i）・（j）の平行沈線（第三段階）となる。技法上から文様の描き方を忠実に追跡すると、上段の所謂変形工字文は、上述した一〜三段階の文様施文工程によって構成されたものであり、横位に転回する流水状の変形工字文からの変化とは必ずしも結付かない。

次に53についてはどうであろうか。39のような文様構成は53についても同じようなことが言える。即ち、文様帯の上段では、瘤とエグリを伴う二本の平行な沈線と波状文、それらによる三角形の底辺に平行な平行沈線を施すことによって構成されている。[10] 53の下段における独立した三角形だけは39と違いがあり、上位瘤間と三角形の頂点が連結している。

ここで所謂変形工字文が重畳している39や53のタイプにおける文様施文順序を、53を例として整理すると以下のようになる（図10－3）。①上下文帯を区画する文様を施す（a・d・e）。②上・下段の文様帯を規定するために基準線となる文様を施す（b・c）。③上段では波状文、下段では三角文を施す（f・g）。④沈線によって、三角部分の底辺に沿う平行沈線を施す（h）。このような大まかな文様施文順序を想定することができる。以上のような文様を有する土器が、C群の中に認められることに注意する必要がある。

六　搬入土器について

ここでは、搬入土器について若干の諸見を述べてみたい。はじめに、当遺跡から出土した土器の中には、所謂金雲母を含んでいる27・30・55・59の浅鉢・高杯・壺の存在がある。この四点の土器はＢ群から二点、Ｃ群から一点、遺構外から一点出土した。これらの土器は、顕著な砂粒を含まない精選された粘土を用い、全体がカサカサした感じの良好な焼きで、茶褐色からこれが脱色したと思われる灰褐色に至る色調を持つ丁寧な作りである。この四点の土器には以上の類似性の他に、沈線の断面が三角形（沈線断面ａ類）を示し、他の土器には認められない共通した技法を持つ。更に金雲母について言及すれば次のようになる。①四点を除いて当遺跡から出土した土器には金雲母を含むものはない。②砂沢遺跡から出土した多量の土器群の中にも、金雲母を含む土器は極々希である。[11] ③岩手県下で金雲母を含む土器は、極一搬的に且つ広範囲に出土している。[12] 以上の胎土・焼成・色調・技法の共通性と金雲母の存り方から、四点の土器は奥羽山脈を越えた岩手県下からの搬入品と考えるのが最も妥当である。

この他に特徴的な土器を挙げるならば、胴部に縦位の縄文を施す17・18・37・43の甕・鉢類がある。これら四点の土器は、Ｂ群から二点、Ｃ群から二点出土した。この施文技法は青森県下ではよく認められる技法であるが、当遺跡では異色である。また浅鉢の39・53・58は、沈線の断面形態が半円形（沈線断面ｂ類）であること、ミガキが沈線内部や外面底部にも丁寧に及ぶこと、大きな貼瘤を有すること、文様帯が上・下二段に構成されていること等から他の浅鉢とは区別して考えられよう。この三点の土器は、Ｃ群から二点遺構外から一点出土した。これらの特徴を持つ三点は、青森県下では一般的な技法や文様であり、他の浅鉢が椀形を主体に口縁部が内湾する傾向を持つ点からしても当遺跡では異質である。従って、先の縦位縄文の四点と浅鉢の三点は、青森県下からの搬入土器か或いは技術が齎された可能性が強い。

七　おわりに

本論では時間的変遷の分かるA～C群を基礎に、五つの属性について論じてきた。この中で、A～C群を通じて共通するのは、調整技法（1）、装飾口縁の作出技法（2）、瘤・沈線の作出技法（3）の三つである。はじめに、これらについて纏めると次のようになる。（1）では、外面におけるミガキの調整が、B・C群に多用されてくる。このことは、無文帯の出現と無関係ではないであろう。（2）では、装飾口縁作出技法のA類からB類への傾向が辿れる。（3）では以下のようである。瘤ではA群のAa類↓B群のAb類↓C群のAc・Ad類の傾向があり、大きな瘤はC群の特色である。平行沈線でもこれと対応して、b類↓c1類↓c2・d類の傾向となる。断面形態では、B類以降に定形化した断面形が出現してくる傾向にある。

このように三つの技法上からの視点で見てみると、A～C群における三つの属性の変化は明瞭には現われず、漸移的変化を遂げていると言えよう。しかし、A群とC群における対比では、寧ろ明確な変化と見て取れるのであり、B群をA・C群の漸移的な特徴を有する土器群として捉えることが可能であろう。A・C群におけるこのような明瞭な変化は、土器組成においても認められる。それはA群における小振りな鉢に関する問題である。この鉢は口径一〇～一二センチ程度高さが七～一〇センチ程度のもので、7・11～14が該当する。これらの土器の機能がB・C群のどれと対応するであろうか。恐らくそれらに対応するのは、C群における小振りの浅鉢であろうと思われる。このような対応関係が認められるとすれば、A群とC群は大きな変化を遂げていることになる。これらの過渡期にB群のような大振りの浅鉢が出現してくる傾向にある。

次に中型の壺製作技法に見られた共通点と相違点は、このタイプの壺の広がりと時代性を明確に捉える上で基礎的内容を含んでいる。更に55が搬入土器の可能性が高いことは、搬出先の地域における対比をも可能にしている。また、小型の壺においては、前述した諸特徴の他に、胴部中央に最大径を有するものの存在等は遠賀川系の影響を予想させるものではないであろうか。

所謂変形工字文の作出技法では、文様施文の順序と調整技法を排除した時のオリジナルな文様表現に着目した。これら上段に配される文様が、波状文或いは鋸歯文等の連続した文様であることが広く事実として確認されるならば、縄文晩期末葉の文様系譜上大きな断絶を見出すことになる。(13) これらの内容を持つ土器はC群の範中にあり、B群の大振りの浅鉢における文様施文法がどのようであるのか注意を要しよう。

以上、上述したことに形態や文様上の変化に加えてA群とC群を対比すると、(14) ここに大きな変革を認めざるを得ない。従って、諏訪台C遺跡ではA群を縄文時代晩期末葉、C群を弥生時代初頭、B群をC群と同一型式内としながらもその中間的な土器群として把握しておきたい。最後に、本論では諏訪台C遺跡のⅠ・Ⅱ類土器群について、主に技法・文様の観察からそれらの内容の把握と整理を試みたつもりである。これらの分析視点の中に少しでも良とする部分があれば幸いである。

［註］

（1）砂沢遺跡出土土器のうち、どれが砂沢式であるかの検討は、現在纏められつつある報告書で詳細になるであろう。現状では一応、水田を伴った土器が掲載されている報告をもって砂沢式土器の標式と考えておく（村越一九八八）。

（2）これらの土器の中には小振りの鉢を含んだり、文様的には重畳している平行沈線や口縁部に集中する楕円文、口縁部の形態として連続する小波状口縁がある。これらの特色は、大洞A'式とされる青森県剣吉荒町遺跡出土土器に類似する（青森県立郷土館一九八八）。

（3）報告書のまとめ二（Ⅳ群土器について）の中で述べてある。

（4）14と15の土器は、胎土・焼成・色調が同一である壁際土器群と同様の特色を持つ。

（5）佐藤嘉広はこの時期における土器の属性について詳細に論じているが（佐藤一九八九）、あまりに細かな分析はかえって事実を伝えにくくすると思われる。従って本論で扱う属性は、氏の捉えている個々の変化を対称としたものとは異なっている。

（6）26の台付鉢は床面から約二〇センチ浮いて出土しているが、炭化物の土層から出土しておりSⅠ六一に帰属する土器と判断している。27も26の付近から出土し同様のことが言える。但し27の口縁部はＳＮ焼土群から出土したが、同一個体と判断した。

(7) 一般に研摩は光沢のある土器を指し丁寧なミガキ調整を持つが、光沢のないものの中にも丁寧なミガキはある。従って、ここでは雑なミガキと区別するために研摩を光沢のあるものに限定しないで用いる。

(8) 家根祥多は、粘土紐の上下面が土器の内側に向って傾斜する作りを内傾その逆を外傾とし、西日本の縄文晩期の土器は内傾、弥生前期のものは外傾となることを指摘している（家根一九八四）。

(9) 註1に同じ

(10) 三角部分が施文されてから底辺に沿って平行沈線を施す手順は、平行沈線が三角形の底辺中央にある瘤を切り込んでいる事実や、平行沈線の両端が区画に合せて細く浅い状態になることでも裏付けられる。

(11) 一九八九年一二月、村越潔の計らいで砂沢遺跡出土土器を実見させて頂いた。その機に、金雲母について観察した所見に基づく。

(12) 岩手県における金雲母の分布について、小田野哲憲のご教示を得た。

(13) 横位に転回する波状文や鋸歯文の分布が広く認められるとすれば、千葉県成田市荒海貝塚出土土器など関東や東北南部の鋸歯文とも見て取れる文様（田部井功は変形工字文を主文様とする文様帯として捉えている）にも関わりを持つ可能性がある（田部井一九八〇）。

(14) 註3に同じ

［参考文献］

秋田市教育委員会　一九八六『秋田新都市開発整備事業関係埋蔵文化財発掘調査報告書』

青森県立郷土館　一九八八『名川町剣吉荒町遺跡（第二地区）発掘調査報告書』青森県立郷土館調査報告書第二二集

利部　修他　一九九〇『諏訪台Ｃ遺跡発掘調査報告書』秋田県文化財調査報告書第一九六集　秋田県教育委員会

工藤竹久　一九八七「東北北部における亀ヶ岡式土器の終末」『考古学雑誌』第七二巻四号　日本考古学協会

佐藤嘉広　一九八九「東北地方北部における弥生文化受容期の様相」『岩手県立博物館研究報告』第七号　岩手県立博物館

縄文文化検討会編　一九八八「一　各県における弥生式土器編年研究の現状と課題」『東北地方の弥生式土器の編年について』

新谷雄蔵　一九七五「津軽地方における砂沢系土器群の分類的研究」『北奥古代文化』第七号　北奥古代文化研究会

須藤　隆　一九八七「一　東日本における弥生文化の成立と展開」『弥生文化の研究』第四巻　雄山閣出版
田部井功　一九八〇「関東地方晩期縄文式土器の研究」『古代探叢』　早稲田大学出版部
弘前大学教育学部考古学研究室　一九八一「牧野Ⅱ遺跡出土遺物について（一）」『弘前大学考古学研究』第一号
村越　潔　一九八八「砂沢遺跡の水田址」『日本における稲作農耕の起源と展開』　日本考古学協会
家根祥多　一九八四「縄文土器から弥生土器へ」『縄紋から弥生へ』　帝塚山大学考古学研究所

第二章　研究領域（2）歴史時代

第一節　半地下天井架構式窯—関東・東北の事例から—

一　はじめに

関東・東北地方を包括して扱った須恵器窯跡に関する論文には、一九六七年の倉田芳郎・坂詰秀一による「古代・中世窯業の地域的特質—(1)東北・関東」がある（倉田・坂詰一九六七）。ここでは、須恵器・埴輪・瓦の窯跡やその歴史背景が論じられており、窯構造にも若干触れている。そこでは「本来、須恵器の窯は無段〜瓦塼の窯は有段…。また、構築の方法は、斜面下に地層をうがってくりぬくトンネル式のものと、地表面上より掘り下げ、その上に天井を架する半地下式のものとがあり、さらに、当時の地表面上に窯底を置く地上式のものも若干ではあるがみとめられる。」としている。須恵器窯に関しては、トンネル式無段登窯と半地下式無段登窯の表記を採った。

一方、同書の中で楢崎彰一は、須恵器窯を「丘陵斜面に坑を穿って構築された、いわゆる「窖窯」の形式にぞくする…」とした上で、「窖窯が地下に構築された不連続窯で、一種の横焔式であるのにたいして、登窯は地上に築かれた半連続窯であって、やや倒焔式にちかい構造のもので、窯業工学のうえでも厳密に区別されている。」と述べ、窯構造の表記としては地下式窖窯と半地下式窖窯の立場を採った（楢崎一九六七）。

次に、関東・東北を含む東日本を扱った服部敬史の「東国における奈良時代前半の須恵器生産とその意義」を取り上げる（服部一九八七）。服部は七世紀末から八世紀前半に焦点を当て、東北・関東・信越地方の広汎に亘る論を展開している。地下式と半地下式の「窖窯」の表記を採り窯床の傾斜を「登り窯」構造と表現した。地下式と半地下式を含んで「煙突状で燃焼部と焼成部の区別が明確でないもの」形態A、「燃焼部は巾狭く、焼成部が広い容積をもつもの」形態B、「燃焼・焼成部が障壁またはくびれによって区分されるもの」形態Cに区分した。

形態Aは古墳時代に形態Cは平安時代に多く、形態Bはこの間を繋ぐとし、先進地域は形態Cの採用が早いとしている。

以上、東北・関東の広汎な対象地を扱ったものとして二つの論文を取り上げたが、二〇〇四年の望月精司による「須恵器窯構造に関する構造名称や部位名称及びその機能」は、全国的な視野から窯の構造や各部位の機能について精緻な分類を行ったものであり（望月二〇〇四）、窯跡研究会による『須恵器窯構造資料集一』等（窯跡研究会一九九九）、一九九〇年代後半から窯構造に関する議論が飛躍的に高まってきた。

望月は窯構造をA類構造…掘り抜き構造（地下式）、B類構造…天井架構構造（半地下式）、C類構造…壁天井架構構造（地上式）と三分類し、更に七つに細分した。A類構造は一類が地下窯体掘り抜き式、二類が地下焼成部掘り抜き式、三類が局部掘り抜き式（局部天井架構）。B類構造は一類が地下天井架構式、二類が半地下天井架構式。C類構造は一類が半地下壁天井架構式、二類が地上壁天井壁架構式である。模式図を示して分かり易く解説している（窯跡研究会二〇〇四）。

以上のような窯構造を端的に表現する地下・半地下に関係した諸論考の表記に対して、筆者の立場を明確にしておきたい。地下式は窯体が地表下に存在するものであるが、地中深く構築されたものを地下式A類、旧地表面に沿うように構築されたものを地下式B類とする。地上式は、浅く削った斜面に側壁や天井を構築し、窯体の主体が地上に存在するものである。半地下式は、斜面に溝状の穴を穿ち天井や側壁を構築したものである[1]。天井部を地表より上に構築する場合を一般的とするが、地表より下に構築する場合も含める。本来は半地下半地上式とすべきだろうが、上部構造の存在する場合が極めて少ないため、実態の把握できる下部の状態を前面に押し出して表現した名称として理解する。焚口及びその付近だけに構築材を示す炭化物や棒状の穴が確認され、焚口以外が地下式の場合は地下式の範疇と捉えたい。窯尻にかけて一部を溝状に穿ち天井を構築しその上方をトンネル状に刳り抜いている場合、また逆に焼成部の一部を刳り抜き、上方を溝状に穿ち天井を構築する等の場合は、地下半地下式と呼称する。また、地下式を意図して天井が破損した場合もこれに含める。燃焼部付近・窯尻付近・中央の床で階や段を持つ等の状態は、局所的な特徴として捉え地下・半地下に連続させた表記は採らない。また、近世連房式の登り窯との混乱を避ける意味で穴窯の表記を採用する。

従って、標題に与えられた半地下天井架構式の内容は望月による分類ではなく、半地下式に読み替えて記述していく。以下には、焚口から窯尻までの窯体内側に関する内部施設、同外側の外部施設、天井架構に関する技術に分けて、関東・東北地方の類例を取り上げていく[2]。

二　内部施設に関連して

(1) 有階・有段施設

関東地方における有階・有段構造に関する須恵器窯跡の最も早い例は、神奈川県横浜市の熊ヶ谷東遺跡であろう（立正大考古学研究室一九八六）。窯跡は焼成部の中央から上半にかけて三つの段を持った後、六〇度の角度で床面が推移し平面形が矩形の排煙口に到達する（図1）。段の一段目は高さ一〇センチ程・奥行き六〇センチ、二段目は高さ三四センチ・奥行三三センチ、三段目が高さ二六センチ・奥行四四センチである。一段目が低いことからすれば、有階（二段目）有段構造とも見て取れる。階段部の一部が補修され、二回以上の操業が想定されている。窯体構造については、「焼成部から煙道部にかけては陥没した状態で遺存した天井部の存在より地山の泥岩層をトンネル状に掘り抜いて構築されたものと考えられるが、燃焼部は地山の傾斜角度より推定すれば粘土等を用いて天井部を架構したものと思われる。」としており（立正大考古学研究室一九八六）、地下半地下式を示唆している。

東京都南多摩窯跡群のB地区（7・57・70の三地点）では、半地下式で有段構造のG七C号窯跡が見つかっている。B地区七地点では有段構造の地下式窯跡が六基確認されており、有段構造の窯跡は狭い範囲に一〇基中七基確認され、有段構造の窯跡が集約的に築窯されていた（八王子市遺跡調査会一九九九）。これら窯跡の時期は、九世紀末〜一〇世紀前半とされるG五号窯式に想定されている。

福島県会津若松市大戸古窯跡群の南原二五号窯跡は、半地下式で焼成部の上方に有階有段施設を持ち、それ以外の焼成部に最大幅がある。時期は九世紀第3、4四半期に考えられている（会津若松市教委一九九三）。同窯跡群における有階有段構造を持つ窯跡は、同群南原一九号窯跡（一次面）・同三三号窯跡・上雨屋一二号窯跡・同一三七号窯跡の地下式とした中にも認められるが、これらは有階有段構造部分の天井検出状況が完全なトンネル式でないことから、地下半地下式の範疇に含まれる可能性がある。また、大戸窯跡群の上雨屋七号窯跡は焼成部の上方に有階構造を持ち、それ以外の焼成部に最大幅がある。時期は一〇世紀第2四半期に考えられている。一〇世紀第3四半期の南原五七号窯跡も同類である。同窯跡群における有階構造を持つ窯跡は、同群南原一九号窯跡（二次面）の地下式とした中にも認められるが、燃焼部付近天井の一部が残存するのみで、前述しているように地下半地下式の可能性がある。

大戸窯跡群における有階有段構

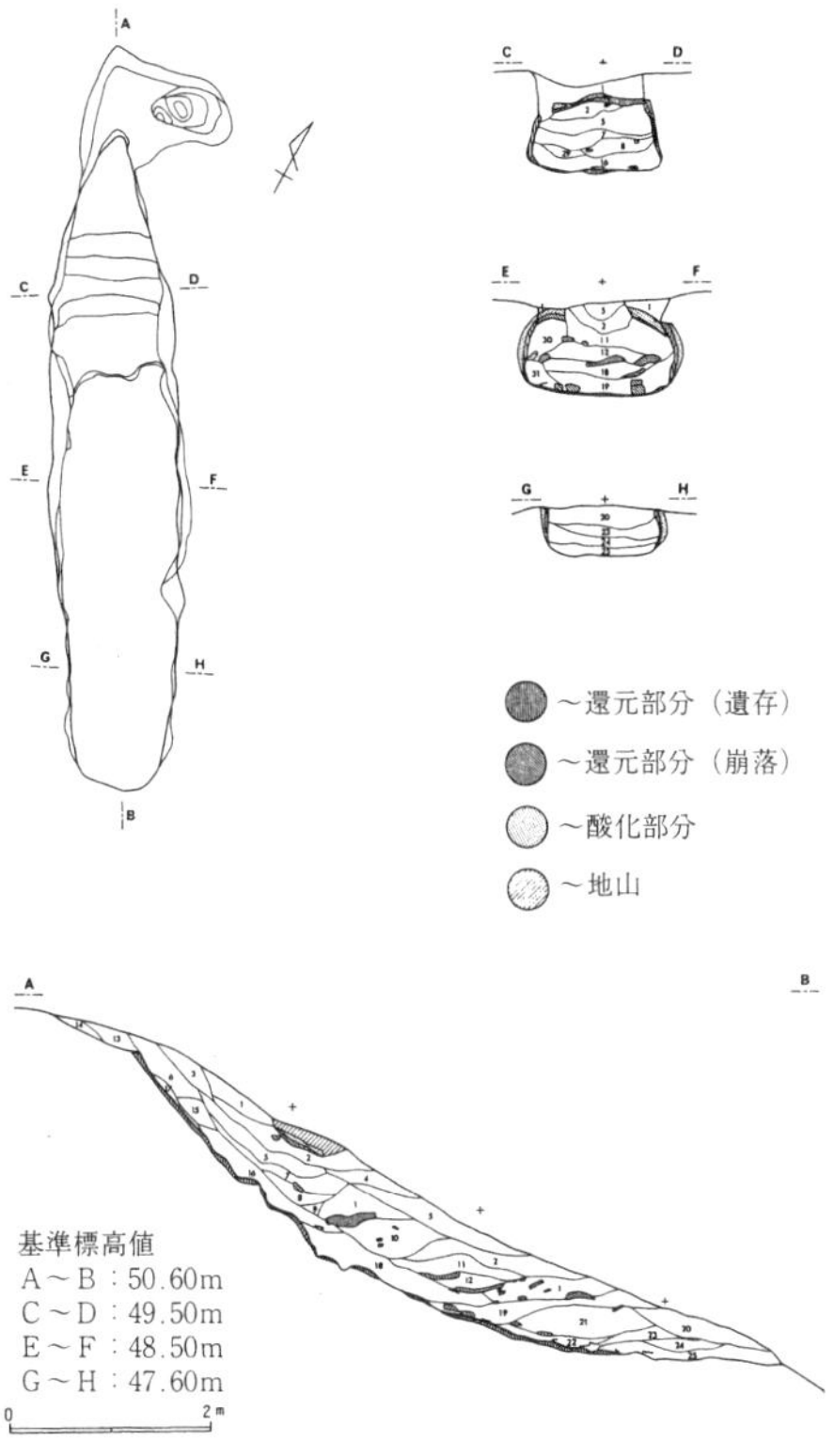

図1　熊ヶ谷東遺跡窯跡（立正大学考古研 1986 より）

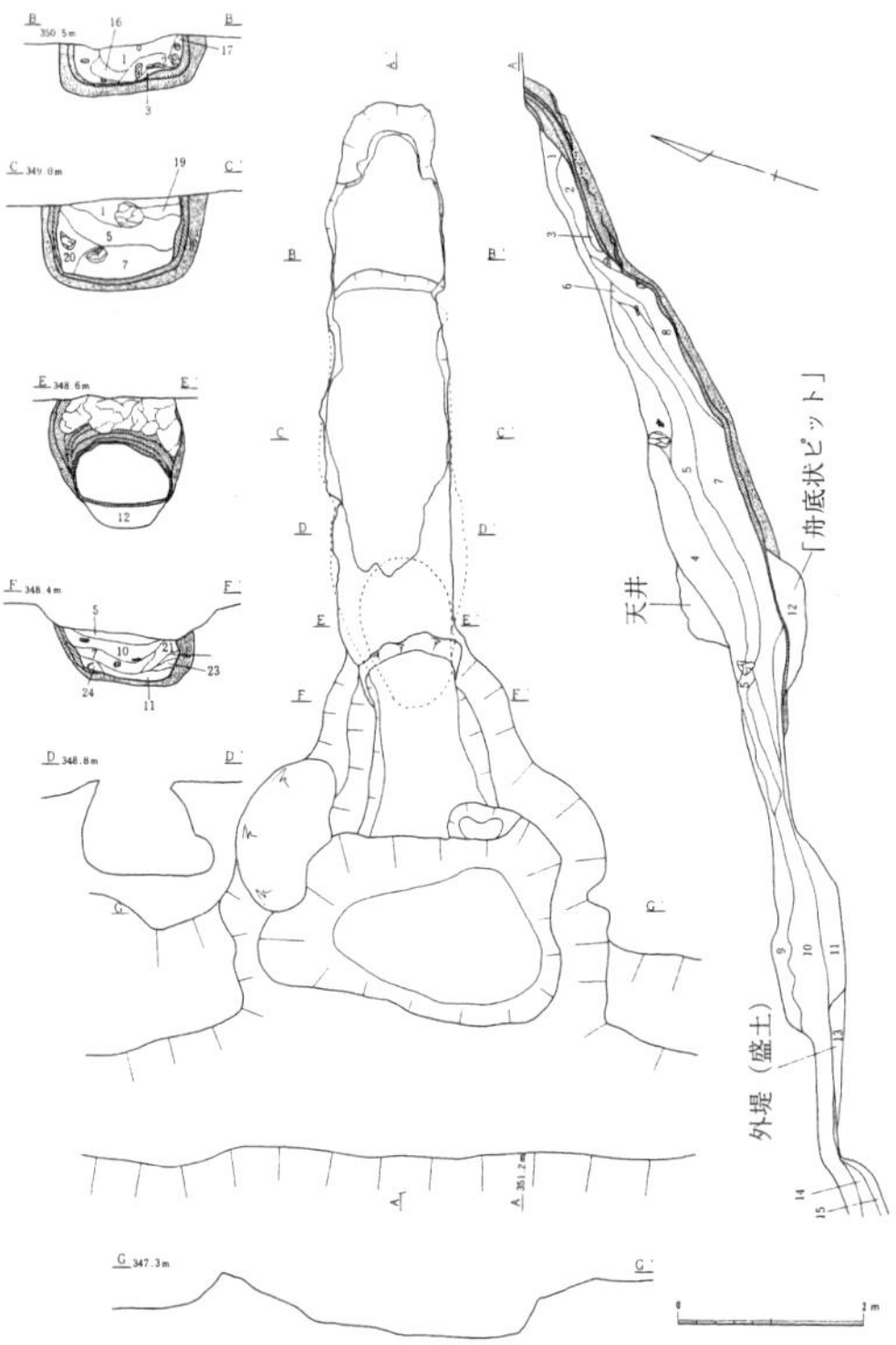

図2　大戸窯跡群M-19号窯跡（会津若松市教委1984より）

造と有階構造の窯跡は、南原一九号窯跡が重複して両構造を示している（図2、会津若松市教委一九八四）。一次面が最も旧く有階有段構造、二次面以降が有階構造で四次面が最も新しいことから技術的な繋がりが認められる。有階有段構造は、奈良時代から南原一九号窯跡まで確認できる。有階構造は、同窯跡から一〇世紀第3四半期までの年代が示されており、大戸窯跡群においては有階有段構造から有階構造に推移している。

有段構造の窯跡は、九世紀中葉の岩手県水沢市瀬谷子窯跡群鶴羽衣台東支群一号窯跡でも見つかっており北限の類例として挙げておく（大川他一九六九）。

（2）排煙施設

藤原学は、煙道の在り方と窯内炎の関係を「須恵器窯の構造と系譜―その技術と源流―」の中で解説している。藤原は「窯は燃焼するガス体が通過する構造体であるから、最も単純な窯は煙突そのものを考えるといい。～直立する煙突を斜めに二〇～三〇度くらいまで倒し、～煙突の下を燃焼部としてそこから火を焚くと、火焔は倒された煙突を伝って上昇してゆく。これが穴窯である。」とし、「これに対して、煙突を横に完全に倒し、焼成部の床の傾斜をなくして水平にすると、～上昇する焔がうまく流れないから、窯の先端下方に煙り出し口を設け、その先を高く上げて煙道とすれば、煙道部分が加熱されることにより、ここに上昇気流が発生して、窯内部の気流を引っ張ることとなり、火焔は流れてゆく。これが平窯の焼成原理である。」と述べた（藤原一九九九）。つまり、傾斜のある燃焼部に直立した長い煙道を持つ窯は、焼成室の炎を対流させる効果がある倒炎・半倒炎式、直立した煙道を持たず窯先端に排煙口を付設するものは、窯自体が煙突の役割を持つ横炎式とした。

このような煙道と炎の関係から、直立煙道も含んで排煙が垂直に排出される縦型排煙施設、排煙が斜めに排出される横型排煙施設と大きく分類し、前者は炎の対流効果を意識したものとして捉えたい。

横型排煙施設は半地下式穴窯において一般的である。半地下式の窯尻先端部の様子は、削平が及ぶことから実態を残している例は少ない。宮城県河南町関ノ入遺跡の一号窯跡は、窯の中軸線に沿うように先端が傾斜する漏斗状の煙道が付く形態である（河南町教委一九九〇）。窯尻が窄まり、そこの底面から煙道が始まる。これは焼成部と煙道部の境が掘り抜かれた半地下式では希な例である。同二号窯は、やはり窯尻が窄まり焼成部底から連続して煙道部に到達しており、煙道が斜面に沿った不整楕円形とその下方に柱穴状の形態が取り付く例である。

横型排煙施設の上部が削平されているが、燃焼部より上方にそれと独立した形状を持つものとして、宮城県利府町大貝窯跡一号窯跡の例がある（利府町教委二〇〇四）。イチジク状の広がりを持つものである。同県河南町須恵窯跡群五号窯跡は円形状の広がりを持つが、燃焼部中央の両側壁に一対のピットがあり焼成部内部に貫通する（河南町教委一九九〇）。ピットは確認面で一辺約二〇センチの隅丸方形で焼けており、焼成時の補助孔として機能したものであろう。

更に削平の進んだ例が、山形県酒田市の山海窯跡群一四号窯跡である（山形県教委一九九三）。燃成部の先端が燃成部側壁に沿うように窄まり、その部分の床面が燃成部床面とスムーズに移行している。平面形と床傾斜

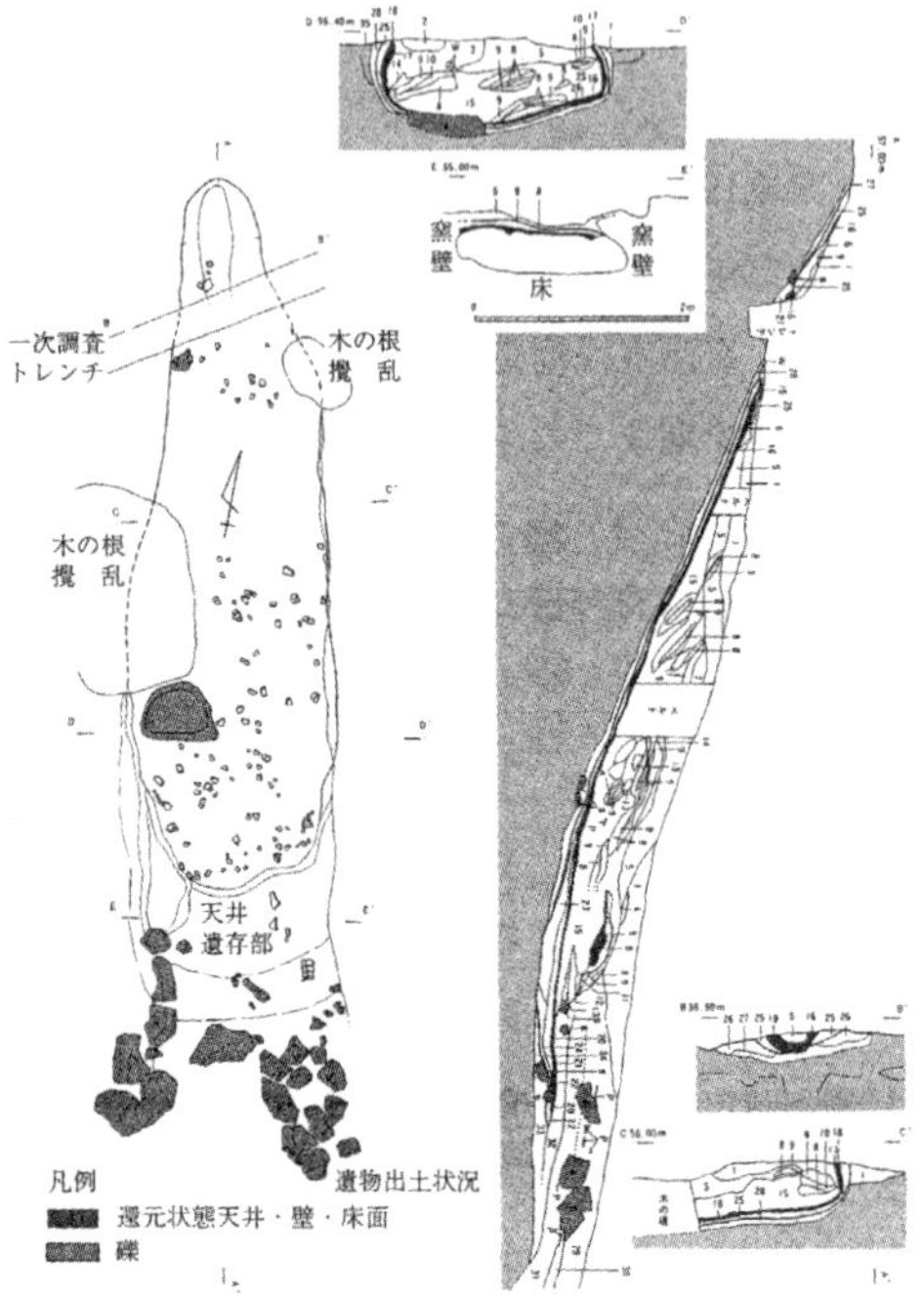

図3　山海窯跡群14号窯跡（山形県教委1993より）

状態から排煙施設と認識できる例である（図3）。同じように、窯尻から僅かな突出部が認められるのが、埼玉県入間市八坂前窯跡の第五号窯跡である。窯尻の平面形が楕円形に窄まり、やや突出する煙道の痕跡を留めている（坂詰編一九八四）。また窯尻が方形状でやや突出する煙道の痕跡を留めるものに、千葉県千葉市南河原坂窯跡群の三号窯跡・七号窯跡がある。更に、二窯跡については、同窯跡群の第一号窯跡が楕円形の窯尻中央底面から細長い煙道が傾斜して上方へ延びることから、細長い煙道が削平された可能性もある（㈶千葉市文化財調査協会他一九九六）。一号窯跡の煙道は、長さ約一・五メートル・排煙口最大幅約四二センチ・最大遺存高約三二センチで、排煙口が凸面を上にした四枚の瓦で二段積みにされ閉塞している（図4）。

焼成部床が連続した傾斜で窯尻が細く窄まる半地下式穴窯の形態は、煙道部において削平を受け多くはその痕跡を留めない。これらは、窯尻に奥壁を持たない窯尻開口窯の範疇であり横型排煙施設として纏められよう。このような形態は、地下式において奥壁に沿ったり窯尻付近の天井で排煙口が垂直に構築される直立煙道とは対称的な在り方を示すと言える。

ところが、半地下式穴窯で奥壁が存在し煙道が直立に存在する例がある（図5）。東京都八王子市南多摩窯跡群のG五七D号窯跡は、半地下式穴窯における縦型排煙施設とみられる（八王子市遺跡調査会一九九九）。この窯跡は、窯体全体が撥形を呈し床面が緩傾斜を示す形態で、奥壁がやや弧状を成し（a窯と仮称）、その上方は改築されている（b窯と仮称）。規模は焚口幅が〇・六七メートル、燃焼部は長さ〇・八メートル、幅は焼成部との境で〇・七四メートル、焼成部は当初の構築時が長さ一・七五メートル・改築後は二・二四メートル・最大幅が〇・九五メートルである。焚口の前面には台形状の平場を持つ。

b窯奥壁は隅丸の弧状を成し、残存高最大三五センチの右隅には煙道が付設されている。窯壁の煙道には掘込みの痕跡があり、窯底面にある楕円形の浅いピット（二七センチ×二二センチ）に繋がる。a窯は窯確認時に楕円形の被熱痕跡（二三センチ×一九センチ）が知られ、上半部を欠損した長頸瓶を埋め込んでいた。b窯拡張時に、煙道を塞ぐように粘土を塗り込み、排煙口は長頸瓶で塞いだと解釈されている。断面を見る限り、a窯の煙道は窯壁中位からの構築でb窯とは異なるが、a・b窯共に窯壁に沿った直立煙道を持つ半地下式穴窯として特筆される。また、隣接したG五七C号窯跡も撥形の半地下式穴窯で奥壁左隅が突出し、窯底上の左奥壁隅に三九センチ×一五センチ程の浅い掘込みがあ

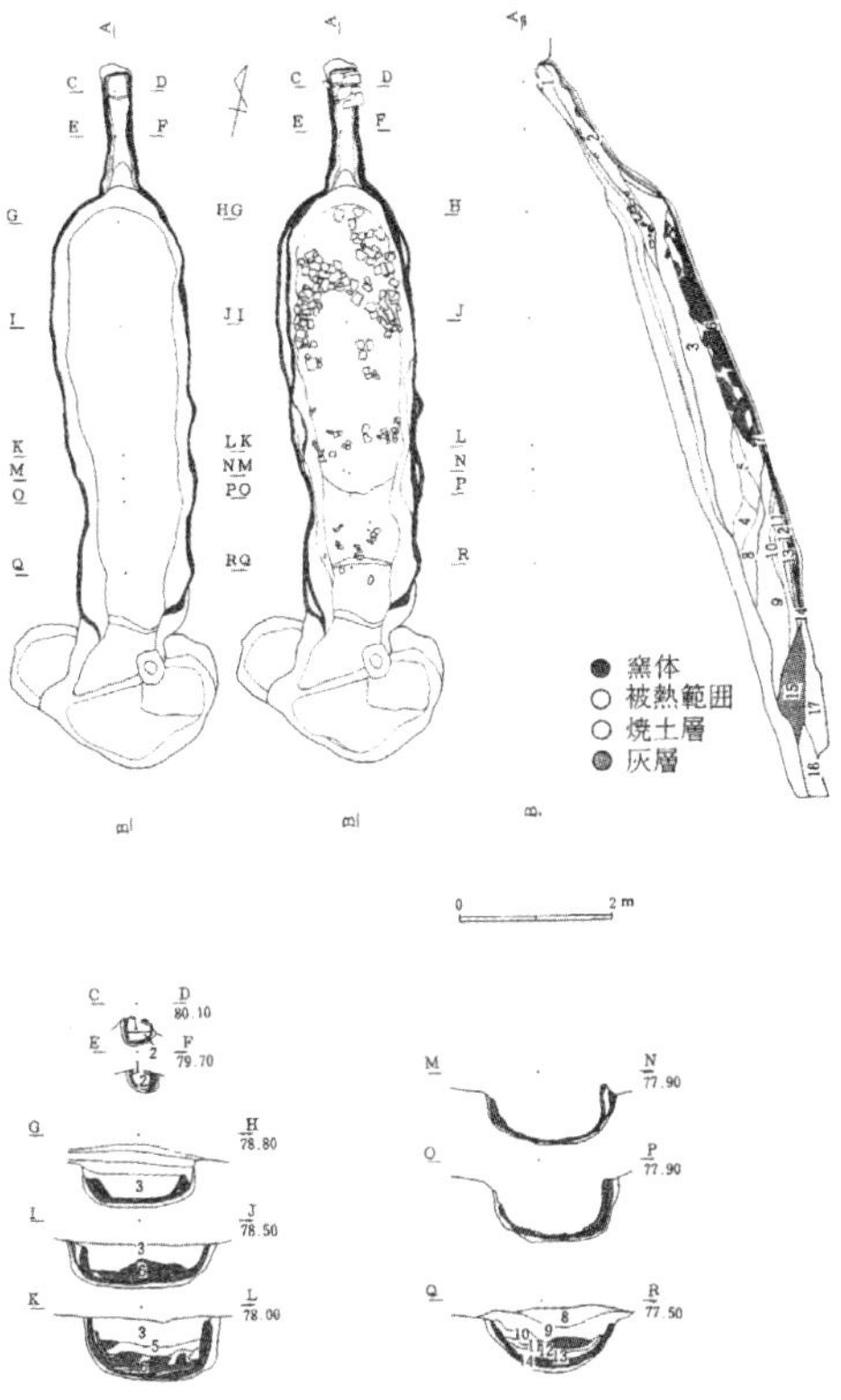

図４　南河原坂窯跡群１号窯跡
（千葉市文化財調査協会 1996 より）

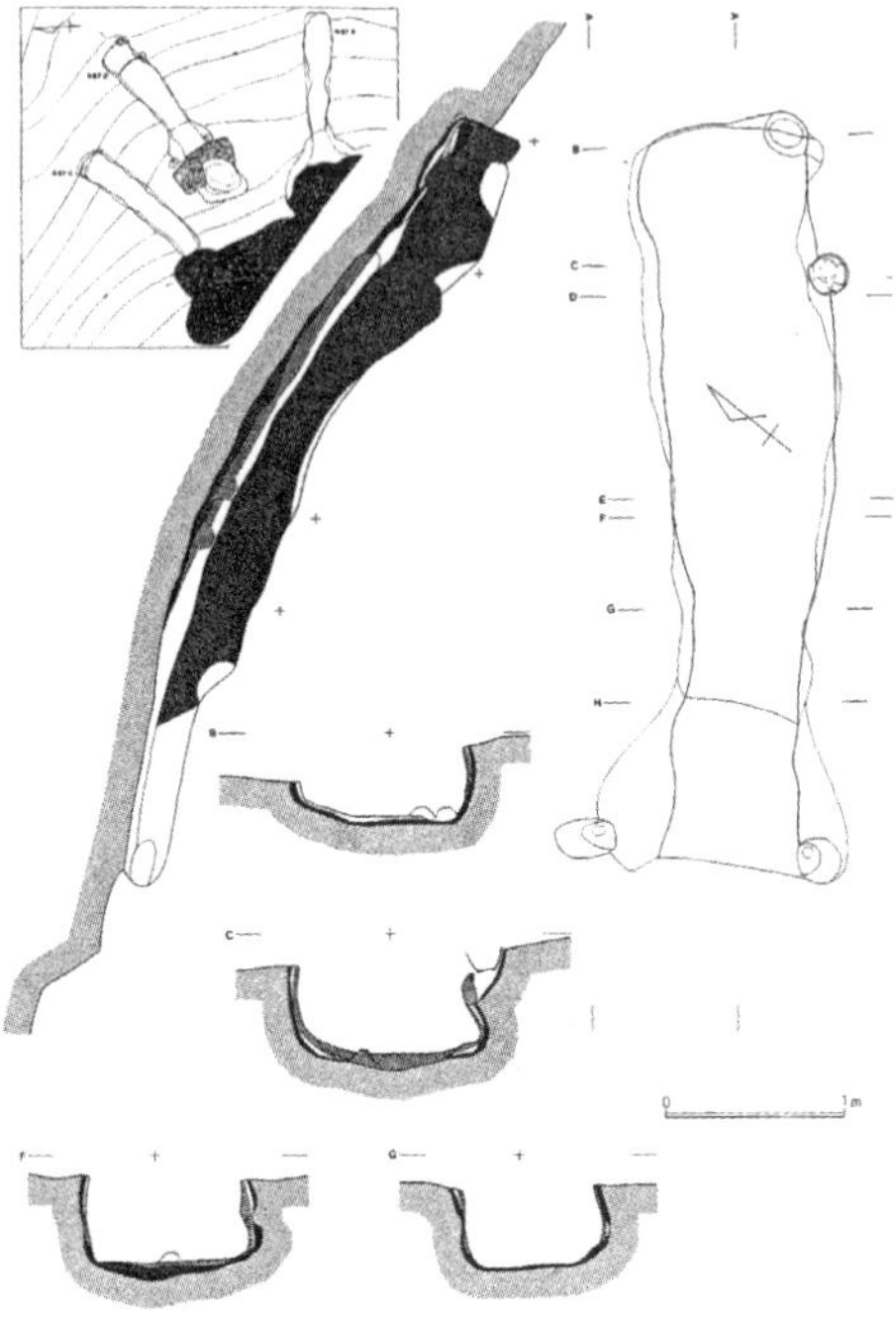

図5　南多摩窯跡群のG57D号窯跡
（八王子市南部調査会 1999 より）

ることから、この場合も直立した煙道が想定される。以下に、直立した煙道を持つ半地下式穴窯の技術背景を若干考察する。

G五七D号窯跡の一〇メートル程北側には、掘込みの深さ等から地下式穴窯と考えられたG五七F号窯跡が存在する。この窯跡は、窯体全体が撥形を呈し床面が緩傾斜を示す形態でG五七D号窯跡（a窯）と類似する。規模は焚口幅が〇・五二メートル、燃焼部は長さ一・六メートル、幅は焼成部との境で〇・八三メートル、焼成部は長さ三・一三メートル・最大幅が一・五一メートルである。燃焼部と焼成部の窯体全長は四・七三メートルで、全長二・五五メートルのG五七D窯跡（a窯）や全長三・四六メートルのG五七C窯跡を大きくしたような形態である。

G五七F号窯跡の奥壁は、焼壁の崩落が著しいが高さ一五センチの範囲で残存し、全容は不明であるが窯底から直角に立ち上がり、窯底から連続する煙道の奥半分が遺存していた。煙道は僅か上方に傾くが直線的に立ち上がる。排煙口は一部欠損するが径約三〇センチの円形で、煙道の高さは九〇センチである。奥壁が高く、その中央に直立に近い煙道を持つ様相は、G五七D号窯跡（a窯）やG五七C号窯跡の規模の小ささからしてもそれらに先行するものと考えられる（1）。図5左隅の窯跡の分布は地形上の立地をよく表している。G五七F号窯跡は地形の張り出し部に立地しているのに対して、半地下式穴窯（G五七D号窯跡）は沢部に位置している②。②より煙道が奥壁の左右に付設されるのは、等高線に対する窯主軸の傾きによる排煙口の高さに起因したものではないだろうか。①から、縦型排煙施設を奥壁中央に持つ地下式穴窯（G五七F号窯跡）が本来的な在り方で、煙道が奥壁端に偏るのは窯の立地による特殊な在り方を示唆する。G五七D・G五七C窯跡が沢部もしくは沢部と尾根部の中間に立地するのは、小型化と関連した天井構築の簡便さ（窯体の深さと天井架構）を考慮した結果と考えられる。

（3） 焚口付近施設

焚口部は、窯体（燃焼部と焼成部）と前庭部の中間に位置し、厳密には天井部の始まり直下辺りを指すだろうが、半地下式穴窯においては天井部の存在しないのが殆どであり、床も考慮しながら前庭部側で窯体が最も収束する辺りが目安となる。焚口及びその付近の前庭部は、地山掘削土の排出・火入れ・薪の投入・製品の窯入れ・閉塞・窯出し・窯内残滓の掻出し等、多くの作業工程に関係している場所である。

栃木県宇都宮市広表窯跡は、三回の大きな改修が行われて四つの大きな操業面（第一次操業面～第四次操業面）が確認された奈良時代の窯跡である（図6、栃木県教委一九九三）。第三次操業面では、この面を含んで更に四回の操業（第一烟～第四烟）を報告している。操業回数は少なくとも七回確認された。規模は操業時期毎に異なるため、第一次操業面で示せば窯体の長さ約三・六二メートル・焚口幅〇・九メートル・燃焼部幅一・一七メートル・焼成部幅一・二二メートルである。焚口付近の燃焼部は、四次に亘る操業面が明瞭で二次で二〇センチ・三次で二〇センチ・四次で一五センチと嵩上げされ、それに伴って側壁も分厚く苆入り粘土を塗り込んでいる。焚口は最も狭くそこから最大二メートルが前庭部であるが、両側壁には平滑面を内側にした擬灰岩を立て垂直な壁を構築している。また、焚口から五〇センチ下方の中軸線上に幅五〇センチ・深さ一七センチの排水溝を持ち、地下

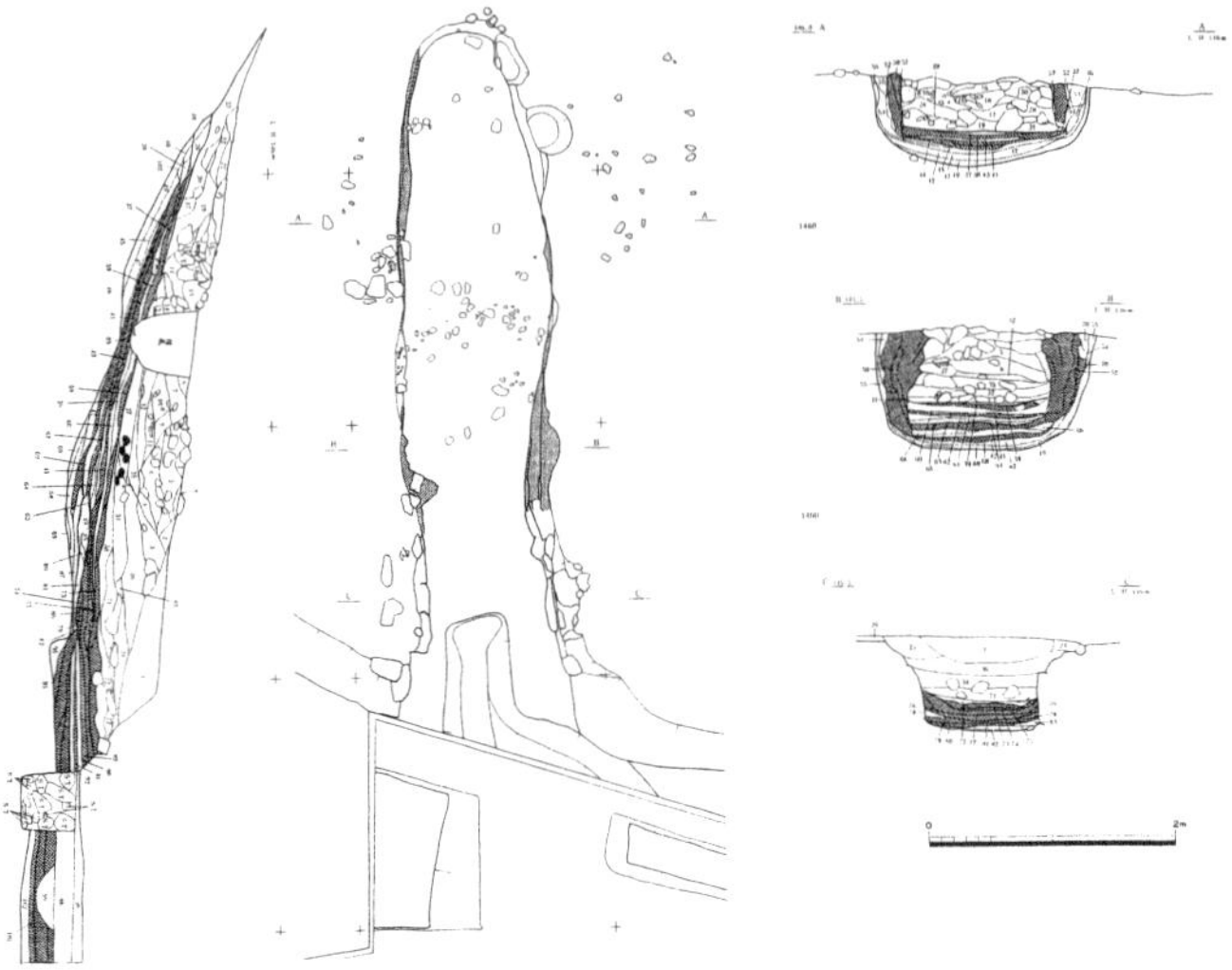

図６　広表窯跡（栃木県教委 1993 より）

水の暗渠の機能が想定されている。以上の広表窯跡の側壁・立石・排水溝は、操業状態も含み焚口部の本来的な機能が強調されている点で希な事例と言えよう。

はじめに、半地下式穴窯であってずれ落ちながらも焚口付近に天井が遺存している例を二つ挙げておく。一つは前掲山海窯跡群一四号窯跡である（図3、山形県教委一九九三）。燃焼部下方にあり確認時の高さは五〇センチ弱であるが、調査者は本来一メートルを越える高さに推定している。二つには南多摩窯跡群のG二五C号窯跡で、焚口付近に〇・八〜一メートル程の高さで残存していた（図7、東京造形大埋文調査団一九九二）。ずり落ちた状態からして、焚口部は一メートル前後の高さと推定され、この場合縦に長いドーム状を呈する。二つの例は、天井部が旧地表面に近い状態であったことが幸いして残存したものと考えられる。地下半地下式の天井残存部は、本論では扱わない。

焚口付近で石組みが多用される遺跡に山海窯跡群がある。半地下式穴窯が、三次に亘る調査で一四基発掘され、石組みもしくは石組みと推定された窯が一三基あり、確認できなかった五号窯跡は削平が著しく窯尻の一・二メートルを残存するのみである（山形県教委一九九一・一九九二・一九九三）。山海窯跡群の須恵器窯跡工人は、石組みを専ら用いる工人集団として特筆される。焚口付近の石組みの例は、前述窯跡以外に埼玉県入間市東金子窯跡群の新久窯跡C地点一号窯跡（坂詰編一九八四）、群馬県月夜野町洞窯跡Ⅲ号窯跡（月夜野町教委一九七二）、福島県会津若松市大戸古窯跡南原五七号窯跡（会津若松市教委一九九三）、宮城県河南町須江窯跡群三号窯跡（河南町教委一九九〇）、岩手県江刺市瀬谷子窯跡群長根山九号窯跡（大川他一九六九）、秋田県大曲市成沢窯跡一号〜三号窯跡（秋田県教委一九七六）等、類例は少ないものの関東・東北の広範囲で見つかっている。礫の代わりに瓦を用いた窯跡には、前述新久窯跡A地点一号・二号窯跡（坂詰編一九八四）、同東金子窯跡群の八坂前窯跡五号窯跡（坂詰編一九八四）、秋田県秋田市古城廻窯跡三号窯跡（秋田市史古代部会一九九七）等がある。これらは総て九世紀代であるが、改めて石組みが多数見つかった山海窯跡群の特異性が指摘できる。

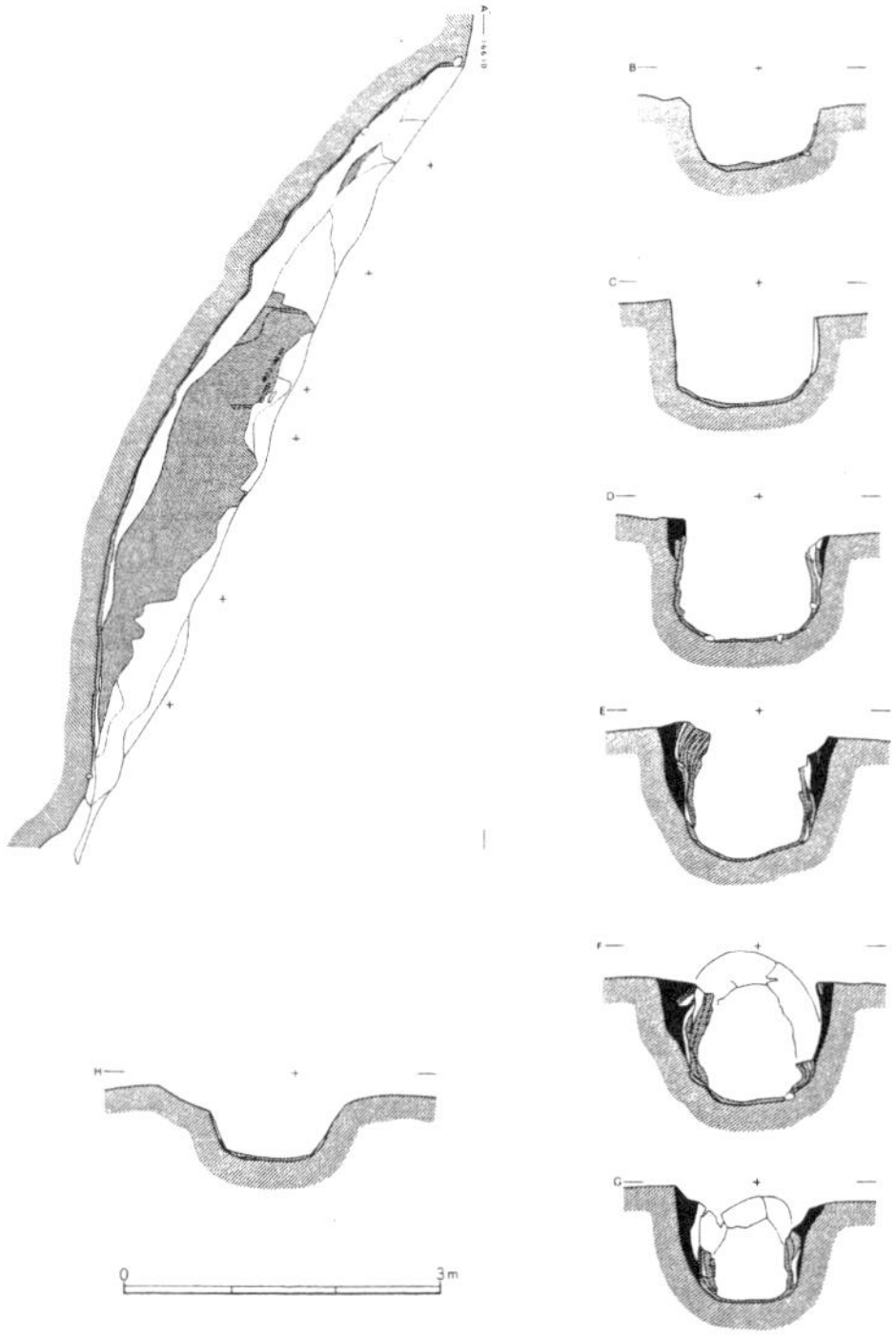

図７　南多摩窯跡群のG25C号窯跡
（造形大発掘調査 1992 より）

また、広表窯跡の焚口幅は一・二五メートルであり標準的であるが、青森県五所川原窯跡群MD六号窯跡の焚口幅は約二・五メートルと突出している（五所川原市教委二〇〇三）。この窯跡の規模は「全長九・二メートルの窯は六・八メートルの焼成部と二・四メートルの燃焼部に分離されるが、その幅は、窯尻より六〇センチの部分で一・五メートル、二・五メートルの部分で一・八メートル、六メートルの部分で二メートルを有し、焚口部より一メートルの燃焼部において二・三メートルを算する。（坂詰一九六八を一部加筆訂正）」としている（五所川原市教委二〇〇三）。弧状の窯尻から焚口にかけて徐々に広がる形態で「この前庭部は、窯の中軸より直角に左に二・五メートル、右に五メートル、そして窯の延長方向に一・五メートルの範囲を掘り、平坦面を形成している。」としている。この焚口から左右の前庭部壁にかけて約一メートルの被熱範囲が認められる。焼成時に、この広い焚口をどのように閉塞するのであろうか。恐らく、焚口中央に左右二口の焚口になるような装置が窯詰めの後設置されたものではないかと推測される。そうであれば、左右の焚口幅は一メートル前後になる。この焚口構造に関わる「ハ」の字形態の焚口から前庭部壁面にかけての被熱痕跡には、森内の「窯外で炙って、ある程度の段階で火を窯内に押し込んで、焚口を小さくしていった」とする考えと、藤原の「薪やオキを窯外へ出した痕跡」とする考えがある（窯跡研究会二〇〇五）。類例として掲げられた札馬二号窯跡の焚口は、幅約二メートルでMD六号窯跡と同じく焚口の規模が大きい。焚口中央に両口に分ける装置があるとすれば、それが影響して火入れ・冷却段階に、より左右の前庭部側へ影響を与えることになったものと考えられる。想定される焚口の被熱痕跡や灰原の閉塞関連遺物に今後注意する必要がある。

窯内の排水溝は、燃焼部・焼成部に造られたものであっても焚口を通過することから、焚口と無関係とは言えない。八坂前窯跡五号窯跡は焚口側壁に瓦を補強材として利用している（坂詰一九八四）。排水溝は、焚口中央から前庭部の左側壁際に取り付き、灰原に直線的に延びている。長さ五・三メートル・幅二〇〜五〇センチ・深さ二〇センチである。排水溝の灰原側二・四メートルには、溝の上面に平瓦を二枚重ね一組にしたセットを六組連続して縦列に配置していた。須江窯跡群五号窯跡は、燃焼部から焼成部・窯尻にかけて徐々に窄まる下膨れの形状を呈するが、排水溝が燃焼部壁際に沿って焚口まで短く構築している（河南町教委一九九〇）。福島県会津坂下町萩の窪遺跡一号窯跡は、溝が焼成部中央で左右に延び、その中央から焚口・前庭部にかけて真直ぐに延びるものと、左端から壁に沿うものとが焚口で合流する（菅原・佐藤二〇〇四）。また福島県二本松市赤井沢窯跡一号窯は、燃焼部から焼成部まで連続した直線的な傾斜を示す隅丸長方形状の窯体である（石田一九九九b）。焚口は一部知ることができないが、焚口側も含んで側壁・奥壁に沿った長方形状の排水溝が巡る特異な例である。全体に排水溝の類例は少なく、土地の事情に合わせた排水施設が工夫されている。

焚口や燃焼部に見られる舟底状ピットはどうであろう。前述した山海窯跡群の事例は示唆的である。削平の著しい一基を除く一三基のうち、九基で舟底状ピットが見つかっている。各窯跡の舟底状ピットの覆土を、H調査区一三・一四号窯跡は「砂と焼成不良品の埋め込まれた」、a・b重複のあるF調査区六号窯跡b（旧）は「還元状態の砂質土と須恵器が埋め込まれた」、G調査区八号は「砂質土の埋め込まれた」、I調査区九～一二号窯跡は「各々規模は異なるが砂質土が埋め込まれた」、一三・一四号窯跡は「砂と焼成不良品の埋め込まれた」と記述している。砂・砂質土・焼成不良品・須恵器を埋め込んでいる状態から、湿気を取り除くために構築したことが理解される。実測平面図に舟底状ピットの図化された例は少なく、それらも含んで全体に浅く構築されている。製品の出入れに関係する見解もあるが、半地下式穴窯においては総体に浅い造りで防湿効果を考慮したものと考えられる。特異な例には、焚口付近と焼成部に各々舟底状ピットを持つ須江窯跡群代官山遺跡一号窯跡や（図10、河南町教委一九九三）、福島県国見町大木戸窯跡三号窯跡がある（石田一九九九b）。

三　外部施設に関連して

（1）排水施設と作業施設

窯体外の排水溝や作業のための施設（以下作業場）は、窯跡に共通して存在する訳ではない。そのことは各々の遺跡の事情による。しかし、主たる窯体構築（燃焼部と焼成部）において地下式穴窯は地下の作業、半地下式は地上の作業を主として行うため、理論的に地下式は窯体左右の作業場は不必要で、逆に半地下式は必要性が

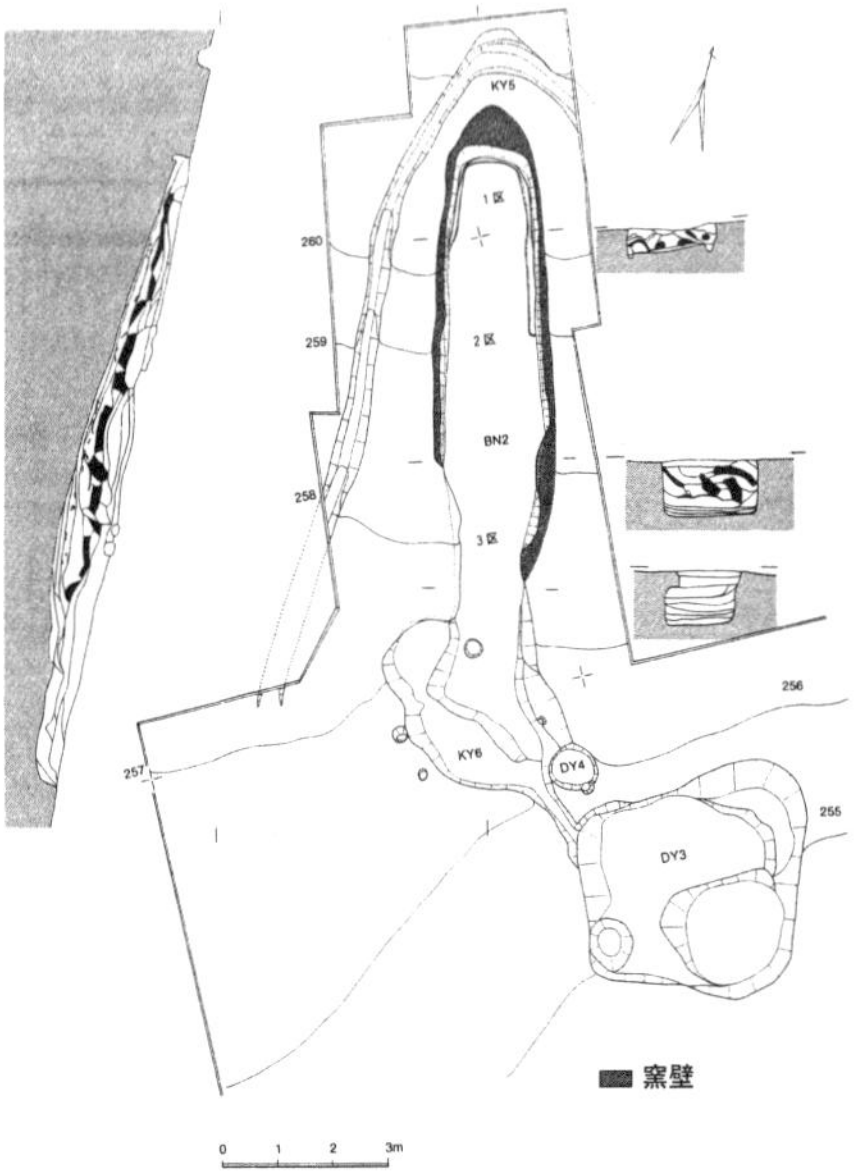

図8　大神窯跡（米沢市教委1998より）

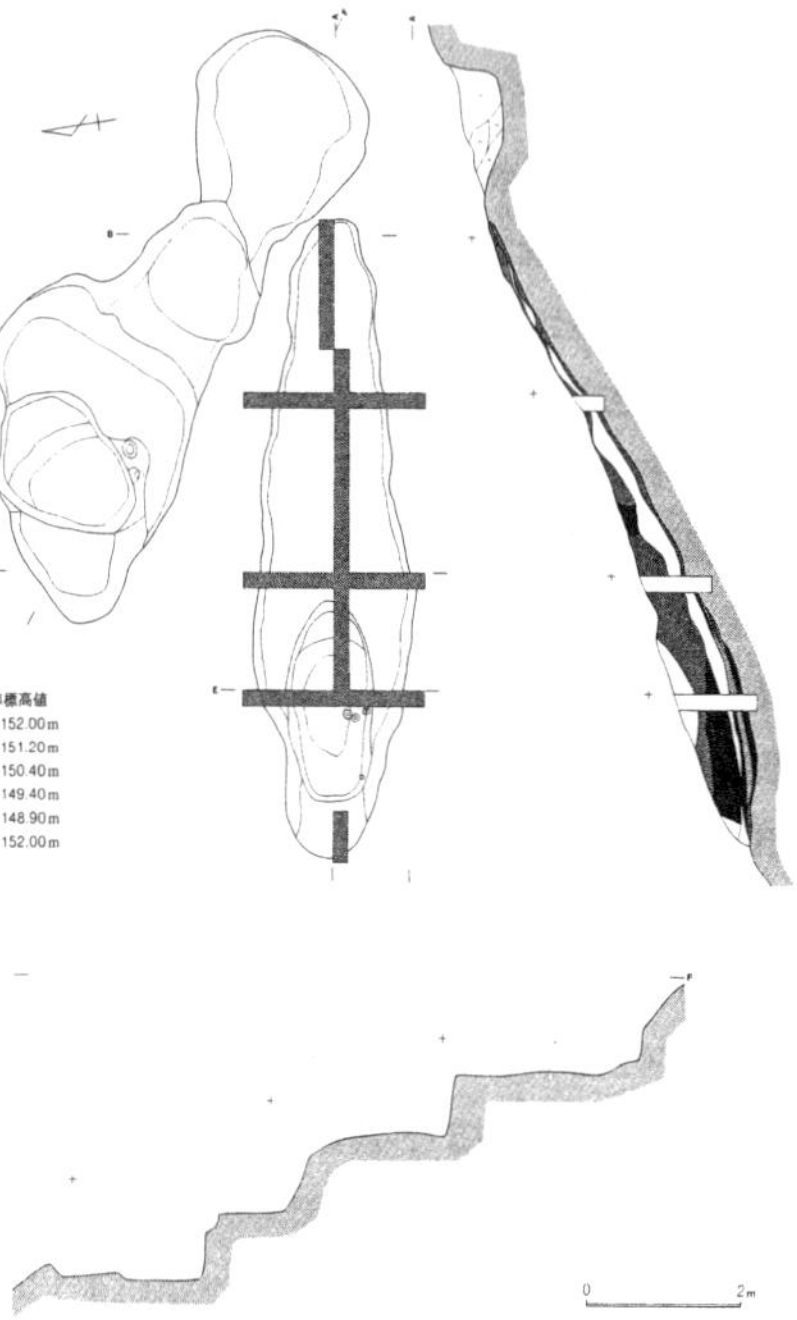

図9　南多摩窯跡群G6号窯跡
（八王子南部調査会1997より）

高い。対する窯体外の排水溝は、窯尻付近の排煙口をはじめ窯体全体を流水や表層に近い地下水を防御する役割があり、両者に共通して機能する性格のものである。このように排煙口構築に関わる作業場を除けば、窯体構築の作業場は半地下式穴窯に偏る前提がある。

　東金子窯跡群新久窯跡A地点一号窯跡は、窯体を取り囲む細長い溝を構築しており、左側は前庭部付近まで到達し左右に分かれる。規模は上幅が平均一メートル・下幅が平均五〇センチ・深さ一・二〜一・五メートルである。純粋に排水溝として構築している（坂詰編一九七一）。同様の例は、山形県米沢市大神窯跡でも確認できる（図8、米沢市教委一九九八）。南多摩窯跡群南八王子地区のA地区G六号窯跡は、窯体の左上方に底面が平坦な土坑状の落込みが階段状に連結しており、平場遺構としている（図9、八王子市遺跡調査会一九九七）。規模は上方

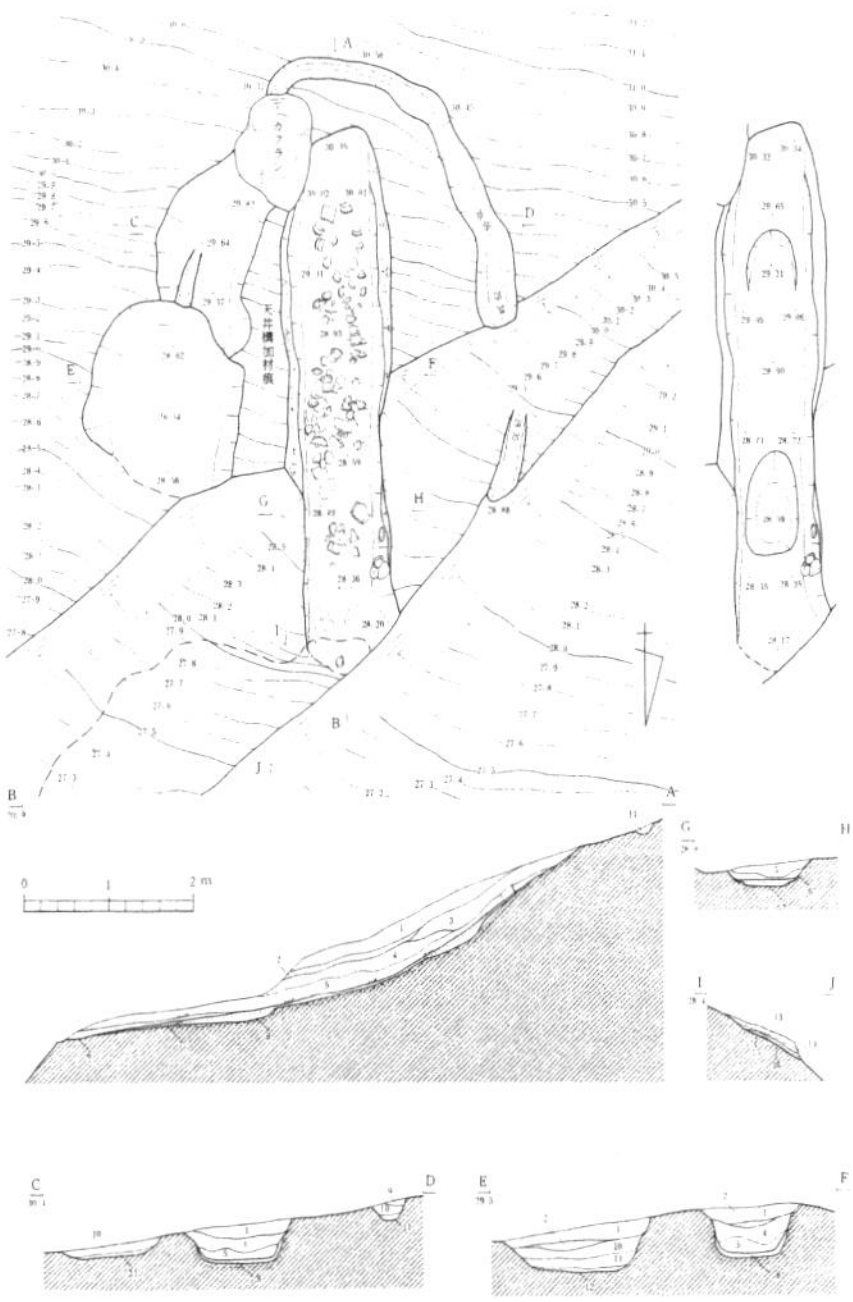

図10　代官山遺跡1号窯跡
（河南町教委 1993 より）

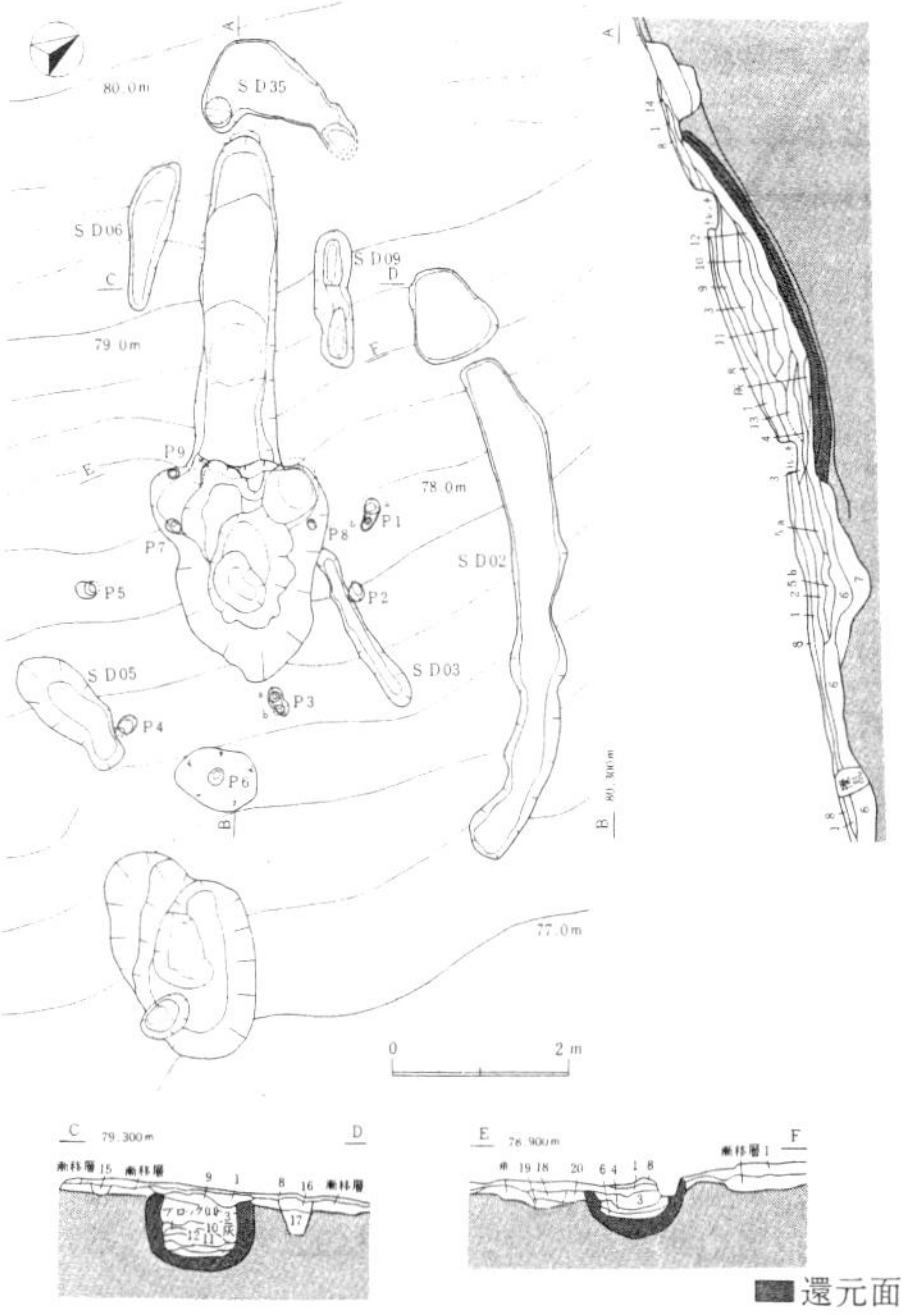

図11　富ケ沢A窯跡1号窯跡
（秋田県教委 1992 より）

一段目が長径二・四五メートル・短径二・四メートル、二段目が長径二・一メートル・短径一・六五メートル、三段目が長径二・八七・短径一・〇四メートル、四段目が長径二・六五メートル・短径二・四五メートルである。純粋に作業場として構築している。窯体の立地が、斜面で馬の背状に張り出している地形を選地しており、併せて排水をも考慮している。

これに対して、須江窯跡群代官山遺跡一号窯跡は、窯尻上方の左から窯体右側にかけて排水溝、窯体左には底面が平坦で土坑状の落込みが連結した作業場が存在する（図10、河南町教委一九九三）。落込みの連結付近には短い溝があり、上位落込みの水を下方に流れ易くしている。作業場が排水施設に転用されたものである。本窯跡は等高線に対して窯跡の主軸先端が左にずれている。これを左右対称の水平な底面に基準を当てれば、相対に右側壁が高い位置を占める。窯体の高い方には排水用の溝跡を、低い方には作業場を付設している。同じ須江窯跡群の関ノ入遺跡三号窯も同様である（河南町教委一九九〇）。排水溝と作業場が分かれて付設される窯跡には、作業面が斜面下方側に溝跡が斜面上方側に存在する普遍性があるのかもしれない。秋田県横手市富ケ沢A窯跡一号窯跡では、窯体や前庭部から四メートル程離れて長さ五・八一メートル・幅三八〜七〇センチ・深さ一・二一〜二一・四センチの浅く湾曲した溝が見つかっている（図11、SD〇二、秋田県教委一九九二）。窯体下方側に存在する点や、上方先端が窯尻側に向かっている点から、歩行用の作業道ではないかと推定される。

（2）　上屋構造

上屋構造で特筆されるのが宮城県仙台市五本松窯跡である（図12下、仙台市教委一九八七）。遺跡は一次調査区A群窯跡と二次調査区B群窯跡・C群窯跡に分けられる。A群窯跡では瓦窯が三基、B群窯跡では瓦と須恵器の瓦陶併焼窯八基、C群ではやはり瓦陶併焼窯四基が見つかっている。A群窯跡は窯跡間が一〇メートル程離れているが、B・C窯跡ではそれぞれ隣接する。C群窯跡は四基が等間隔に並び、B群窯跡は接近した二基一対の窯跡が四組等間隔に並んでおり、B・C群窯跡はそれぞれ九世紀第3四半期の年代が考えられている。

B群窯跡で窯体を覆う上屋が確認された。桁行四間×梁行二間の総柱掘立柱建物跡の様相を呈し、柱穴と窯跡の切り合いがなく柱穴掘方に遺物を含まないことから、窯跡と並行して構築されたと考えられている。報告では「瓦を使用した焼台は第五・七・九（一一は削平）号窯跡と一基置きに遺存良好である。〜二基一対の左側に位置する第五・七・九・一一号窯跡の方が最終的に操業された窯跡と判断される。」とした。また遺物出土状況から「第四・六・八・一〇号窯跡が須恵器が多く、須恵器杯口縁部の一部を欠いて、逆にした焼台もあり（第八・一〇号窯跡）、一方、第五・七・九・一一号窯跡は瓦が多い。このことから、最後の操業順序は、二基一対の右側で須恵器を焼成した後、左側で瓦を焼成して操業を停止したと推定される。」としたのである（仙台市教委一九八七）。

上屋が八基の窯跡操業を前提に構築されたことを、柱筋から筆者なりに考察してみる。梁行側のＰ四－Ｐ五－Ｐ六、Ｐ七－Ｐ八－Ｐ九、Ｐ一〇－Ｐ一一－Ｐ一二はそれぞれ柱筋が通る。また桁行側のＰ八－Ｐ五－Ｐ二とＰ九－Ｐ六－Ｐ三、Ｐ八－Ｐ一一－Ｐ一四もそれぞれ柱筋が通る（Ｐ九－Ｐ一二－Ｐ一五も柱筋が通る可能性がある）。後者から、八基の窯跡はＰ七－Ｐ八－Ｐ九を基準に左右両側の四号窯跡と一一号窯跡までを意識した設計になることは明らかである。またＰ七－Ｐ八－Ｐ九を中心に、斜面上方側の柱筋Ｐ七－Ｐ四－Ｐ一とＰ七－Ｐ一〇－Ｐ一三が左右対称形を成し、窯跡群左右両側の柱筋と斜面下方側の柱筋も左右対称を成す可能性があり、Ｐ七－Ｐ八－Ｐ九が設計上要になる柱筋であることが理解される。やはり二間×四間の上屋は、二基一対八基の窯跡と当初から相関関係にあると言えるであろう。

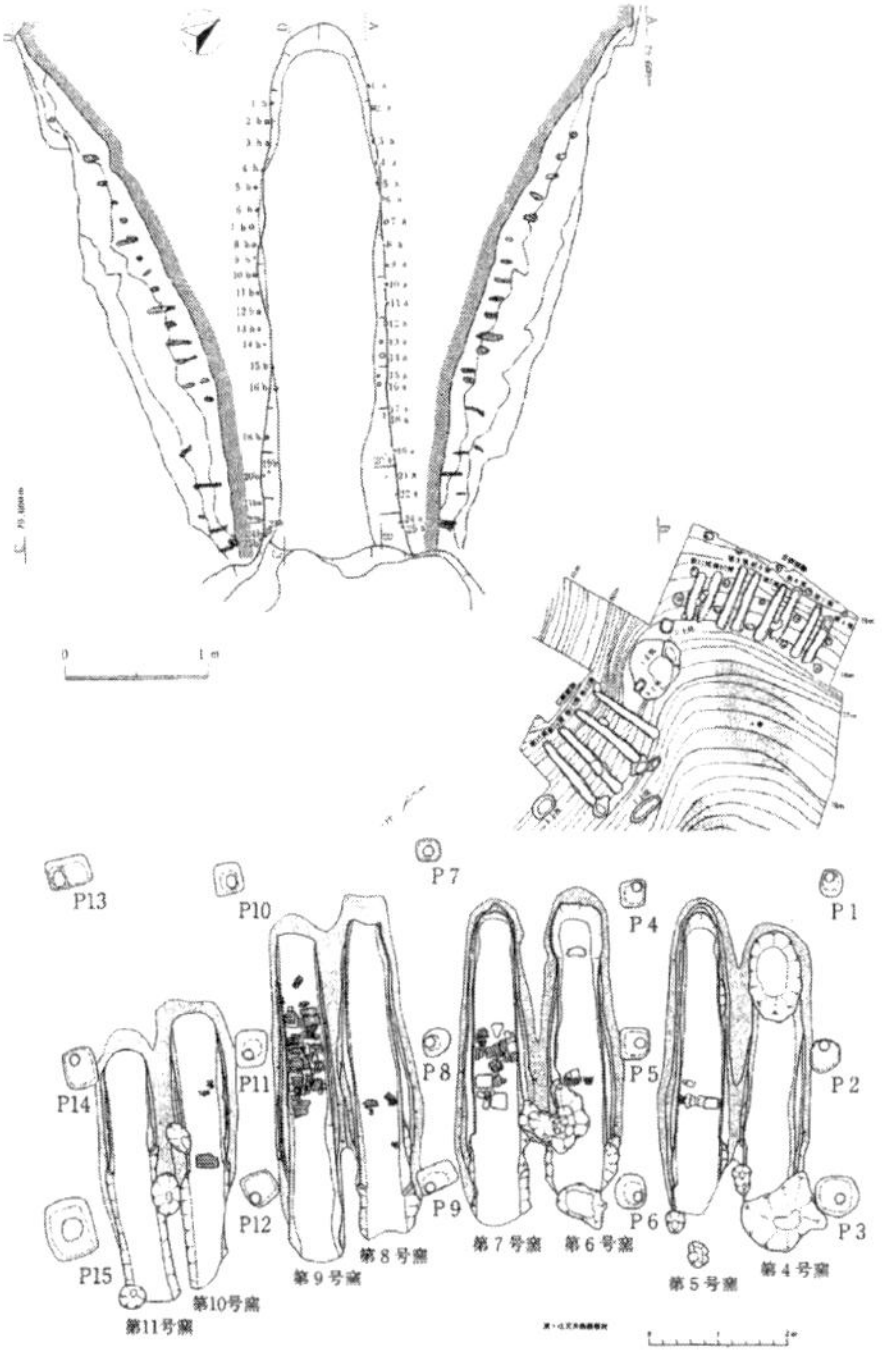

図12　富ケ沢Ａ窯跡１号窯跡（上）と五本松窯跡４～11窯跡（下）
（秋田県教委1992・仙台市教委1987より）

一方、前庭部付近の上屋が想定されるのに富ケ沢Ａ窯跡一号窯跡がある（図11）。Ｐ五－Ｐ一の柱筋とＰ四－Ｐ三の柱筋が平行で、Ｐ五－Ｐ四と直角を成すＰ四－Ｐ三の長さがＰ五－Ｐ一の約半分に当たっている。このことから、Ｐ五－Ｐ一と直角を成す下方側とＰ四－Ｐ三の右側延長線上の交点に支え柱を想定した上屋が想定される。等高線に沿った横長の上屋と考えられる。更に、Ｐ九・Ｐ七・Ｐ八の存在から焚口に仮設の上屋も想定される。

四　天井架構に関連して

天井架構に関する構築材には、天井部の骨組み材（架構材）とそれに塗り込む粘土材とがある。粘土材には繋ぎの役割や焼成時の収縮による亀裂を緩和する苆が含まれ、それが半地下式穴窯のメルクマールとされるが、それの含まない粘土による半地下式穴窯も多くあり、苆を含まない天井崩落土をもって地下式穴窯であるとは言い切れない。それに対して、炭化材もしくはその痕跡として残る架構芯材は、半地下式構造を端的に示す根拠として有効である。但し、地下式穴窯で焚口付近に補修材として用いる場合があり注意を要する。

細い材を基に粘土をアーチ状に塗り込んで天井もしくは側壁の一部を構築した時の、炭化した架構材やその空洞の痕跡が多数見つかった窯跡に前述五本松窯跡の例がある（図12、仙台市教委一九八七）。A群・B群・C群窯跡一五基のうち、一二基の窯跡に直径一～二センチ程の架構芯材（断面円形）やその空洞化した痕跡が見つかった。ここでは、尖がった架構材の先端を突き刺している。側壁の左右で必ずしも対にならない、左右対になる位置でも樹種が異なる等の点を指摘した。その上で「骨組の構築方法として、①一本の材を対になる位置に刺す方法、②一本の材を対になる位置に刺さずに、ずらして、天井部で交叉させる方法、③二本の材を対の位置に刺して天井部で結ぶ方法、④二本の材をずらしてさして、天井部で交叉させて結ぶ方法などが考えられる。」としている（仙台市教委一九八七）。半地下式の溝を掘り上げてから、旧地表面に架構芯材を差し込んだ復元図を示している。

その他の例として二つ取り上げておきたい。一つは、富ケ沢A窯跡一号窯跡と富ケ沢B窯跡一・二号窯跡である。富ケ沢B窯跡の炭化架構材やその空洞の痕跡は、一号窯跡で六七箇所、二号窯跡で四六箇所、富ケ沢A窯跡一号窯跡では約五〇箇所見つかっている（図12上）。富ケ沢A窯跡一号窯跡では、架構材の床面側は床とかなり接近してあり、旧地表面から差し込んだものとは考えられない。先端がかなり深い位置から始まっていることから、側壁に沿った直立気味の短い架構材が両側壁にあり、それらと別にアーチ状の構架材が結び付けられたものではないであろうか。現に、富ケ沢B窯跡一号窯跡では「この材・小穴はほぼ垂直な壁面に沿ってまっすぐに穿たれており、際立って内側に傾くといった例はない。」としているし、二号窯跡では「小穴一本当たりの大きさはSJ一〇一（本文一号窯跡）と近似するが、形態的には円形以外に、一四・一六～一八・二一・二四・二七・三一の八本は一辺三・五センチ程の方形、二八・二九は四×五センチの楕円形を呈している。」の記述も見られる（秋田県教委一九九二）。全体としては籠状の骨組が想定される。

二つ目は、代官山遺跡一号窯跡である（図10）。右側壁には確認できていないが、左側壁に三箇所の架構材痕が見つかった。右側壁にないのは削平によるかもしれないが、架構材によるある種の構築法として示唆的である。つまり、左右側壁は左側壁が低く右側壁が高いことから、左の架構材がより低い位置に固定され右架構材が高い位置に固定される場合が想定される。今後、等高線に垂直に位置しない窯体については、架構材の地山固定部の高低差を考慮する必要があるし、左右対称のアーチにならない骨組み構築法も想定されてくる。

半地下式穴窯は天井や側壁の一部が削平されている場合が殆どである。そのため、半地下式穴窯を象徴する天井部の構築法が不明瞭である。ところが、架構材の骨組みによる構築法以外の解釈が、平成一二・一三年に調査した兵庫県豊岡市戸牧《とべら》一号窯跡で示された（兵庫県立考古博物館二〇〇八）。窯跡は七世紀前葉～中葉の地下式から半地下式に改修されたもので、焼成部底面の中軸線上に四個・左右の側壁に沿って三個ずつ、直径一二～三三センチ・深さ一四～二四センチの支保工ピット（架構天井を支える仮支柱を固定するピット）が見つかった。窯跡の調査と報告を行った森内秀造は、側壁にある杭状の構築材と支保工ピットから「柔軟材を組み合わせた籠状の骨組みは想定できない。従って、現段階での天井架構方法案は、両側壁の杭に梁行と桁行を組み合わせて骨組みを作り、その上に枝木などをアーチ状に積み置いて天井を形作った上にスサ混じりの粘土を貼り、上部をさらに保護土で覆うという方法以外、想定し難い。」とした。そして註で炭焼き窯の棚置き法を紹介している。森内は天井部構築法を大きく前進させた。天井部構築法については、二〇〇四年六月の第三回窯跡研究会シンポジウムにおいて多角的に討論されている（窯跡研究会二〇〇五）。

ところで、炭窯の天井部構築法には棚置法と木口置法がある（岸本・杉浦一九八〇）。棚置き法は「炭化室の中に丸太、板、その他で支えをつくり、天井枠をつくってからその上に粘土をのせ、これをたたきしめる」、木口置法は「炭化室に炭材を立積みし、その上に切子（短くきった小枝）を山盛りして、その上を粗朶やむしろなどでおおい、その上に粘土をおき、たたきしめる。」ものである。天井を支える視点から、須恵器窯跡においては棚置法のみならず木口置法も考慮する必要がある。炭窯天井部の両構築法は、形態は異なるが型に粘土を貼り付ける型粘土貼付法Ａ（棚置法）、型粘土貼付法Ｂ（木口置法）とも言えるものであり、型粘土貼付法Ａは須恵器窯跡の森内による天井部構築法にも当て嵌められる。また、須恵器窯跡の籠状の骨組みを用いる場合は、骨組みの外面に粘土を塗り込む骨組粘土貼付法と言えようが、内外面に粘土を塗り込んだ確実な例は確認していない。恐らく、天井壁に芯を取り込むことは壁を脆くすることに繋がるため、採用されないものと考えられる。

一方、一九九一年には櫻田隆が半地下式穴窯の天井部構築法を、図化して分かり易く述べている（櫻田一九九一）。論文では、中世窯跡の崩落天井部破片から「破片の一平面に幅三～四センチの細長い「板」が並べられ、その上部にスサ入り粘土が塗り付けられていたことを示すものがあったが、これなどは板を「芯または心」として使用したのではなく、型枠のように使用したものと考えられよう。」としており（櫻田一九九一）、五本松窯跡の須恵器半地下式穴窯の骨組粘土貼付法を示唆している。須恵器窯跡天井部の構築法を、棚置法による森内案の型粘土貼付法と、支保材も想定した骨組み上面に粘土を塗り込む櫻田案の骨組粘土貼付法の二つに分類しておく。

また、櫻田の六つの工程図による窯構築想定図の四番目は、側壁から対になるようにアーチを造り、中央と左右に三本の梁を長く渡し、手前で中心の梁を丸太で支えている。五番目で、細かい横木を入れ子状にしてその上に粘土を塗り、丸太を外している。取り外しの利く丸太は、炭窯木口置法の支え機能の一部と重なる。このことから、籠状の骨組み上部に粘土を塗り込むたびに、下支えの丸太（丸太上部に板状の受けを固定していたのかもしれない）を移動していたことも想定される。

本項の最後に、天井及び側壁部の構築観察視点として櫻田の記述を引用しておく。櫻田は、秋田県須恵器窯跡調査の経験から「つまり、①手形山窯跡と西海老沢遺跡および富ケ沢Ａ・Ｂ窯跡で、側壁に炭化材と小ピット例が検出され、それらは側壁と天井部を造るための架構用材の実物と痕跡とされているが、その位置が掘り込み面（地表面）か、それとも掘り込んだ底面・壁面（上方・下方）なのか、②スサ入り「粘土」というが、他所から採掘した「粘土」なのか、それとも窯を掘削した時の「地山土」なのか、③骨組みされた架構材の間隔が一〇～四〇センチもあるのでその隙間を塞ぐのは何か、④スサ入り「粘土」を骨組みされた架構材の両面に塗り付けるのか、あるいは外側だけか（側面・天井とも）などである。」と細部の具体的な検証を喚起している（櫻田一九九一）。

五　おわりに

本論では、須恵器窯跡を地下式穴窯・半地下式穴窯、そして両方の性格を併せ持つ地下半地下式穴窯・地上式と分類し、関東・東北地方の半地下式穴窯・地下半地下式穴窯について挿図を掲載しながら検討してきた。特に、窯体内外施設の類例の提示と天井部の構築法を中心に論じ、窯体や施設に関する系譜論には触れていない。系譜論については、関東地方については渡辺一（渡辺一九九九・二〇〇四ａ・二〇〇四ｂ）、東北地方については石田明夫（石田一九九九ａ・一九九九ｂ）、菅原祥夫・佐藤敏幸（菅原二〇〇四、菅原・佐藤二〇〇四）等の論考、両地方の窯跡分布については『須恵器集成図録』第四巻（酒井・伊藤編一九九五）を参照願いたい。

半地下式穴窯は、窯体を溝状に掘って天井部を架ける特徴があり、地下式の斜面を掘り抜く構築法とは根本的に相違する。半地下式穴窯の天井部はアーチ状の形に架構するが、地下式穴窯は窯体内面がアーチ状を呈するのみで架構天井ではない。このことから前者を地上式も含んで天井架構構造（天井架構式）、後者を天井削出構造（天井非架構式）と呼びたいが、地下半地下式穴窯は、窯体の総体を占める燃焼部と燃焼部が相対に掘抜きか架構天井を持つかによってどちらかに帰属すべきと考える。

半地下式穴窯の天井部構架作業は、窯体内外において地下式穴窯の掘抜き作業とは大きく異なるのは前述の通りである。具体的には、天井構築を考慮した掘方造り、天井部の粘土の確保とその素材作り、骨組み・支柱等の仕掛けの確保とその加工、それらの組合わせ作業（天井や側壁造り）と、地下式穴窯に比較すると作業工法や素材・道具の使用が複雑である。また、一方では地下式の窯体内中心の作業と異なる窯体外中心の作業であり、落盤や加重労働等を回避した安全性が保証されている。これらが、本論において窯体外施設をも重視してきた理由である。

半地下式穴窯を特徴付けている天井部や側壁の構築方法は不明な点が多く、それに関しては一項を設けて記述した。そこでは、型粘土貼付法（兵庫県立考古博物館二〇〇八）と骨組粘土貼付法（櫻田一九九一等）を提示した。戸牧一号窯跡の最大限の調査法によって想定された構築法でも、天井部を除く側壁構築法と粘土以外の天井部架構材の検証に限界もあり、想定されることの立証に隔靴掻痒の感があるのは否めない。しかし、これまで調査されてきた多くの窯跡で床面や側壁に断割を入れてきたとは言え、それらを総剝ぎにしてきた例は殆どないのであり、戸牧一号窯跡の報告は画期的な成果である。『日本の考古学Ⅳ』の倉田・坂詰・楢崎らによる窯体構築視点からは凡そ四〇年、服部の窯体分類視点からしても二〇年を経て、具体的な窯体構築方法に大きく踏み込んだことになるだろう。

すでに森内は、窯跡構造を知るための研究方法について論究しており、窯跡調査法の指針を示している（森内二〇〇二）。特に「床面や側壁などの剝ぎ落としなど徹底的に破壊して調査を終えるべき」とする姿勢は窯構造を具体化するためには欠かせない。櫻田の窯壁情報に関する喚起や、木立雅朗によるその具体的な研究からすれば（木立二〇〇七）、崩落した窯壁を全て持ち帰り分析を行うことが理想である。今後求められる調査・整理法が、理念的には理解されても現実の緊急発掘調査において、どれほど実現できるかは不透明であるが、少しでも窯跡構造理解のための努力は必要である。

本論を考察するに当たり、半地下式穴窯の研究領域の広がりに改めて驚いている。

［註］

（1）半地下式では、天井部が旧地表面下の地下天井と旧地表上の地上天井に分けられる。

（2）アルファベットや算用数字等だけで表記している窯は、それらの後に号窯跡を付してなるべく統一した。

［参考文献］

会津若松市教育委員会　一九八四『南原埋蔵文化財発掘調査概報』

会津若松市教育委員会　一九九三『会津大戸窯　大戸古窯跡群発掘調査報告書』会津若松市文化財調査報告書第三二号

秋田県教育委員会　一九七六『成沢遺跡発掘調査報告書』秋田県文化財調査報告書第三六集

秋田県教育委員会　一九九二「秋田ふるさと村（仮称）建設事業に係る埋蔵文化財発掘調査報告書―富ケ沢A・B・C窯跡

田久保下遺跡　富ケ沢一号～四号塚―（第一・二分冊）』秋田県文化財調査報告書第二二〇集

秋田市史古代部会　一九九七『古城廻窯跡発掘調査報告』秋田市史叢書一　秋田市史編さん室

石田明夫　一九九九ａ「東北の須恵器窯」『須恵器窯の技術と系譜―豊科、信濃、そして日本列島―発表要旨集』窯跡研究会・

豊科町郷土博物館

石田明夫　一九九九ｂ「東北南部の須恵器窯」『須恵器窯構造資料集一―出現期～八世紀中頃を中心にして―』窯跡研究会・

豊科町郷土博物館
大川　清・高橋　章・伊藤博幸　一九六九『瀬谷子窯跡群緊急調査概報』　窯業史研究所
窯跡研究会　一九九九『須恵器窯の技術と系譜—豊科、信濃、そして日本列島—』
窯跡研究会　二〇〇四『須恵器窯構造資料集二—八世紀中頃〜一二世紀を中心にして—』
窯跡研究会　二〇〇五「第三回窯跡研究会シンポジウムの討論記録〝須恵器窯の技術と系譜二〟—八世紀中頃〜一二世紀を中心として—」『窯跡研究会』創刊号
河南町教育委員会　一九九〇『須江関ノ入遺跡—工業団地造成に伴う発掘調査概報』河南町文化財調査報告書第四集
河南町教育委員会　一九九三『須江窯跡群　代官山遺跡—奈良、平安時代の須恵器生産遺跡—』河南町文化財調査報告書第六集
河南町教育委員会　一九九三『須江窯跡群　関ノ入遺跡—陸奥海道地方最大の須恵器生産地—』河南町文化財調査報告書第七集
岸本定吉・杉浦銀治　一九八〇『改訂新版　日曜炭やき師入門』　総合科学出版
木立雅朗　二〇〇七「窯壁と窯構造—京都府篠窯跡群三軒家支群の分布調査から考える—」『窯跡研究』第二号　窯跡研究会
倉田芳郎・坂詰秀一　一九六七「二　古代・中世窯業の地域的特質—（1）東北・関東」『日本の考古学』Ⅳ　河出書房新社
五所川原市教育委員会　二〇〇三『五所川原須恵器窯跡群』五所川原市埋蔵文化財調査報告書第二五集
酒井清治・伊藤博幸編　一九九五『須恵器集成図録』第四巻　雄山閣出版
坂詰秀一編　一九七一『武蔵新久窯跡』　雄山閣出版
坂詰秀一編　一九八四『八坂前窯跡』　八坂前窯跡調査会・入間市教育委員会
財団法人千葉市文化財調査協会　一九九六『土気南遺跡群Ⅶ　南河原坂窯跡群・鐘つき堂遺跡』
櫻田　隆　一九九一「須恵器窯の側壁・天井架構材について」『秋田県埋蔵文化財センター研究紀要』第六号　秋田県埋蔵文化財センター
菅原祥夫　二〇〇四「東北地域における古代後半期須恵器窯構造」『須恵器窯の技術と系譜二—八世紀中頃〜一二世紀を中心にして—』　窯跡研究会
菅原祥夫・佐藤敏幸　二〇〇四「陸奥中南部の須恵器窯」『須恵器窯構造資料集二—八世紀中頃〜一二世紀を中心にして—』窯跡研究会

仙台市教育委員会　一九八七『五本松窯跡　都市計画道路「川内・南小泉線」関連遺跡発掘調査報告書』仙台市文化財調査報告書第九九集
月夜野町教育委員会　一九七二『群馬県利根郡月夜野町洞窯跡発掘調査報告書』
東京造形大学宇津貫校地内埋蔵文化財発掘調査団　一九九二『南多摩窯跡群　東京造形大学宇津貫校地内における古代窯跡の発掘調査報告書』
栃木県教育委員会　一九九三『広表窯跡—国庫補助中小河川改修事業利根川水系一級河川田川横山工区事業に伴う発掘調査—』栃木県埋蔵文化財調査報告書第一三一集
楢崎彰一　一九六七「一　古代・中世窯業の技術の発展と展開」『日本の考古学』Ⅳ　河出書房新社
八王子市南部地区遺跡調査会　一九九七『南多摩窯跡群—八王子みなみ野シティ内における古代窯跡の発掘調査報告—Ⅰ』
八王子市南部地区遺跡調査会　一九九九『南多摩窯跡群—八王子みなみ野シティ内における古代窯跡の発掘調査報告—Ⅱ』
服部敬史　一九八七「東国における奈良時代前半の須恵器生産とその意義」『信濃』第三九巻第七号　信濃史学会
藤原　学　一九九九「須恵器窯の構造と系譜—その技術と源流—」『須恵器窯の技術と系譜—豊科、信濃、そして日本列島—』窯跡研究会・豊科町郷土博物館
兵庫県立考古博物館　二〇〇八『戸牧一号窯・マムシ谷一号墳』兵庫県文化財調査報告第三三四号　兵庫県教育委員会
望月精司　二〇〇四「須恵器窯構造に関する構造名称や部位名称及びその機能」『須恵器窯構造資料集一—八世紀中頃〜一二世紀を中心にして—』　窯跡研究会
森内秀造　二〇〇二「窯跡の調査と研究」『田辺昭三先生古希記念論文集』　田辺昭三先生古希記念の会
山形県教育委員会　一九九一『山谷新田遺跡・山海窯跡群発掘調査報告書　国営農地開発事業鳥海南麓地区（一）』山形県文化財調査報告書第一七〇集
山形県教育委員会　一九九二『山海窯跡群第二次　山楯七・八遺跡　山楯楯跡　国営農地開発事業鳥海南麓地区（二）』山形県埋蔵文化財調査報告書第一七二集
山形県教育委員会　一九九三『金俣Ⅰ・K遺跡　山海窯跡群第三次発掘調査報告書　国営農地開発事業鳥海南麓地区（三）』山形県埋蔵文化財調査報告書第一八三集
米沢市教育委員会　一九九八『大神窯跡発掘調査報告書』米沢市埋蔵文化財調査報告書第五七集
立正大学文学部考古学研究室　一九八六『武蔵・熊ヶ谷東遺跡』

利府町教育委員会　二〇〇四『大貝窯跡群』利府町文化財調査報告書第一二集
渡辺　一　一九九九「関東の須恵器窯」『須恵器窯の技術と系譜―豊科、信濃、そして日本列島―』　窯跡研究会・豊科町郷土博物館
渡辺　一　二〇〇四ａ「関東地域の古代後半期須恵器窯構造」『須恵器窯の技術と系譜二―八世紀中頃～一二世紀を中心にして―』　窯跡研究会
渡辺　一　二〇〇四ｂ「武蔵の須恵器窯」『須恵器窯構造資料集二―八世紀中頃～一二世紀を中心にして―』　窯跡研究会

第二節　古代土器の製作過程と技法の表記

一　はじめに

発掘調査後の報告書作成段階で、いつも気に掛かるのが、土師器や須恵器等の古代土器の記述や観察表の表記における技法の表現である。今日、毎年のように膨大な発掘調査が実施され、それに伴う多くの発掘調査報告書が刊行されている。報告を纏める調査員は時間に追われ、最低限度の内容をなるべく効率よく記述することに腐心し、結果、土器の観察表が多用されてきた。必ずしも、観察表に依存せず本文の文章と併用したり、文章だけの記述に徹している機関も散見する。しかし、多くは観察表に表面的な技法上の特徴を簡単に記載して、技法観察の責任を果たしているのが現状である。

土器観察表の記述で、技法に関する項目を拾い出すと、一つの項目欄には「器面調整」、「調整・特徴」、「器面調整等」、「器調整・切り離し」、「特徴」（本荘市教委二〇〇三）等の例がある。二つの項目欄では「表面技法」／

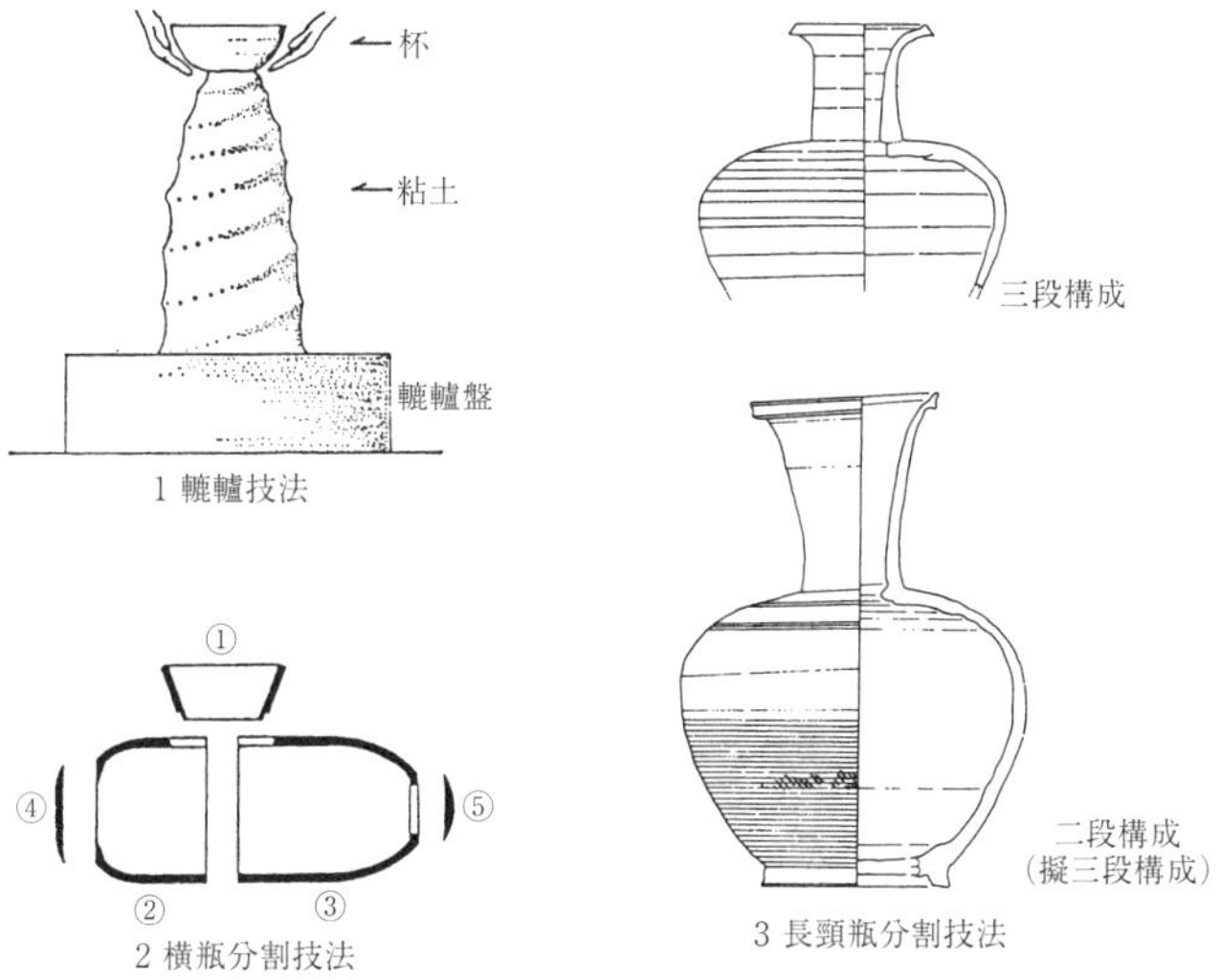

図1　複雑な工作工程（1・2は倉田1970、3は利部2007より）

「裏面技法」、「調整等（内面）」／「調整等（外面）」、「外底部」／「器面特徴」（秋田県教委二〇〇三）等、三つの項目欄では「外面調整」／「内面調整」／「底面調整」（秋田県教委二〇〇二）、また「調整」とある一項目欄の下を「外面」／「内面」／「底面」と三区分する等の例や、「調整」を「整形」に置き換えた例、「成形」欄に前述の調整や整形に関わる内容を含んだ例もある。全国に視野を広げるならば、諸々の項目立てや技術表記が見られるだろう。

　これらのバリエーションは、都道府県・市町村別に異なると言うレベルではなく、同一機関の職員によっても異なっており、技法表記に対する個人差が顕在化している。それはまた、土器を観察する個人の力量とも無関係ではない。

　古代の土器は、総体論として縄文や弥生時代の土器に比べて文様表現のないものが殆どであり、工作技法[1]が、文様に代わる編年構築の指標として器形と共に重要視されてきた。古代土器の観察視点は、暫く器形に偏重する傾向にあったが、次第に技法の必要性が認識され、いくつかの技法表記は徐々にではあるが統一化されてきた。今日の観察表はその産物に他ならない。しかし昨今、多岐に亘る技法が見出され、それらを加味した総合的な論考も見られない中、技法の認定やその表記等に個人差が拡大しているように思う。以上のような状況から、今後も公にされていく報告書等の技法に関する観察視点やその表現方法をいくらかでも整理・標準化して、技法認識の共有化と技法表記の更なる統一化を図りたいのが本文の狙いである。本論では、古代土器に関する技法論を研究史から学びつつ今日在るべき姿を模索するが、主に土師器や須恵器を対象に論じることとする。

本論に入る前に、土器工作工程の前提を明確にしておく。可塑性のある粘土を用いた工作工程は、一般に粘土帯等のパーツを繋いで凡その形を作る（骨格形）→目的の形に近づける（イメージ形＝粗い完成形）→形を変えないで仕上げを行う（完成形）、の一連の過程である。これは単純な器種に当て嵌まる工程である。各工程の作業要素を兼ねた轆轤技法（図1－1）やそれを繰り返して完成形に至る複雑な工程もある[2]（同－2・3）。前者を基本工作工程（第一～第三段階）、後者を応用工作工程と規定する。本論では、基本工作工程に纏わる研究史を瞥見し、技法に関する用語の整理を行う。

二　工作技法の研究略史

古代土器の工作に関わる認識や個別技法について、管見に及ぶ資料から検討してみる。

はじめに終戦前の論考として、藤澤宗平の「土器造り雑考（一）」がある（藤澤一九四三）。長野県松本市外の山辺村藤井の大甕作りの作業工程を記録したもので、大甕の工作工程や個別技法が理解できる[3]。以下に短く纏める。

粘土で形作る工作工程は以下の手順による。写真では高さ三〇センチ程の台の上に円盤状の盤が三つあり、はじめに最上部の盤に円盤状の粘土板を置く①。次に、幅六センチ程長さ四〇センチ程の粘土帯を、粘土板の周囲の一部に当てて積み上げる②。一段の積み上げが終わると、器壁を撫でて接合部を補正する③。この後②・③

の工程を二・三段に亘って行い、器壁が多少乾燥すれば板状の箆で器面を調整し④、器面にこの箆が接した状態で一周する⑤。これで、最上部にある盤上の作業が一段落し、その下の盤でも①〜⑤の作業が繰り返される。先の盤上の作りかけは、自重に耐え得る乾燥時間を経過した後に、また粘土帯を積み上げて最終的に頂部が外に張り出す口縁部を作る。

藤澤の論考は、今日窯業地帯で作られる同様の大甕工作法をいち早く記録に留めたもので、粘土帯の接合、撫でと箆撫で施工が記録され、撫でを器面の調整と表記している等、注目すべき点が多い。

戦後の混乱期を経た一九六二年、日本考古学協会が考古学用語の整理統一に苦心し、渾身を込めて刊行に至った『日本考古学辞典』が完成した。武田宗久はその土製品の項目に、「成形には手製法と轆轤法・鋳込法などがあり、手製法は巻上法・輪積法・型塗法・型取法・手捏法に分れ、これらを併用する場合もある。」と述べた（武田一九六二）。ここでは手製法を五つの土器工作技法として把握している。清水潤三の土器の項目には、「製法については成形・焼成の項参照。」とあるものの（清水一九六二）、成形の項目は掲載されなかった。

二年後の一九六四年、田中琢は須恵器杯底部外面の螺旋状痕跡は粘土紐による接合痕で、小型品は全て粘土紐巻上げによるとした（田中一九六四）。従来、須恵器の小型品は轆轤水挽きと考えられていた説を否定した。

『日本考古学辞典』が刊行された四年後の一九六六年には、『日本の考古学Ⅴ』が刊行され横山浩一が「五　土器生産」を執筆した。その中で、一・二として「土師器の製作技術」と「須恵器の製作技術」を、一九五九年の論文を基にして論じた（横山一九五九・一九六六）。横山は土師器・須恵器の技法を総括的に述べ、個別技法についても〜技法と銘打って表現した。どのような技法があるのか、以下〜技法をカッコで示しながら記述する。

土師器の工作技法では、成形法としての〈粘土紐巻上げ技法〉、一部を〈型によって成形する技法〉、内外二枚の浅い籠を型として作った、所謂籠目土器、〈手つくねの技法〉について解説し、〈木の葉底技法〉にも触れている。更に、「巻上げその他の方法でおよその成形をおわった土器は、刻み目をつけた板で外面をたたいたり、内外面をへらでけずったりして、形と器壁の厚さを調整した。（中略）表面の仕上げは、板ぎれもしくは布でなでておこない、ていねいなばあいはへら磨きをした。」と述べた（横山一九六六）。土師器の工作工程を成形する・調整する・仕上げを行う段階に分けて具体的な動作を記述した。

また須恵器の工作技術でも、〈粘土紐巻き上げの技法〉と〈ろくろによる技法〉の関係を述べた上で「第二次の成形をろくろによって行なわない土器の多くは、巻上げでだいたいの形をつくったのち、同心円をきざんだ木片を内側にあてがい、平行線をきざんだたたき板で外側から器壁をたたきしめ、仕上げの成形と器面の調整を同時におこなった。」と、調整と仕上げの轆轤による技法について述べた[4]（横山一九六六）。

同年、田辺昭三は『陶邑古窯址群Ⅰ』の中で、成形の第一段階→成形の第二段階→調整と各段階の技法を具体的に述べた。須恵器の工程を「〔成形の第一段階〕粘土ひものまきあげ、〔成形の第二段階〕ロクロ成形、細部のひきだし、器体の打圧、各部接合、〔調整〕ヘラ削り、横ナデ、ナデ、カキ目となる。」と整理し、ヘラ削りは後の調整がないので調整段階に含んだが、成形手法に含むのは自明のことと論じた（小林・田辺一九六六）。更に、ナデと口縁部等で横位に一周する横ナデを区分した。田辺は須恵器の工作工程を分かり易く論じて、先の横山が述べた工作工程を概念化したものであった。

翌一九六七年、田中琢は『日本考古学Ⅵ』の窯業の「(四)畿内」の項目で、「(i)土師器を生産した人びと」と「(ii)須恵器の生産と部民の後裔」と小項目を設けて土師器と須恵器の技法について論じた（田中一九六七）。技法はカッコ付けで表記した。前者では工作工程を、成形の用語に置き換え、成形技法の第一段階と第二段階に整理した。「土師器は粘土紐をまきあげて成形する。」とした上で、第一段階には大形の葉の上に粘土を中心から左周りに巻き上げる「木葉手法」、左手の上で同じように巻き上げる「左手手法」、上面が球面状に窪んだものを型とし中央の底部の上に左周りに巻き上げる「型の手法」を提示した。これらに手が加わった第二段階では、「よこなで」「へらけずり」「はけ目」「へらみがき」等の技法を示し、各技法の特徴や使用時期等を述べた。特に、第二段階では「へらけずり」が重要と述べている（田中一九六七）。

　須恵器の工作技法では、回転を利用して巻き上げ、次に加速して細部を引き出す「まきあげろくろ法」、巻き上げと叩きを併用した「まきあげ叩打法」、粘土塊から回転力で器形を引き出す「粘土塊ろくろ法」の三つの技法を提示した。土師器では、工作技法を成形の二段階と捉え、各段階の個別技法を整理した。また須恵器では、轆轤回転と粘土帯積上げの関係を大きく三つに整理した。

　一九七一年、杯は粘土紐巻上げによるとする田中説（田中一九六四）に対して、阿部義平は底部螺旋状の痕跡を篦切りによって轆轤から製品を切り離す際の痕跡と解釈し（阿部一九七一）、倉田芳郎が唱えていた水挽き技法（倉田一九七〇）を支持した。しかし、伊藤博幸は古墳時代以来一貫した轆轤水挽き技法を用いた解釈に異論を述べた（伊藤一九七一）。その後は、北野博司が「技法復元のニュアンスに違いはあるものの概ね田中の枠組を支持している」と総括した（北野二〇〇一a）。

　一九七七年、吉田恵二は「（一）須恵器の製作技術」の項目を立てて論じた。土器の製作技術を原料粘土採取↓素地作り↓成形↓調整↓（加飾）↓乾燥↓焼成の手順を示した上で、土器の工作工程を成形↓調整の二段階として把握した（吉田一九七七）。これは先の田中案を踏襲したものである。成形技法として、粘土塊ロクロ技法、巻上げロクロ技法、巻上げ叩き技法の三種を提示した。調整技法としては「なで、ヘラ削り、ヘラ磨き、カキ目がある。」としたが、これは先の横山論に基づく。ここでは工作工程を成形の用語では括らず、はじめに成形、次に調整の用語を用いる案を提示している。

　一九七九年、西弘海は古墳時代西日本初期段階に成立した布留式土器の甕を中心とした検討から、平底から丸底にする「押し出し丸底技法」を提唱した[5]。前段階庄内式までの「叩き目技法」と共に朝鮮半島からの技術導入を指摘し、須恵器壺・甕も基本的に同一の技法によると述べた（西一九七九）。この定型化した技法は、日本列島において平底から丸底へ変化する出発点として論じられた。後には「叩き出し」の用語も使用している（西一九八六)。

同年、佐原真は「二　土器の製作」の見出しで技法について論じた。厳密な工作工程は論じず、粘土素材の在り方や個別技法の具体的な在り方に主眼を置いたものである(佐原一九七九)。工作技法では手捏ね、紐作り、擬口縁、型おこし、下敷・回転台、ロクロ、叩き作り、調整と小見出し毎に解説を加えた。調整を「概略成形できた土器の細部を仕上げる方法には、」と述べ、仕上げの工程と規定した。またロクロの見出しでは、「土器の形の細部の仕上げすなわち「調整」(整形)に遠心力を使う」と解説し(佐原一九七九)、工作工程に整形の用語を全く用いない立場ではなかったことが理解できる。

一九八一年田辺昭三が、須恵器を体系的に記述した『須恵器大成』を著した(田辺一九八一)。田辺は須恵器の工作を、轆轤成形が粘土紐積上げによる前提の立場で、以下の工作工程を示した。「粘土紐積み上げによる場合、適当な太さの粘土紐を丸く巻きながら積み上げて、およそのかたちをつくるのが成形の第一段階(一次成形)である。次に、一次成形の工程を経た、いわば素形ともいうべきものを作業台にのせ、細部の引きだし、叩きや削りによる器体の成形、各部の接合などの工程を経て、あらかた成形を終了する。これが成形の第二段階(二次成形)である。そして成形の第三段階(三次成形)の工程を経て成形が完了する。三次成形は調整の工程であり、仕上げの段階である。」と述べた(田辺一九八一)。

横山が土師器の工程で示した三つの工程を、用語の相違はあるものの須恵器について同じような理解に立ち分かり易く整理した。また、「須恵器成形の諸段階の中で、恐らく最も多用されている重要な技法は、箆削りと叩きであろう。」とも述べている(田辺一九八一)。田辺の考えの骨子は、既に一九六六年の『陶邑古窯址群Ⅰ』で提示されており(小林・田辺一九六六)、それを整理し直したものである。

この段階で、土師器と須恵器の工作工程に関する基本的な考え方、凡その個別技法が出揃ったと言えるであろう。

三　工作工程の概念区分と名称表記

一九八〇年代前半までの工作工程における作業概念上の分類は、基本工作工程に照らして解釈すれば、主として三段階表記と二段階表記に集約される。本論では三段階の田辺案（田辺一九八一）と二段階の吉田案（吉田一九七七）を取り上げて検討する。田辺の第一段階（一次成形）は吉田の成形に当たる内容で、その後を二段階に分けるか一段階に纏めるかが両案の相違である。筆者は、前述したように基本工作工程は凡その骨格形を作り→目的のイメージ形に近付け→最後の仕上げを行って完成形とする作業概念上の第一〜第三段階に至る過程と考えており、工作工程三段階区分の田辺案を支持する立場にある。そこで、両案第二段階の変形を伴う技法である「叩出し技法」と「削り技法」の事例を具体的に検討することにしたい。

〔叩出し技法〕

図2と図3は、小林正史による民族例（図2は中国雲南省の事例（泰族制陶工芸連合考察小組一九七七）、図3はフィリピンの事例（大西一九九八））の紹介である（小林二〇〇一）。工作工程図で、図2が平底甕、図3が丸底甕である。図2は①〜③が凡その形ができるまでで、田辺の一次成形、吉田の成形に該当し、基本工作工程の第一段階である。④が叩出し技法によって口頸部を作り出し、その後箆削りを行って、⑤は胴部を叩出し技法によって作り出している。ここまでが第二段階である。図3は①・②が田辺の一次成形、吉田の成形であり、第一段階に当たる。③で口頸部を作り出した後、④の叩出し技法で底部を作り出している。ここまでが第二段階である。以上により、第二段階の叩出し技法による大きな変化を伴って、目的の形を作り出していることが理解できる。これらの工程図は叩出しの説明に特化した図で、その後の技法の説明はないが、器面を調える技法が想定される。日本の丸底甕もこの技法か押出し技法による。

〔削り技法〕

図4は、尾野善裕による轆轤を使用した須恵器蓋（奈良・平安時代）の工作工程図である（尾野二〇〇一）。①は尾野が「体部が直線的な椀形を挽き出す」としている凡その形で、田辺の一次成形、吉田の成形であり、第一段階に当る。②～④で口縁部を引き出し体部を押し出して（引出し技法、押出し技法）、内底面を広く作り出している。⑤の「糸で切り取る」技法の後に、⑥の轆轤回転を利用した箆削りを行っている。ここまでが第二段階である。⑦の摘みの装着は吉田による加飾の段階と捉えられよう（吉田一九七七）。以上により、底部の形を決定付ける切断技法も含め、第二段階の削出し技法による平坦面から球面の大きな変化を伴って、目的の形を削り出していることが理解できる。(6) 器面を調える段階は⑥と⑦の間に位置付けられる。

図5は大西顕による双耳瓶耳作りの工作工程図である（大西二〇〇一）。耳の工作工程に限定するが、考え方は、①・②が凡その形ができるまでで、田辺の一次成形、吉田の成形であり、第一段階に当たる。③・④が削出し技法によって耳の形を削り出した第二段階である。その後⑤で箆撫でを行って耳が完成する。第三段階に該当する。⑥は上から見た図。以上は、第二段階の削り技法による大きな変化を伴って目的の形を削り出しており、次の⑤段階では耳の表面を調えている。

このように図2～5の事例から、作業概念上の工作工程第二段階は、第一段階から大きな変化を遂げており、器面を調える第三段階とも工作工程上大きな相違がある。従って、これら一連の工程は作業概念上の三段階工程として把握できる。

先の研究略史に後続する工作工程論はどうであろうか。

一九八四年、玉口時雄・小金井靖が『土師器・須恵器の知識』を著している（玉口・小金井一九八四）。第三章の「一　製作技法」では、成形と整形の見出しに分け前者で「巻き上げ・輪積み・型おこし」の技法を取り上げた。後者では、「細かい部分を仕上げる整形技法には、〝撫で〟〝叩き〟〝削り〟などがあります。」と述べた（玉口・

図２　球胴甕工作工程

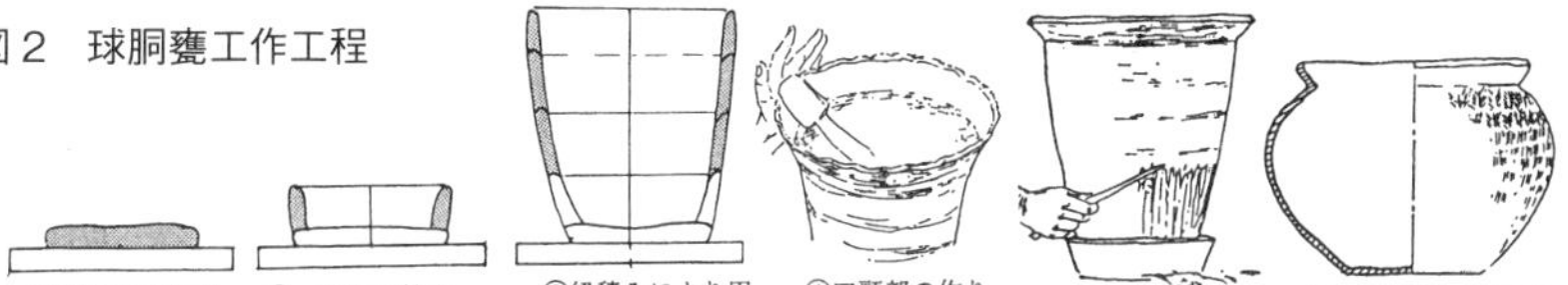
①底部円盤を叩き締める
②一段目の粘土紐を積む
③紐積みにより円筒形の原型を作る
④口頸部の作り出し
⑤二次成形：台上でタタキにより球胴化

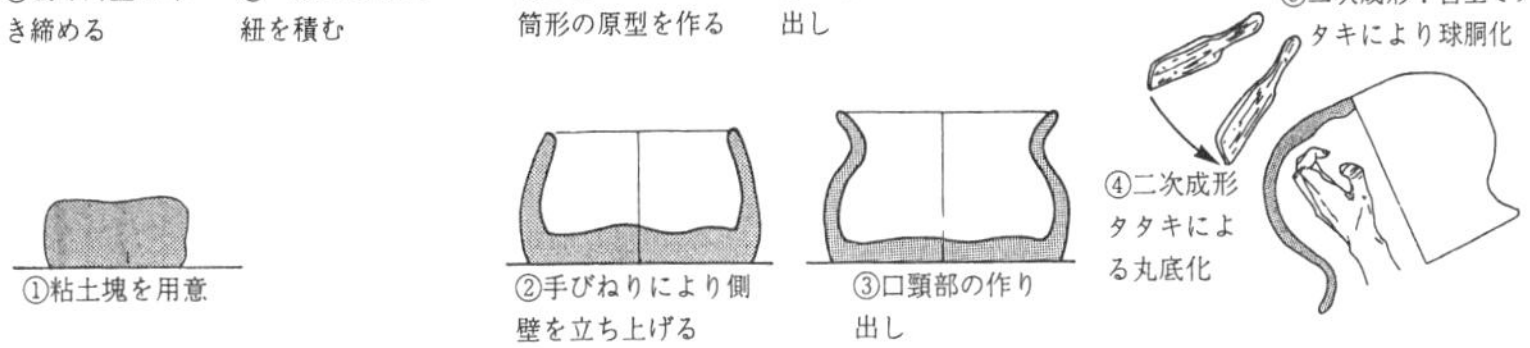

①粘土塊を用意
②手びねりにより側壁を立ち上げる

④二次成形タタキによる丸底化

図３　丸底甕工作工程　（図２・３は小林 2001 より）

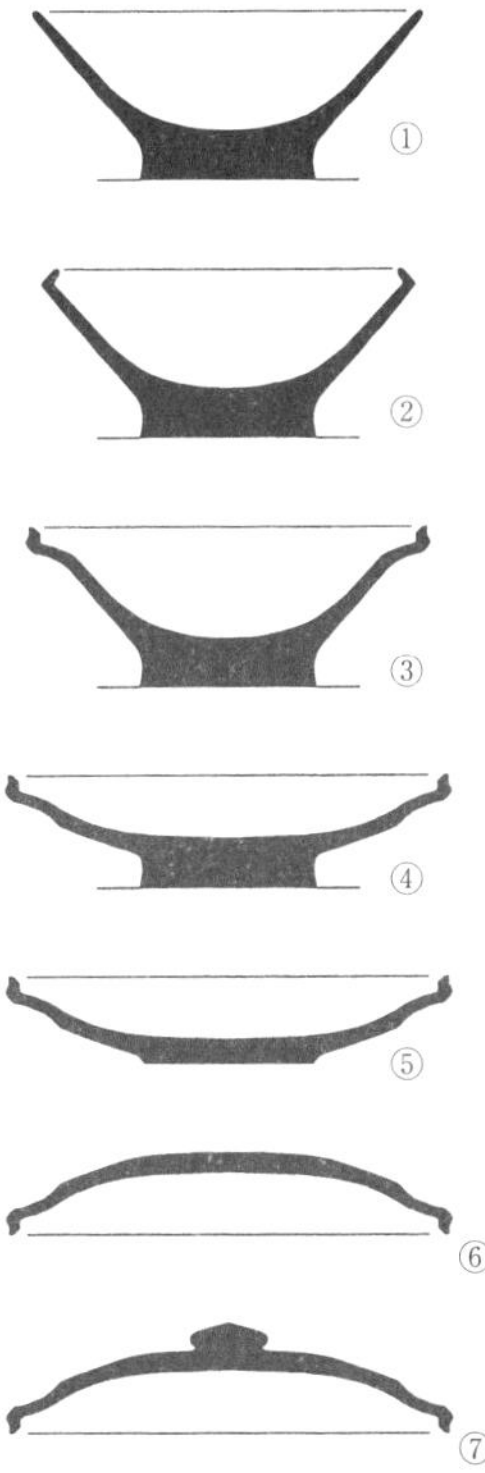

図４　蓋工作工程（尾野 2001 より）

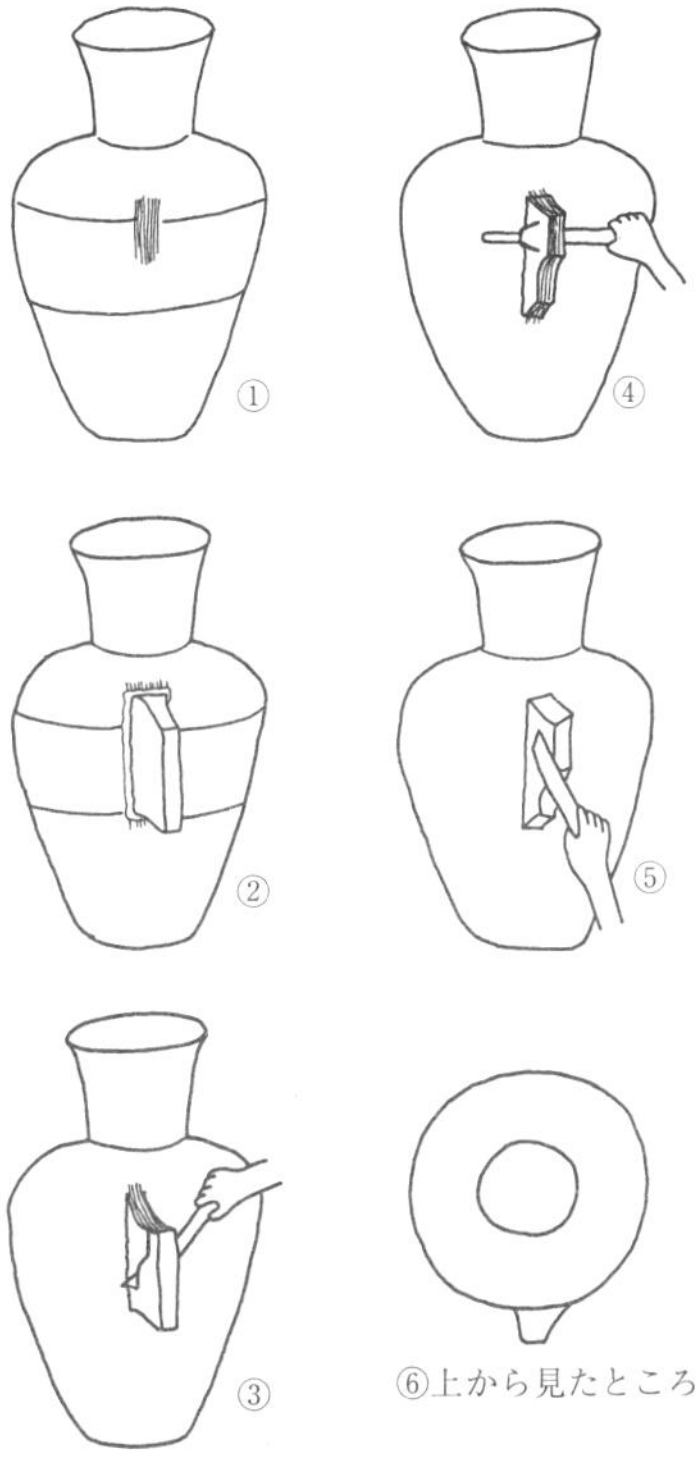

図５　双耳瓶耳工作工程（大西 2001 より）

小金井一九八四）。筆者が考えている第二段階と第三段階を同一次元で纏めている。なお、第八章の「二　製作技術」では採掘・成形・整形・切離しの見出しで纏め、工作工程の三つの内容のうち、切り離しを整形に含めない立場を示した。

一九八八年、潮見浩は『図解技術の考古学』を著している（潮見一九八八）。Ⅱの「一　土器類」では、「土器類の製作工程」と見出しを付け、①原料（粘土の採取）、②素地の作製、③成形、④調整・器壁の仕上げ、⑤装飾・施文、⑥乾燥、⑦焼成の段階を示した。本文に関する工作工程は③・④が該当する。④では「成形の過程で粘土紐（帯）の接合部を押さえるほか、器面全体を仕上げるため、器壁の内外面を平坦・平滑にととのえるほか、後述のように土器によってさまざまな特色ある調整がおこなわれる。」と述べた（潮見一九八八）。調整と器壁の仕上げを区別しつつも、成形後の同じ段階として括った。

二〇一〇年には、文化庁文化財部記念物課より『発掘調査のてびき』が刊行されている（文化庁記念物課二〇一〇）。「第四節　土器・土製品の観察と実測」の「二　観察」には、「B成形・調整にかかわる痕跡」の項目があり、成形・調整・胎土の見出しを付けて述べている。縄文から陶磁器と焼物全般を包括しており、工作工程に限れば成形と調整に二分した見解を示した。このうち、調整では「器形や器表面を調える」と述べた（文化庁記念物課二〇一〇）。形を整えることと、器面を調えることを同じ段階で示し、調整の用語で括った。

以上、一九八二年以降の古代土器に関する作業概念上の工作工程は、吉田案（吉田一九七七）を踏襲した論考（玉口・小金井一九八四、潮見一九八八、文化庁記念物課二〇一〇）が目立ち、三段階区分案は陰を潜めている。

しかし二段階区分は、吉田が土器製作工程を七つの手順で示したうちの二つを占め、その工作工程を更に細分する複雑さを避けた可能性がある。吉田は『考古資料の見方《遺物編》』の一部を担ったが、その書は冒頭で甘粕健が「より深く地域の歴史を学びたいと願う市民が（中略）その居住地の遺跡群や出土遺物の意義を正しくとらえ、地域の歴史を系統的に学んでいく上で必要な基礎的な知識や考え方を伝えたい」と述べたように（甘粕一九七七）、市民に分かり易い記述とする編集方針に沿った執筆だったことに留意する必要がある。書籍もA五判ハンディタイプである。その後の玉口・小金井や潮見の書籍もA五判である。文化庁記念物課による二段階案は、これらの経緯を受け止めたものであろう。以上が二段階案が普及してきたことの理由と考えられる。

さて、吉田案以降の二段階案は、第一段階が成形、第二段階が調整もしくは整形で、いずれも第一段階に成形の用語を用いている。第二段階と第三段階に、整形と調整のどちらかの用語を当て嵌めるとすれば、第二段階は第三段階に比較して大きな形の変化を伴うことから、第二段階には整形の用語が相応しい。第三段階は形の変化に乏しく、器面の変化に主体を置いた技法であるので第三段階には調整の用語が相応しい。前掲『発掘調査のてびき』の「第九節　復元」には、見出しに「二　型取りと成形・整形」と見え、整形は「補填材が固まったのち、小刀や彫刻刀などの工具を用いて削っていく。（中略）紙ヤスリで磨けば、平滑に仕上がる。」とある（文化庁記念物課二〇一〇）。正に整形と調整の状態を言い当てた表記である。

四　工作工程と技法の対応

基本工作工程は成形段階→整形段階→調整段階を辿ると考えるが、個別器種の工作工程は複雑な工程を経た応用工作工程に含まれる例が多い。況してや轆轤使用の工作工程は、その回転力を利用して成形・整形・調整を複合的に行う応用工作の最たるものである。以下に基本工作工程の各段階に対応する個別技法を検討するが、その後、轆轤の工作工程についても検討する。

粘土を素材にした工作技術の要素には、装置・工具・動作の三要素があると考えられる。装置と動作の組合わせが成形に、工具と動作の組合わせが整形・調整に作用している。

成形に関係する装置には、型作り技法や籠貼付け技法（仮称するが、小林行雄の「粘土を籠に押しつけて焼きあげた籠型土器」（小林一九六四）が該当。）の型や籠がある。粘土帯積上げ技法の粘土帯も、或る意味土台としての装置である。手捏ね技法では、可塑性のある粘土塊自体が装置に通じる要素と理解しておきたい。

作業台も粘土を押さえた時の反発力として作用する装置であり、成形に関わる。これと関連した装置の例に、土器の底に痕跡として認められる木葉や網代、砂等がある。所謂下敷きやその機能を持つ技法である。これらには木葉痕、網代底、砂底等の痕跡名で使用されるが、技法としての名称に改めて、敷き木葉技法、敷き網代技法、敷き砂技法等と呼称したい(7)。

整形に関係する工具の例には、叩出し技法の木製・石製工具、削り技法等の箆等がある。作業台から器体を離す箆起し技法や切断する糸切り技法は、器形を決定付ける技法である(8)。

調整に関係する工具の例には、箆撫で・布撫で・木口撫で技法等の箆・布・木口等がある。指撫で技法と呼称している指も、機能としては工具の役割を持つ。また箆磨き技法は箆を工具としている。

以下に三段階作業概念と個別技法の対応関係を示したが、現状では概ね次のようである。

〈成形技法〉

型作り、籠貼付け、粘土帯積上げ、手捏ね、敷き木葉、敷き網代、敷き砂

〈整形技法〉

叩出し、箆削り、糸切り、箆起し、押出し、引出し

〈調整技法〉

箆撫で、布撫で、木口撫で、指撫で、箆磨き

次に応用工作工程に関する轆轤技法について述べる。応用工作工程は、作業概念上は成形・整形・調整に区分できるが、実態としては個別技法が様々に組合わされた工作工程と理解できる。装置としての轆轤の施工は、ほぼ横方向に作用し、その技法として成形に含む粘土塊からの水挽き技法がある。整形では工具を用いた回転押出

し技法、回転箆削り技法、回転糸切り技法、回転箆起し技法、また調整では箆や布等を用いた回転箆撫で技法、回転布撫で技法、回転木口撫で技法等がある。成形技法を除けば、基本工作工程の整形・調整技法と概ね対応した技法である。このような応用工作工程の観察によって、長頸瓶の二段構成技法・三段構成技法、風船技法（北野二〇〇一b）やこれに関する円盤閉塞技法・回転絞り閉塞技法等の、特有な技法が提案されているのである。

最後に、従来は特別な名称が付けられていない技法に触れておきたい。粘土帯や高台・摘み等を接合するため接合面に沈線等（擦痕・刻み痕）の工夫を施した技法がある。これを沈線面接合技法と呼称したい。図4の須恵器蓋の摘みや、図5の双耳瓶耳の装着はこの技法による。同じく壺類の高台等の接合面に凹凸等（撫で痕・刺突痕）の工夫を施した技法がある。これを凹凸面接合技法と呼称したい。東北地方の長頸瓶外底部に見られる放射状痕跡の多くは、この技法による（利部一九九六）。これらは、接合面の状態の相違による特有の接合技法である。

五　おわりに

本論は、報告書作りで多用されている古代土器観察表の技法表記から端を発して、土器製作全体の一部である粘土工作工程を整理した。そのため研究史に立ち返って、個別技法の名称を確認しつつ工作工程の段階区分の把握を試みた。研究を辿ると、作業概念上、工作工程は二分する二段階区分と三分する三段階区分に集約され、工作工程で用いる技法の名称も一九八一年段階でかなり整備されてきた。

一九六六年に横山によって表現された三段階区分は、田辺による模索・検討の段階を経た後（小林・田辺一九六六）、一九八一年に定まった。筆者が第一～第三段階として述べてきた工作工程を、成形の第一段階（一次成形）、成形の第二段階（二次成形）、成形の第三段階（三次成形）と成形の用語で括った名称であった（田辺一九八一）。一九七七年の吉田案は、工作の二段階を成形で括った田中案（田中一九六七）に基づくが第一段階に成形、第二段階に調整の名称を与えて各工程の理解度を深めたものであった。筆者は、工作工程の段階区分に当たり、第二段階のイメージ形を軸に前後の工作段階を含むことで、三段階区分の妥当性を追求した[9]。その意味で、器形を決定付ける第二段階の叩出し技法と削り技法を、特に重要視して解説を加えた。田中の「2段階ではへらけずりが重要」（田中一九六七）、田辺の「須恵器成形の諸段階の中で（中略）重要な技法は、篦削りと叩きであろう。」（田辺一九八一）を改めて銘記しておきたい。

三つの各段階に名称を与えることは、その工作と工程がイメージし易く理解度が深まることによる。吉田以降の、成形と整形もしくは調整を対応させる二段階区分案は、本文で示した事情が絡んでいたと推測してみた。また三段階工作工程の概念化は、個別技法の相違はあるにしても、概ね縄文・弥生土器等全般に通じるものと思考している。本論作成に当たっては、個別技法を三段階の作業概念（成形・整形・調整）に帰属させて技法認識の共有化を図るのが目的であったが、特有な技法をなるべく紹介するために、その関連文献の掲載にも努めてみた。参考になれば幸いである。

冒頭で述べたように、報告書中の土器観察表の技法に関する項目は様々である。それは技法認定の個人差にも起因するが、筆者もそうであったように、土器工作工程の理解が乏しいことも要因の一つであろう。工作工程や技法の表現が不統一であれば、諸々の意見が生まれてくるのは当然である。観察表の項目を、成形・整形・調整と三区分することも一案であるが、精巧な土器である程成形の痕跡を整形が、整形の痕跡を調整が消し去ってしまい、成形や整形の特徴を記述する紙面のバランスを欠くことにもなりかねない。それらを纏めて一項目とし、矢印や句点で工作の手順を示すのも一案である。表層技法だけに満足しないで、隠された技法の復元を志して行きたいものである。

これらの技法表記は、技法の理解を前提とする各調査担当者に任されているのである。

［註］

（1）土器製作工程を粘土の採掘から焼き上げる焼成段階までとした場合、素材の粘土を用いて加工してから、乾燥若しくは被膜処理以前の完成形に至るまでの段階を工作工程、それに関する技法を工作技法と表記する。

（2）複雑な工作過程を辿る器に横瓶がある。倉田芳郎は、その工作工程を図解入りで論じている（倉田一九七〇）。近年では、春日真実が工程を細かな手順で示し詳細に論じた（春日二〇〇一）。やはり複雑な復元工程を示す長頸瓶を、平尾政幸が図と写真で詳細に論じている（平尾二〇〇一）。その三段構成と二段構成については、楢崎彰一が言及しており（楢崎一九八六）、これについては筆者も述べたことがある（利部二〇〇七）。

（3）大甕の工作工程は、木立雅朗が越前焼の大甕、常滑焼の大甕、唐津焼の大甕について詳細に論じている（木立二〇〇一）。

（4）近年、須恵器甕の工作工程について望月精司が詳細に論じている（望月二〇〇一）。

（5）井上和人は布留式土器を検討する中で型作りの正当性を主張したが（井上一九八三）、西や都出比呂志の反論がある（西一九八六、都出一九九七）。また、坂井秀弥は丸底長胴甕の工作技法を復元している（坂井一九八九）。筆者も、丸底長胴甕に関連して研究史を簡単に述べたことがある（利部一九九七a）。

（6）古墳時代鬼高期には、平底長胴甕に縦方向の篦削りが多用されており、梅沢太久夫と高橋一夫は工作工程を復元している（梅沢・高橋一九七八）。また筆者が指摘したことがある東北北部型長頸瓶は、胴部に非轆轤の削りを多用して形を整えた須恵器長頸瓶で、東北北部に濃厚な分布を示す（利部一九九七b）。

（7）下敷きには、木葉や網代の一枚ものと粒もしくは粉状の集合体によるものがあり、後者は接着部の範囲に限定される。土師器の敷き網代技法については伊藤武士が、同敷き砂技法については櫻田隆が論じている（伊藤二〇一〇、櫻田一九九三）。筆者も、須恵器の敷き砂技法の例を紹介したことがある（利部一九九五）。

（8）筆者は以前、糸切り技法を成形段階に含めて考えていたが（利部二〇〇七）、器形を決定付ける意味で整形段階に含めることにしたい。

（9）但し、吉田が土器製作技術で示した（加飾）段階（吉田一九七七）、潮見が土器類の製作工程で示した⑤装飾・施文段階は（潮見一九八八）、個別内容を検討する必要があり、施文を除く装飾であれば第三段階の範疇とすべきだろう。

［参考文献］

秋田県教育委員会　二〇〇一『中谷地遺跡―日本海沿岸東北自動車道建設事業に係る埋蔵文化財発掘調査報告書Ⅶ―』秋田県

文化財調査報告書第三一六集
秋田県教育委員会　二〇〇三『横山遺跡―内越地区担い手育成基盤整備事業に係る埋蔵文化財発掘調査報告書―』秋田県文化財調査報告書第三六三集
甘粕　健　一九七七「はじめに」『考古資料の見方《遺物編》』柏書房
伊藤武士　二〇一〇「平安時代におけるムシロ底土器の出現と展開」『北方世界の考古学』すいれん舎
伊藤博幸　一九七一「須恵器杯の製作技法―倉田芳郎氏の論説を中心にして―」『考古学ジャーナル』No.63　ニュー・サイエンス社
井上和人　一九八三「「布留式」土器の再検討」『文化財論叢』同朋舎
阿部義平　一九七一「ロクロ技術の復元」『考古学研究』第一八巻第二号　考古学研究会
梅沢太久夫・高橋一夫　一九七八「二　土器の製作技術について」『原・清水南　埼玉北部用水路建設に伴う埋蔵文化財発掘調査報告書』上里町教育委員会
大西　顕　二〇〇一「須恵器貯蔵具の装飾について」『北陸古代土器研究』第九号　北陸古代土器研究会
大西秀之　一九九八「土器製作者の誕生―カンカナイ社会における技術の伝習と実践―」『民族学研究』第六二巻第四号　日本民族学会
尾野善裕　二〇〇一「東海地方における須恵器製作技法の転換とその背景―猿投窯を中心に―」『古代の土器研究―律令的土器様式の西・東六　須恵器の製作技法とその転換―』古代の土器研究会
利部　修　一九九五「砂底須恵器の一考察」『秋田県埋蔵文化財センター研究紀要』第一〇号　秋田県埋蔵文化財センター
利部　修　一九九六「北日本の須恵器についての一考察」『考古学の諸相』坂詰秀一先生還暦記念会
利部　修　一九九七a「出羽地方の丸底長胴甕をめぐって」『秋田県埋蔵文化財センター研究紀要』第一二号　秋田県埋蔵文化財センター
利部　修　一九九七b「平安時代東北の長頸瓶」『生産の考古学』同成社
利部　修　二〇〇七「長頸瓶の製作技術とロクロの性能」『考古学の深相』瓦吹堅先生還暦記念論文集刊行会
春日真実　二〇〇一「横瓶の製作方法」『北陸古代土器研究』第九号　北陸古代土器研究会
北野博司　二〇〇一a「須恵器成形技法研究の現状と課題」『古代の土器研究―律令的土器様式の西・東六　須恵器の製作技法とその転換―』古代の土器研究会

北野博司　二〇〇一ｂ「須恵器の風船技法」『北陸古代土器研究』第九号　北陸古代土器研究会
木立雅朗　二〇〇一「大甕造りの民俗事例と須恵器の大甕」『北陸古代土器研究』第九号　北陸古代土器研究会
倉田芳郎　一九七〇「須恵器」『新版考古学講座』第五巻　雄山閣出版
小林正史　二〇〇一「弥生土器のタタキ技法―タタキによる原型の変形度を中心に―」『北陸古代土器研究』第九号　北陸古代土器研究会
小林行雄　一九六四『続古代の技術』　塙書房
小林行雄・田辺昭三　一九六六『陶邑古窯址群』Ⅰ　平安学園考古学クラブ
坂井秀弥　一九八九「北陸型土師器長甕の製作技法」『新潟考古学談話会会報』第三号　新潟考古学談話会
文化庁記念物課　二〇一〇ａ「第四節　土器・土製品の観察と実測」『発掘調査のてびき―整理・報告書編―』　文化庁文化財部記念物課
文化庁記念物課　二〇一〇ｂ「第九節　復元」『発掘調査のてびき―整理・報告書編―』　文化庁文化財部記念物課
櫻田　隆　一九九三「『砂底』土器考」『翔古論聚―久保哲三先生追悼論文集』　久保哲三先生追悼論文集刊行会
佐原　真　一九七九「三　土器の用途と製作」『日本考古学を学ぶ』（二）　有斐閣
潮見　浩　一九八八『図解技術の考古学』　有斐閣
清水潤三　一九六二「土器」『日本考古学辞典』　東京堂出版
泰族制陶工芸連合考察小組　一九七七「記雲南景洪泰族慢輪制陶工芸」『考古』一九七七年四期　科学出版社
武田宗久　一九六二「土製品」『日本考古学辞典』　東京堂出版
田中　琢　一九六四「須恵器製作技術の再検討」『考古学研究』第一一巻第二号　考古学研究会
田中　琢　一九六七「（四）畿内」『日本の考古学』Ⅳ　河出書房新社
田辺昭三　一九八一『須恵器大成』　角川書店
玉口時雄・小金井靖　一九八四『土師器・須恵器の知識』　東京美術
都出比呂志　一九九七「二．タタキ技法」『弥生文化の研究』第三巻　雄山閣出版
楢崎　彰一　一九八六「四　彩釉陶器製作技法の伝播」『生業・生産と技術』　吉川弘文館
西　弘海　一九七九「西日本の土師器」『世界陶磁全集』二　小学館
西　弘海　一九八六『土器様式の成立とその背景』　西弘海遺稿集刊行会

平尾政幸　二〇〇一「須恵器製作技法の検討にむけて」『古代の土器研究─律令的土器様式の西・東六　須恵器の製作技法とその転換─』　古代の土器研究会
藤澤宗平　一九四三「土器造り雑考（一）─手造りに就て─」『古代文化』第一四巻第六号　日本古代文化学会
望月精司　二〇〇一「須恵器甕の製作痕跡と成形方法」『北陸古代土器研究』第九号　北陸古代土器研究会
本荘市教育委員会　二〇〇三『上谷地遺跡・新谷地遺跡─内越地区担い手育成基盤整備事業に係る埋蔵文化財発掘調査報告書─』本荘市文化財調査報告書第一九集
横山浩一　一九五九「手工業生産の発展　土師器と須恵器」『世界考古学大系』第三巻　平凡社
横山浩一　一九六六「五　土器生産」『日本の考古学』Ⅴ　河出書房新社
吉田恵二　一九七七「四　須恵器」『考古資料の見方《遺物編》』　柏書房

第三節　由利地域の古代生産遺跡─須恵器・鉄・炭・塩・稲─

一　はじめに

秋田県の由利地域は、由利本荘市とにかほ市を含んだ範囲である。古代由利地域における考古資料で、生産部門に関わる種類には須恵器・鉄・炭・塩・稲等がある。現代の視点からは、須恵器・鉄・炭・塩は加熱して製造・加工を伴う言わば第二次産業の部門と言える。稲の生産は、それ自体農耕や漁業等の第一次産業部門であり異質である。また水田造営の観点では、建物跡や寺院・城柵等の建設・土木工事部門の範疇としても位置付けられる。稲については、水田土木工事の観点で記述するが、水田以外の建設・土木工事部門については扱わない。

以下、由利地域の須恵器・鉄・炭・塩・稲について個別に概観するが、特に須恵器は土師器等と共に、流通・交易の視点で古くから考古学研究の対象として注目されてきた。それは、他と比較すると壊れているにしても形が実在すること、その器の形態や製作技術が特定し易いこと等が主たる要因である。須恵器は、供給が広範囲に及ぶ場合もあることから、特に城柵が集中する東北地方では生産地と供給地を繋ぐ資料として、瓦と共に重要視されてきた。この意味で、ここで扱う生産部門のうち窯跡出土須恵器に関して、特に一項目を設けて論じることにし、個別項目では窯跡を中心に述べることにしたい。なお本文関連の主要遺跡は図1に示してある。

二　各種生産部門の概要

(1)　須恵器

須恵器は、古墳時代から平安時代に使用された灰色の還元炎焼成の硬質土器である。褐色の酸化炎焼成で、軟質な土師器とは対照的である。当初より轆轤技術を伴い、斜面の傾斜に沿った細長い窯で焼成した。県内にも共通する豊富な器種が存在する（利部二〇〇六）。

窯跡は、由利本荘市葛法地区の葛法窯跡で三基（伊藤一九七八）、同土倉地区の弥勒山遺跡で一基が見つかり（三浦二〇〇一）、この北北西約一キロにある同菅野地区小坂下遺跡に一基が推定されている（伊藤一九五八）。葛法窯跡の二号窯跡は、用水路工事で断面が現れたもの、三号窯跡はボーリング調査で確認できたもので、窯跡が完掘できたのは一号窯跡だけである（図2）。また弥勒山遺跡窯跡は削平が著しく、窯体の残存範囲は長さ約二メートル、幅約一メートルである。葛法窯跡の二・三号窯跡と弥勒山遺跡窯跡では、莇入り粘土塊が確認でき半地下式穴窯と推定される。

葛法窯跡の一号窯跡は、長橋集落から南に三〇〇メートル程の緩斜面を登った、北面する小さな沢部が東西に

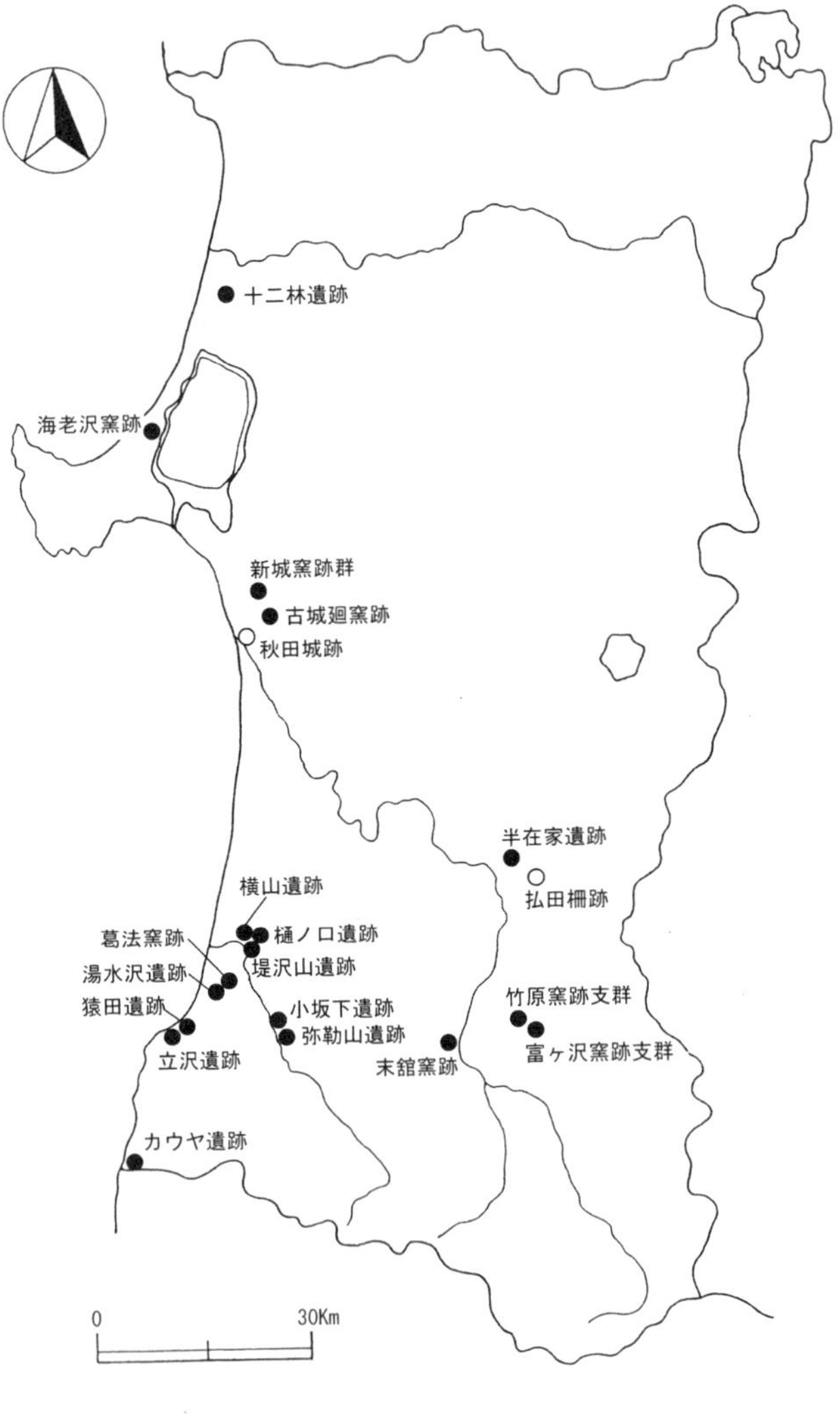

図１　本文関連生産遺跡

連続する更に一段高い丘陵地に位置している。窯跡は、標高四五メートル前後の尾根筋下端にあり、その下が平坦面を形成した地形に立地する。幅の狭い尾根筋は雨水の流入を防ぎ、平坦面は窯跡に関わる作業場等を考慮したものと考えられる。窯体は焚口・燃焼部・焼成部・窯尻に区分でき、全長七・四メートル・焼成部中央幅一・一四メートル、窯尻幅〇・四六メートル、床面の平均斜度は三〇度である。焚口は窄まり燃焼部と焼成部の境

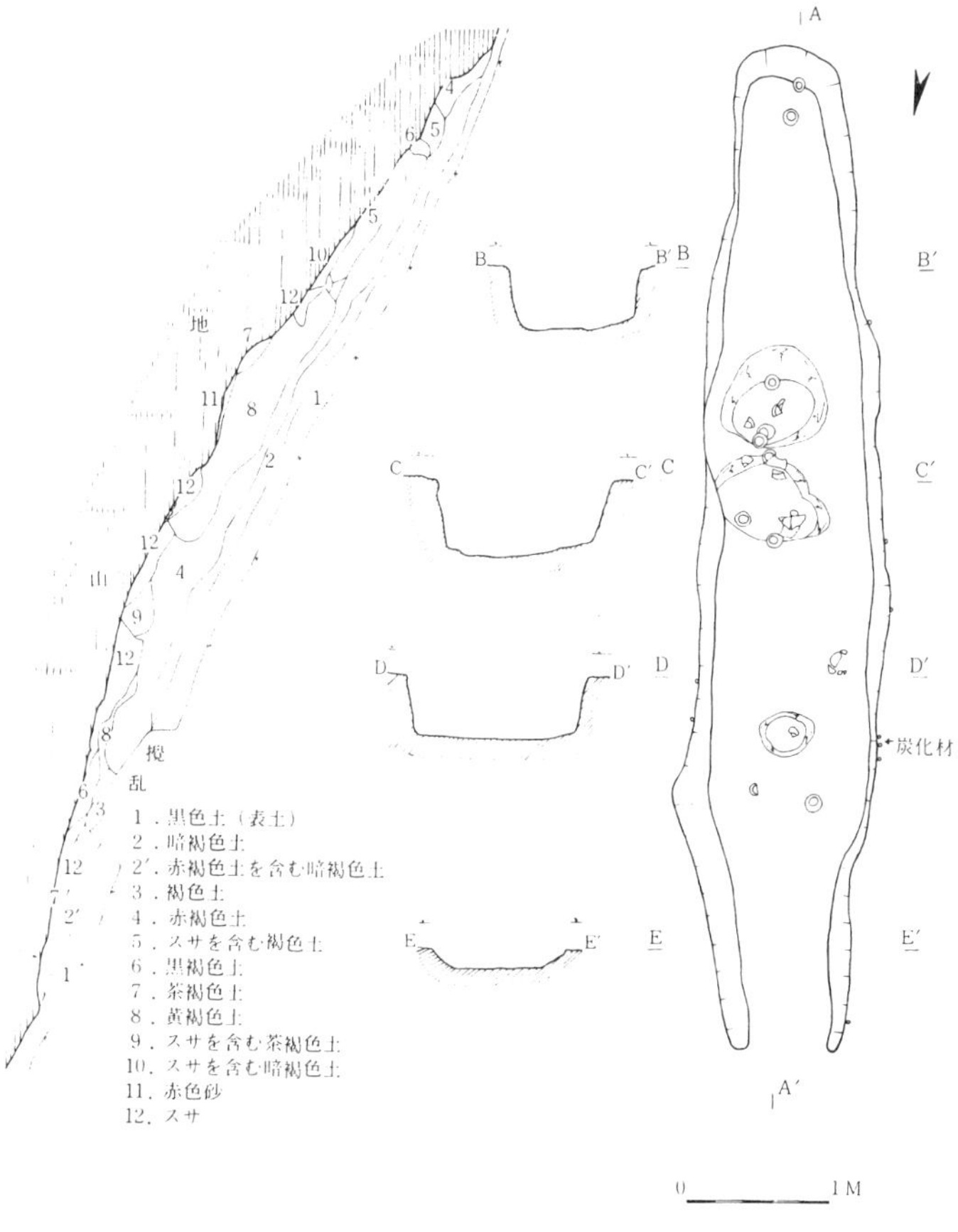

図2　葛法窯跡1号窯（伊藤 1978 より）

が明瞭で、焼成部には三つのピットがある。半地下式構造を示す苆入り粘土の他、上屋を構築するための芯材が、右壁に七箇所、左壁に二箇所確認された。

　三基の窯跡が確認された葛法地区には、更なる窯跡が想定され、由利地域の消費地に供給された中心的な窯場と考えられる。

（2）鉄

　葛法地区の湯水沢遺跡は、日本海沿岸東北自動車道建設工事に伴って発見された製鉄及びその関連施設も含んだ大規模な製鉄関連遺跡である（磯村他二〇〇八）。県内の大規模な製鉄関連遺跡は、山本郡琴丘町に所在した中世の堂の下遺跡に次いで二例目で（磯村他二〇〇四）、古代では唯一の注目される遺跡である。製鉄は炉の中で砂鉄を溶解させる工程で、燃料には持続した高温が得られる炭材を使用する。この炉が製鉄炉で、加熱して鉄塊から不純物を取り除いたり、製品を作り出す工程を示すのが鍛冶炉である。東北古代の鉄生産については、秋田県の状況も加えて八木光則が論じている（八木二〇一〇）。

湯水沢遺跡からは竪穴住居跡一棟、製鉄炉四基、鍛冶炉三基、焼土遺構四基、炭窯一五基、粘土採掘坑四箇所、土坑一三基、排滓場三箇所が見つかり（図3）、一六トンもの鉄滓類・炉壁が出土した。標高六五メートル程の痩せ尾根の西側緩斜面に、東西約四〇メートル、南北約六〇メートルの範囲で遺構群が集中している。工事路線内であるものの、南北の遺構空白域より、遺跡の全容がほぼ把握できる遺跡である。

細長い緩斜面の中央には、三基の製鉄炉が作業場と共に位置し、上位にはこれらを囲んで弧状の排水溝が廻る。製鉄作業の中核に当たる部分である。この斜面域の北側には、火熱原料として欠かせない炭を生産した炭窯が、南側には鉄生産に関わった工人の住居跡が存在する。

中央の製鉄炉の一つは、半地下式の竪形炉とされ、掘方上部の炉壁は存在しない。長軸約一・五メートル、短軸約一・二メートルの楕円形で、深さ〇・二メートルの平坦な底面から緩く立ち上がる。同地点の三基の鍛冶炉は一メートル以下の長さで、被熱した不整円形とそれより浅く下方にある溝状の張出し部で構成される。鍛冶炉はその立地状況から鉄の純度を高める作業工程と推測され、遺跡は鉄の原材料を専ら生産していたものと評価される。由利本荘市福山地区の樋ノ口遺跡では、平安時代に製品を作っていたと考えられる鍛冶炉が五基見つかっている（加藤・山村二〇〇七）。

由利本荘市川口地区には、中世の梵鐘を鋳造し多くの鉄滓が出土した堤沢山遺跡があり（藤田他二〇〇八）、湯水沢遺跡の葛法地区も含んだ当該地域には、豊富な砂鉄が存在していたものと推測される。

（3）　炭

木が燃えれば木炭になるが、意図的に作り出した木炭を炭と呼称する。炭には定形化した形はないが多くの用途があり、その研究は炭と関連した遺物やそれを生産した遺構を対象にすることが多い。炭自体では型式学的操作ができないため、年代は放射性炭素年代に頼らざるを得ない面がある（利部一九九〇）。

炭の生産は炭焼成遺構によって知られるが、それは天井の有無でⅠ類（炭窯）とⅡ類（伏せ焼きの炭焼成遺構）に分けられる（利部一九八七）。古代の由利地域では、湯水沢遺跡（Ⅰ類）や樋ノ口遺跡（Ⅰ・Ⅱ類）から製鉄炉・鍛冶炉に伴って見つかっているが、湯水沢遺跡の製鉄に関係した大規模な炭生産遺構は特筆される。

湯水沢遺跡では、南北に長い西側斜面の北側に一五基の炭窯が集中して存在し、斜面南側の製鉄炉・鍛冶炉・住居跡と相対的に区分されていた（図3）。調査担当者は、一五基の炭窯は斜面を掘り抜いて構築した地下式穴窯であるが、ＳＷ一四だけは半地下式に造り替えられたと理解している。炭窯は、窄まった焚口から羽子板状に焼成室があり、奥壁と両側壁に煙出しを持つ。焚口手前は不整形の前庭部になり、これを切り込んで溝を構築する場合もある。ＳＷ一二の規模を示せば、全長一九・一二メートル、焚口幅〇・九メートル、奥壁幅一・三六メートル、焼成室の長軸六・二八メートル、短軸一・六メートルである。また、焚口から前庭部を切って約一三メートルの溝が構築されている。

これらの炭窯で単独に構築されたのは三基だけで、他は二、三基の重複を示して連結した様相を示す（二基の場合が四例、三基の場合が一例）。五つの例を検討すると、総て斜面上方の窯が下方側を切り込んでいることが分かる。炭を作る焼成室は、新規に掘り抜いた壁面や煙出しが意図され、焚口や前庭部側の開放部分は掘削の軽減を考慮したことの結果と考えられる。

樋ノ口遺跡からは、半地下式の炭窯一基、伏せ焼きの炭焼成遺構九基が見つかった。伏せ焼きの炭焼成遺構には、円形・略方形・長方形・不整形があり、その大きさは長さが一・一四メートルから三・六二メートルまでと幅がある。

図３　湯水沢遺跡検出遺構（磯村他 2008 より）

（4）塩

塩の生産地には、にかほ市象潟地区のカウヤ遺跡（柴田一九八五・一九八六）・同平沢地区の立沢遺跡（庄内一九八七）・由利本荘市猿田遺跡（斎藤他一九九四）等が挙げられる。その実態の根拠は、積み上げられた粘土紐が明瞭で粗い調整を施す製塩土器と呼ばれる器の存在である。しかし、厳密には製塩土器出土地が塩の生産地と直結するものではなく、焼土遺構や炉等の加熱が確認できる遺構に伴う検出状況が判断基準となる。この意味では、焼土遺構に製塩土器が伴ったカウヤ遺跡（図4）や立沢遺跡は製塩遺跡と見倣される。

立沢遺跡では、長さ一・八メートル、幅〇・九メートルの焼土遺構の範囲から製塩土器の破片が纏まって出土した。約二八〇〇平方メートルを対象範囲とした遺跡からは、五棟の掘立柱建物跡や溝跡等が検出され、円面硯や墨書土器・青磁の皿が出土した九、十世紀代の集落である。官衙と関連する集落でありながら、製塩に関わる遺構が一箇所だけ確認できたもので、小規模な生産だったことが知られる。

カウヤ遺跡は、昭和五九年度調査区と約一〇〇メートル東に隔てた同六〇年度調査区に分けられる。前者からは長さ〇・五メートル、幅〇・三六メートルの焼土遺構が検出され、これに平安時代の製塩土器が伴ったとされる。後者からは、八世紀後半と判断された竪穴住居跡・溝跡・焼土遺構・二基の性格不明遺構、九、一〇世紀の焼土遺構・性格不明遺構と関連して、製塩土器が出土した。直截的に製塩遺構と言えるものはないが、製塩土器が全遺物量（コンテナ約二〇箱）の四分の一を占める等、当遺跡において塩の生産を行っていたことは間違いない。柴田陽一郎は、秋田県の製塩土器と土製支脚との関連を積極的に論じ（柴田一九九三）、東北地方の土器製塩を概観している（柴田二〇一〇）。

（5）稲

米作りには陸稲と水稲があるが、考古学的に検証できるのが畦畔を伴った水田跡である。古代の水田は条里制

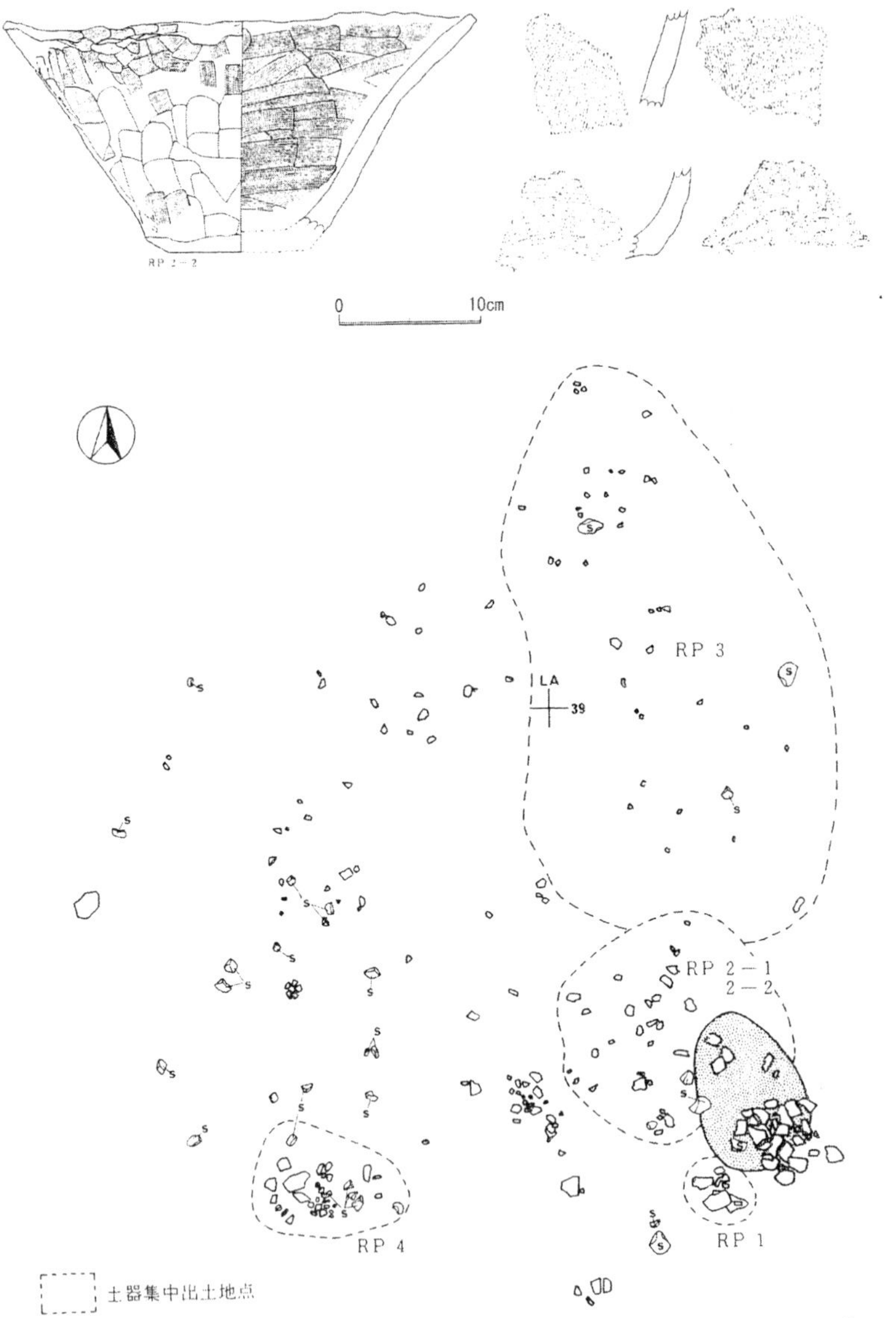

図４　カウヤ遺跡の製塩土器と焼土遺構（柴田 1986 より）

と密接に関係しており、群馬県高崎市では平安時代の水田跡が条里区画に沿って広範囲に確認されている（小泉二〇一〇）。

由利本荘市横山地区の横山遺跡からは、基盤整備事業に伴い平安時代の水田跡が発見された（菊池・磯村二〇〇三）。確実な田面一一面・竪穴住居跡二棟・掘立柱建物跡一棟・水路跡五条であり、畦畔や水路に伴う二つの板材集中箇所も見つかった（図5）。水田跡は、南東から北西に存在する幅一・三〜三メートル、深さ〇・四〜一メートルのSD四二水路に沿った四列の田面とT字や十字の畦畔で構成されていた。田面は方形や台形を示し、最大で南辺一一・二メートル、北辺一〇・四メートル、東辺八・八メートル、西辺七・二メートルの規模がある。田面には十世紀初頭の十和田a火山灰が薄く覆われていた。

二棟の竪穴住居跡（SI四八・四五）のうち、奈良時代から平安時代にかけてのSI四八はSD四二に切られ、平安時代のSI四五が水田耕作を行っていた時の住居である。水田跡のすぐ南には、SD四二を凌ぐ規模のSD一〇一溝跡が東西方向に存在し、条里と関係する可能性がある。調査担当者は、この東西区画溝の南に水田跡を想定し、SD四八やSB五〇掘立柱建物跡をこの耕作に関連する遺構と想定している。SI四五からは一二四粒の炭化米が出土した。

田面に接するSD四二には、SI四五付近とSI四八付近より板材の集中箇所が見つかっている。前者は溝の北東岸に五枚、南西岸に六枚、後者では両岸に七枚の板材が集中して打ち込まれ、堰との関連が指摘された。更に後者では、東岸に四段の階段と橋材と推定された長さ一・五六メートル、幅一四センチ、厚さ五センチの板材、これを固定したと推定される窪みが両岸から見つかった。SI四五と水田跡の関連を示したものである。SD四二は水田跡の基幹用水路としての役割が想定された。

横山遺跡は、平安時代の水田と基幹用水路が見つかり、住居跡等その具体的な稲作の様相が知られることから、平成一九年秋田県有形文化財史跡に指定登録された。なお、同時代の県内二例目の水田跡に大仙市半在家遺跡が

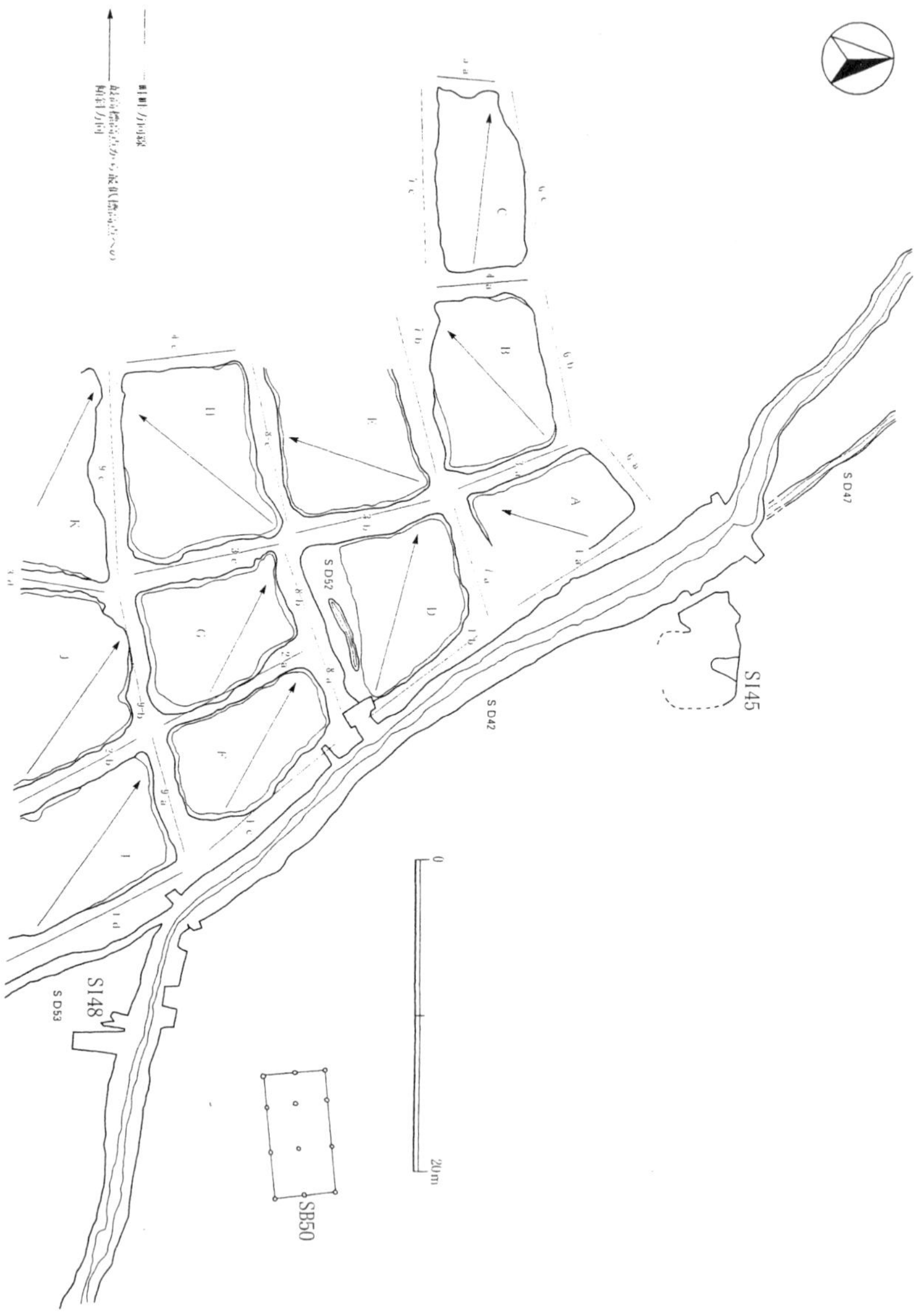

図５　横山遺跡の概略図（菊池・磯村 2003 より）

ある（山崎他二〇〇九）。

三　由利地域の窯跡出土須恵器

古代出羽北半の須恵器窯跡は、流域・湖水の観点から大きく五つの分布域がある（図1）。北から米代川下流域の十二林遺跡、八郎潟湖水域の海老沢窯跡、雄物川下流域の新城窯跡等（秋田平野）、雄物川上流の中山丘陵窯跡群等（横手盆地）、子吉川下流域の葛法窯跡・弥勒山遺跡窯跡等である（利部一九九二）。このうち、米代川流域や八郎潟湖水域の窯跡は九世紀後半以降である。

雄物川下流域・同上流域・子吉川下流域は九世紀前半までの窯跡を含んでおり、八世紀前半創建の秋田城跡・八世紀中頃の雄勝城跡・九世紀初頭創建の払田柵跡・八世紀代の由理柵は、広い意味での征夷に伴う律令国家の政治的動向と関連して設置された（新野一九八六）。この観点を踏まえて、以下に葛法窯跡群と弥勒山遺跡窯跡等の出羽北半における須恵器の位置付けについて、年代や製作技術等を通して検討する。

（1）　葛法窯跡・弥勒山遺跡窯跡の須恵器

葛法窯跡では三号窯資料（一九八七年の報告では三点を図化）を除く一号窯と二号窯を中心に検討する。以下に弥勒山遺跡窯跡も含んで報告文や論文をもとに概略を記すが、これらの一部は図8に掲載した。

葛法窯跡一号窯内の資料（同四〇点を図化）と灰原の資料（同二四点を図化）は、窯が痩せ尾根に独立して構築され、周囲に窯跡は確認できないものの、焼成の相違や杯の形態差が多く、資料の総てが同一時期と見做し難い面もある。一号窯の須恵器には杯・有台杯・有台椀・甕等がある。二号窯は、用水路に現れた窯体内の資料だけであり、杯・有台杯・有台椀・蓋・長頸瓶・甕等がある。殆どが赤褐色で一括性の高い資料である（伊藤一九七八）。

比較検討のため一般的に用いられる杯で両窯跡を比較すると、轆轤からの切離しは回転ヘラ切りでヘラ削りの再調整がなく、糸切りを含まない共通点がある。両窯跡資料とも大きさにばらつきがあり、底部下端が角張るものと丸みを持つものがある。杯の相対的な比較では共通する点があるものの、破片資料も多く同じ窯跡の資料であっても形態にバリエーションがあり、他地域の資料と論じ難い面がある。

弥勒山遺跡窯跡の資料は、杯・有台杯・有台椀・蓋・長頸瓶・横瓶・甕があり、焚口・焼成部の二メートル余りの窯跡とその近くからの出土である。明確な灰原がなく削平されたようである。杯の轆轤からの切離しは回転ヘラ切りで、多くは撫でを施す。糸切りはない。体部上半から口縁部にかけて、外反するもの・直線的なもの・内湾するもの等があり、形態の他、法量にもばらつきがある（長谷川二〇〇九）。

須恵器の研究において特に杯は、形態や法量に加えて底部にヘラ切りや糸切り等の製作手法の相違が見られ資料も豊富であることから研究対象として扱われることが多く、出羽北半の須恵器杯を、陸奥・出羽南半・北陸地方と広範に比較検討した論文もある（小松一九八九）。しかし、前述のように窯跡資料の増加に伴い同一窯内であってもバリエーションが見られ、杯だけでは窯跡資料の突出した特徴を見出し難い側面もある。そこで本論では、三窯跡に共通する杯以外の高台付きの杯・椀類を取り上げ、それらを出羽北半における変遷の中に位置付けて検討してみたい。

（2）　有台杯・有台椀の区分と分類

筆者は、かつて出羽北半の須恵器器種を論じ（利部二〇〇六）、その際、杯を高台の有無で杯A（無台杯）と杯B（有台杯）に、椀を高台の有無で椀A（無台椀）と椀B（有台椀）に区分したが、杯と椀の区別は横・縦の長さによる曖昧な印象で示していた。一方、杯Bと椀Bについては、これらと一般的に組み合う蓋も加えて、従来の杯中心の編年軸を補完できる器種と考えている。以下では、杯Bと椀Bの変遷の在り方をもとに、葛法窯跡と弥勒山遺跡窯跡出土須恵器を検討する。なお本文では杯Aを杯と表記している。

器の「浅い」「深い」は多分に感覚的なところがある。浅い・深いと感じるのは、体部や外傾頻度の多少による形状の相違等で、受ける印象が異なるからである。つまり深さが底径・口径の相互に関わっている。縦軸と二つの横軸（口径・底径）の組み合わせが「浅い」「深い」の印象を決定付ける。本文では有台の杯Bと椀Bを対象とするため、外見の全体では深さに高台を加えたものを縦軸と見做す。以上を念頭に置いて、底部の半径と器高の比一対一を基準に、器高が下回る場合を杯、上回る場合を椀として凡その目安にしたい。またこれを前提にした椀のうち、底径より大きな口縁部の半径と器高の比一対一を基準に、器高が下回る場合を椀Bのa類（椀Ba）、上回る場合を椀Bのb類（椀Bb）と凡その目安とする。椀Bを「浅い」「深い」の二つに分類したことになる。特に口縁部半径と器高比が一対一の場合を椀Babとして扱う。

以上の基準で、葛法窯跡と弥勒山遺跡窯跡の杯Bと椀Bを整理する（図8）。葛法窯跡一号窯の43は椀Ba、44は椀Bbである。二号窯の33は底部の半径が高さを若干上回るので杯B、34・35が椀Baである。弥勒山遺跡窯跡は36・37・40が椀Ba、38・39が口縁部半径と高さが一対一なので椀Babである。ちなみに小坂下遺跡窯跡（推定）の45は椀Baである。

（3）出羽北半の杯Bと椀B

由利地域と笹森丘陵を挟んで隣り合う横手盆地は、須恵窯跡の発掘例が多い。特に中山丘陵窯跡群には、東北横断自動車道秋田線建設事業に伴う竹原窯跡支群（利部編一九九一）や秋田ふるさと村の建設事業に伴う富ケ沢窯跡支群がある（桜田他一九九二）。竹原窯跡支群には、竹原窯跡のA区・C区に各一基ずつ、B区に一一基（同一地点の改窯も窯数に含む）、上猪岡遺跡に一基が存在する。富ケ沢窯跡支群には、富ケ沢A窯跡（一基）、富ケ沢

B窯跡（二基）、富ケ沢C窯跡（一基）、田久保下遺跡（三基）、郷士館窯跡（一基）（杉渕他一九七六）、大沼沢窯跡（一基）（石田他二〇〇〇）が存在する。竹原窯跡支群は奈良時代を主体に平安時代の窯跡資料を含み、富ケ沢窯跡支群は平安時代の窯跡資料のみが出土した。

① 奈良時代、中山丘陵窯跡群杯B・椀Bの変遷

竹原窯跡B区の発掘調査では、窯跡SJ〇五a〜f、SJ〇六、SJ〇七a〜c、SJ〇八が確認できたが、断面や灰原の在り方で存在が確認された窯跡が多く、斜面調査区境の発掘のため窯体を完掘できた例はない。但し、SJ〇五を中心に層位を基にした資料の重複が認められた。以下に変遷を示す。

検出した遺構の関係は次の通りである（利部編一九九一）。地下式のSJ〇五fの斜面上方に、SJ〇五e〜SJ〇五aまで嵩上げして窯跡が造り替えられていた。斜面上方の調査区境界の横断面にはa〜e、fまで六つの窯壁・床の膨らみが観察できた。また、SJ〇五では溝跡SD二八a・bに窯跡a〜cまでが大きく切られる。灰原にはSJ〇五f窯構築時の掘削土下に、SJ〇六の製品を含む灰原ST一二があり、SJ〇六はSJ〇五f焚口付近に僅かな痕跡を留める。

更にSJ〇五の右三メートルの斜面には、SJ〇七a〜cがSJ〇八と重複して存在する。SJ〇八右約二メートルにはST一七が、更に約一メートルにはST一三が、この約一・五メートルにはST一四が、更に約四メートルにはST一五が小さな範囲で存在する。なお、SJ〇七の窯跡窪みにはST三五が堆積していた。

筆者はかつて竹原窯跡の須恵器について、八世紀中頃から九世紀後半までの変遷を示したことがある（利部一九九二）。これによれば、ST一二灰原資料の図6-2・3は最も古い一括土器群Bに含まれ、SJ〇六窯跡の製品と考えられる。4はSJ〇五fの製品であり、灰原がほぼ同一箇所にあるST一二にこの製品を含まないことからSJ〇六より後出である。5・6はST一七の一括土器群Eに含まれる。約二メートル四方の範囲に多くの黒色の須恵器が集中していた。ST〇五fと類似した製品を焼台にしており、それより後出である。また、

ＳＪ〇五ｆより上層にあるＳＪ〇五ｅには焚口より下方にやや纏まった須恵器一括土器群Ｄが存在する。７・８はその一部である。９～12はＳＪ〇五縦断面の上位にあるＳＤ二八覆土相当層から出土した。暗赤・オリーブ・灰白色を呈する。

13～16はＳＪ〇七・〇八焚口付近の出土である。淡黄～灰白色系の土器群の一部で、断面が「く」の字を呈する等高台の作りや体部下端に削りを持つ特徴がある。先の９～12も高台や調整から同一の群と見做すことができる。更に、ＳＴ一四にも少数であるが淡黄～白色を呈する資料があり、17・18もその一部である。17は、秋田城跡ＳＧ一〇三一湿地出土の延暦十年（七九一）や延暦十三年（七九四）銘の木簡を含む下層スクモ層やその上の上層スクモ層、更に上の一六層出土の蓋と類似しており、年代の根拠としている。また10・18は、杯部の形態・高台の作り・体部下端の調整の共通点がある。以上より、９～18はほぼ同一の時期で八世紀末頃に想定される。

以上、層位や一括土器群の在り方から、２・３→４→・５・６→７・８→９～18の変遷が考えられ、概ね八世紀中頃から八世紀末葉の年代が想定できる。因みに、図６－１の返りの付く蓋を共伴した狙半内出土資料（小松一九七七）は七世紀後葉の年代で（木本一九九〇）、出羽北半で最も古い椀Ｂａである。結果として、図６の左側は杯Ｂ、右側には椀Ｂの変遷を示したことになる。

報告書では、殆どが八世紀代と考える竹原窯跡Ｂ地区資料のうち、口径と高さの分かる杯Ｂと椀Ｂを合わせた二〇九点を図化している。多くを占める椀Ｂでは、椀Ｂａｂに近いのが三点あるだけで殆どが椀Ｂａ類であり、椀Ｂｂが認められない点を指摘しておきたい。中山丘陵窯跡群の奈良時代窯跡は竹原窯跡に限定され、杯Ｂと椀Ｂａの共存する在り方は、同時に中山丘陵窯跡群におけるその在り方を代弁したことでもある。また、奈良時代杯Ｂと椀Ｂａの窯跡における在り方は、同じ横手盆地の末舘窯跡（島田二〇〇五）においても同じ在り方で、秋田城跡周辺の窯跡でも一部齟齬を生じているものの同じような傾向を示している（伊藤一九九八）。

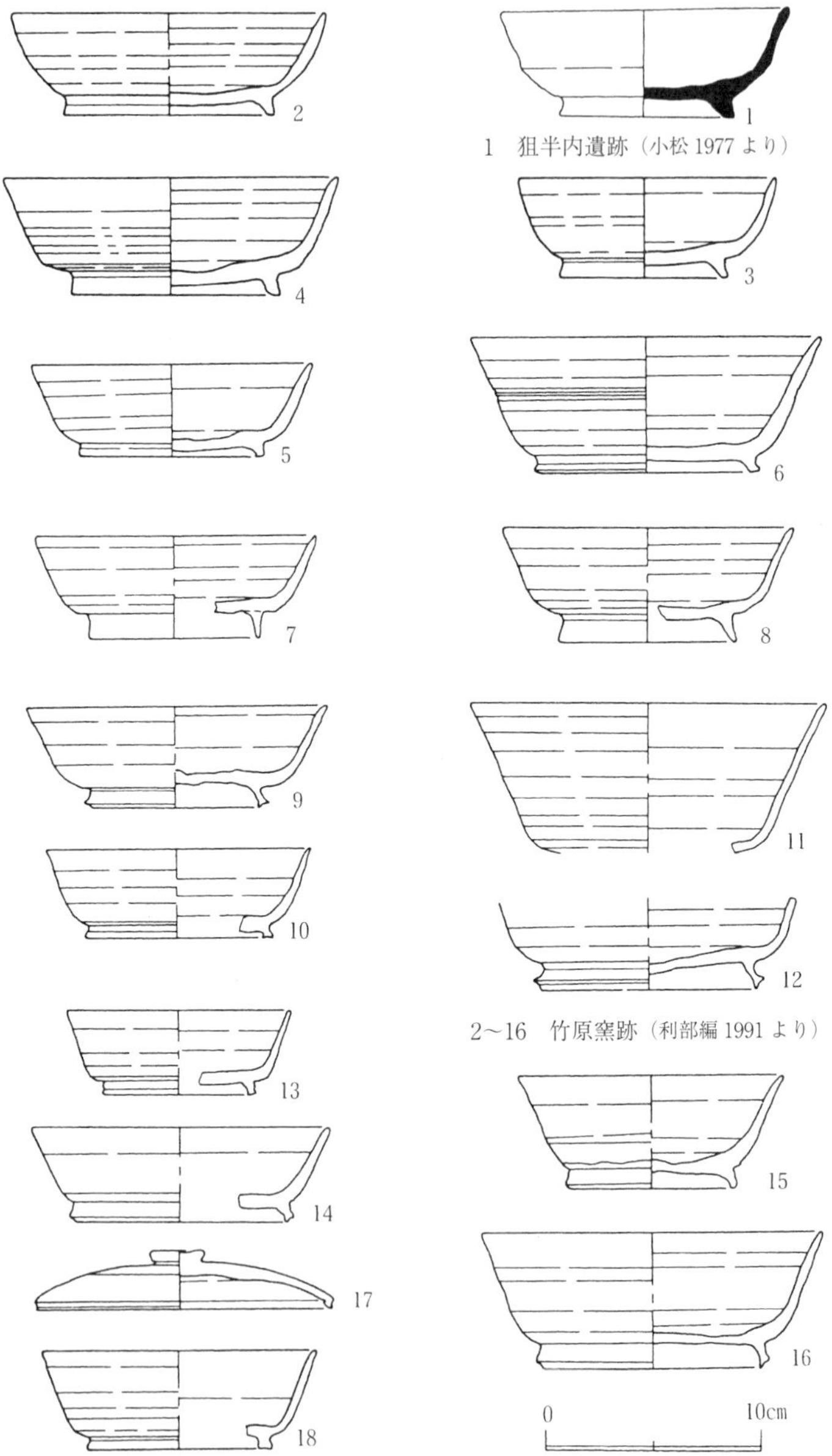
1　狙半内遺跡（小松 1977 より）
2～16　竹原窯跡（利部編 1991 より）
1
2
3
4
5
6
7
8
9
10
11
12
13
14
15
16
17
18
0
10cm

図６　窯跡出土須恵器（1）

②平安時代、中山丘陵窯跡群杯B・椀Bの変遷

中山丘陵窯跡群において九世紀を代表するのに富ケ沢窯跡支群がある。特に富ケ沢A～C窯跡からは多くの須恵器が出土し、それらの各地点からは長頸瓶と共に椀Bが見つかっている。報告では富ケ沢A窯跡（SJ一〇）灰原の一〇点、富ケ沢B窯跡（SJ一〇一・一〇二が併存）SJ一〇一の一点、混在する灰原の五九点、富ケ沢C窯跡（SJ〇二）灰原の一点が図化されている。富ケ沢C窯跡の一点は回転糸切り、それ以外はヘラ切りである。なお、報告では「A窯跡・B窯跡は九世紀前～中葉、C窯跡は九世紀後葉」としている。筆者はこれら窯跡の中心的な時期を九世紀中葉と考えている。

富ケ沢B窯跡では椀Bが六〇点（小振りのもの九点を含む）も図化され、竹原窯跡の奈良時代資料と対比する上で好資料である。特に注目されるのが、奈良時代に主体的に生産された杯Bが存在しない点である。この点を踏まえつつ、図化された六〇点の資料を法量で観察する。先に示したように、椀を器高が口径の半分を下回る場合を椀Ba、上回る場合を椀Bb、同じ若しくは近い数値を示すものを椀Babとする。これらの比率（四捨五入で切り上げ）は、椀Baが一七%、椀Bbが二七%、椀Babが五七%である。奈良時代竹原窯跡B地区で主体的な椀Baが減少し、客体もしくは存在が確認できなかった椀Bab・椀Bbが主体を占めている。

図7の28～31は富ケ沢A窯跡（SJ〇一）の灰原から出土した一括資料である。椀Ba三点、椀Bb四点、椀Bab三点が出土した中の四点を図示している。この他、杯・蓋・双耳杯・長頸瓶・横瓶・直口壺・甕等が出土し、富ケ沢A～C窯跡の標準的な様相を示す一括資料である。三つの窯跡では、ヘラ切りと回転糸切りの杯がA・C窯跡では共伴し、B窯跡の灰原では混在する状況を示している。回転糸切りの杯は、体部が外に大きく傾くタイプと、それよりも深くて傾きの少ない内湾気味のタイプ（富ケ沢B窯跡灰原）に大別できるが、どちらも回転糸切りの大きさは口径の半分以下で直径が四・九～六・一センチに収まる。

これらと対比したいのが、図7-19～21の竹原窯跡出土資料（SJ二〇）である。杯・杯B・椀Bが、蓋・三段

構成の長頸瓶・横瓶・短頸壺・甕等と共に出土した。このうち、19〜21が回転糸切り、22が回転ヘラ切りである。21は口径が一四センチと大振りで体部の傾きが少なく内湾気味である。回転糸切りは口径の半分より大きく、直径は八センチである。竹原窯跡ＳＪ二〇➡富ケ沢Ａ窯跡ＳＪ〇一の変遷は明らかである。ＳＪ二〇の年代は、秋田城跡ＳＧ一〇三一の一六層出土杯Ｂの比較等から八世紀末〜九世紀第1四半期の年代が一応考えられる。

竹原窯跡ＳＪ二〇と富ケ沢Ａ窯跡ＳＪ〇一の中間に位置付けたいのが、古城廻窯跡三号窯の窯体と灰原出土資料である。図7の杯Ｂ(23)・椀Ｂａｂ(24・25)が、杯・杯Ｂ・椀Ｂａ・双耳杯(耳)・蓋・横瓶・甕・軒丸瓦・平瓦等と共に出土した。23・25が回転糸切り24が回転ヘラ切りで、杯は回転糸切りと回転ヘラ切りが共存する。椀Ｂは、全体が分かる五点のうち四点が椀Ｂａｂ若しくはこれに近いと判断される。注目したいのが杯Ｂ(23)で、竹原窯跡杯Ｂ(19)と大きさ・形態が類似し、然も共に回転糸切り底である。23は焼台の可能性が指摘されており、三号窯の製品より古く見做すことができる。また回転糸切りの杯の比較では、一部深めで傾きの少ない杯を含むが、底部の直径が七センチ前後代で外の傾きが大きい。これより竹原窯跡ＳＪ二〇➡古城廻窯跡三号窯の変遷が考えられる。同じく、回転糸切りの杯の比較から古城窯跡三号窯を、富ケ沢Ａ窯跡ＳＪ〇一よりも古く位置付けておきたい。これより、古城廻窯跡三号窯には杯Ｂが存在しないことが想定され、富ケ沢Ａ・Ｂ・Ｃ窯跡の椀Ｂとそこに存在しない杯Ｂの在り方から、杯Ｂが消滅しつつある時期で、椀Ｂｂの安定した生産の直前の様相を表しているものと判断される。

古城廻窯跡三号窯と同じ時期と考えられるものに、竹原窯跡ＳＴ一三出土土器群がある。幅が一・四五メートルの溝の窪地に、長さ一・五メートルに亘って浅く堆積したもので、椀Ｂａ(26)・椀Ｂａｂ(27)と、27より小振りの椀Ｂａｂ二点が出土した。また回転糸切り底で、直径一三センチ前後の浅い杯が認められる。口縁部端が三角状の長頸瓶口頸部、回転糸切り底の小甕等も伴う。杯Ｂと椀Ｂｂが焼成されなかった確証はないが、椀Ｂａｂが目立つ類例として取り上げておく。

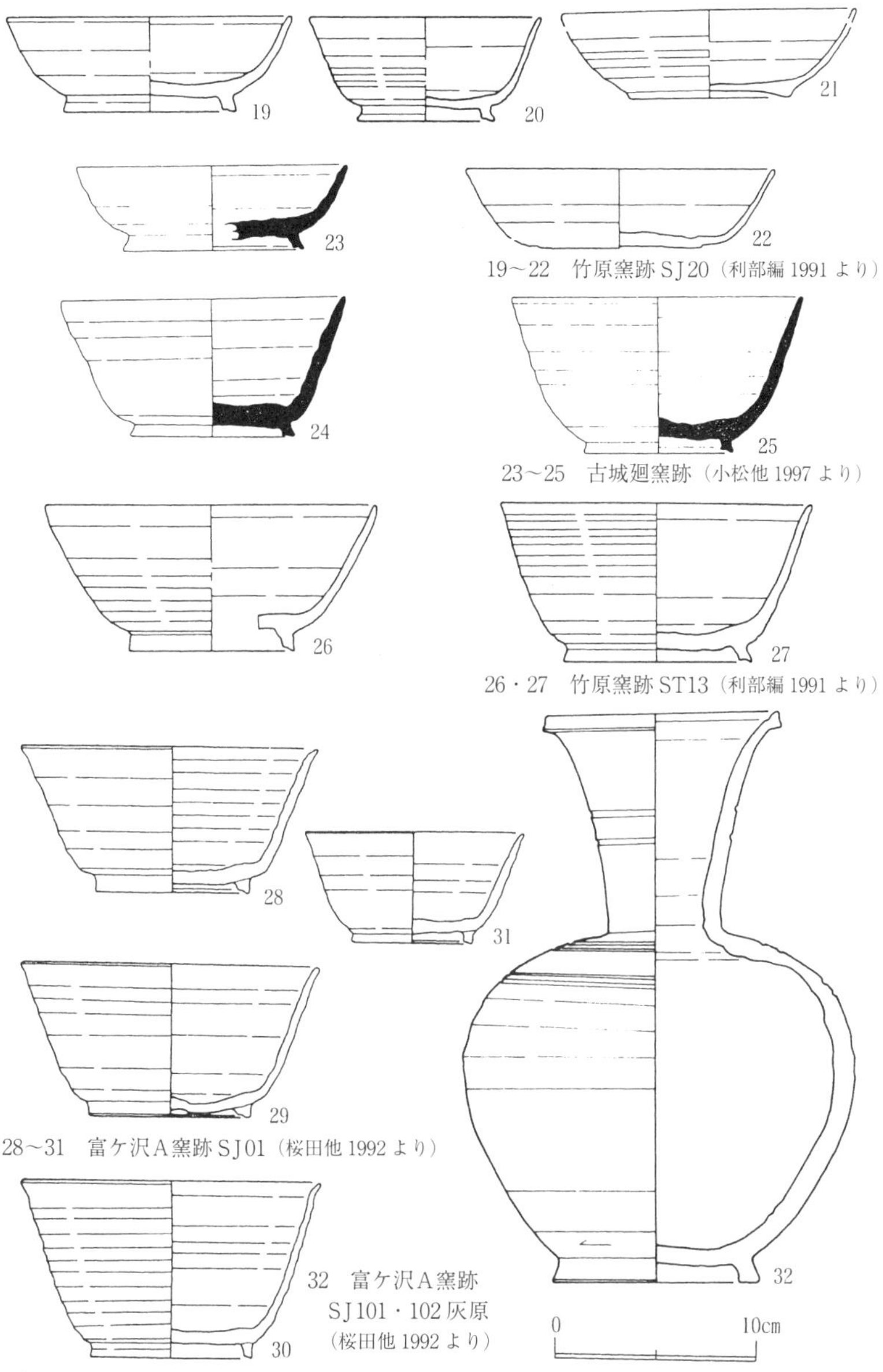

19〜22　竹原窯跡 SJ20（利部編 1991 より）

23〜25　古城廻窯跡（小松他 1997 より）

26・27　竹原窯跡 ST13（利部編 1991 より）

28〜31　富ケ沢A窯跡 SJ01（桜田他 1992 より）

32　富ケ沢A窯跡 SJ101・102 灰原（桜田他 1992 より）

図７　窯跡出土須恵器（2）

以上より、中山丘陵窯跡群においては、竹原窯跡ＳＪ二〇→竹原窯跡ＳＴ一三（古城廻窯跡三号窯段階）→富ケ沢Ａ窯跡ＳＪ〇一の変遷が考えられる。

③由利地域須恵器窯跡の位置付け

①・②では、中山丘陵窯跡群の竹原窯跡支群と富ケ沢窯跡支群を中心に、奈良・平安時代の杯Ｂ・椀Ｂについて述べてきた。これと対比して、葛法窯跡一・二号窯、弥勒山遺跡窯跡について、杯Ｂ・椀Ｂをもとに検討を加えたい。

このうち最も古く位置付けたいのが葛法窯跡二号窯資料である。図8－33の杯Ｂと34・35の椀Ｂａがあり、杯Ｂと椀Ｂが共存している。33と34の高台は角張った作りで、高さ・幅とも四ミリの小さい値を示す。33の高台は外に踏み出し、接地部は木口状断面で平坦である。34の高台も外に向くが、木口状断面の中央が窪んで外角が高く、接地部は内角で少ない。接地部が木口状の断面で接地部が内角になる特徴（内角接地型）は、竹原窯跡の八世紀末頃の特徴と類似する。接地部の多くが外角（外角接地型）になる富ケ沢Ａ・Ｂ窯跡資料とは対称性を成す。この33は口径が一〇センチ程と小さく杯部も浅い点から、杯Ｂとしては退化する様相を示すものと考えられる。この点と、杯Ｂの腰が丸く口縁部へ立ち上がる特徴は、竹原窯跡ＳＪ二〇杯Ｂの特徴を備えており、年代的にはＳＪ二〇段階を想定したい。

また葛法窯跡の収蔵資料を長谷川潤一と共に検討したところ、二号窯とみられる未掲載資料の中に椀Ｂｂの存在が明らかになった。推定口径一五センチ、器高九・八センチで、赤橙色を呈する。高台は幅が四ミリと狭く、木口状の接地部は若干であるが外の角が高く34と類似する。椀Ｂｂの安定した出現を富ケ沢Ａ窯跡段階に想定しているが、窯跡資料の早い段階として注目される。

次の段階に位置付けたいのが弥勒山遺跡窯跡出土資料（図8－36〜42）である。ここでは、椀Ｂａ二点、椀Ｂａｂ二点が出土し、杯Ｂは見られない。高台の外角接地型の傾向もある。これらの特徴から、ＳＴ一三（古城廻窯跡三号窯段階）か富ケ沢A窯跡段階が一応想定される。

注目したいのが、器高約二六センチ、口径一〇・六センチ、胴部最大径一九・五センチの長頸瓶である（42）。胴部は、横に長い楕円形で扁平な印象があり、口唇部は内屈して先端が直立気味に短く立つ。肩部に二箇所の平行沈線がある。これと比較したいのが、富ケ沢A～C窯跡から出土した資料である。出羽北半では珍しく多くの長頸瓶が出土した窯跡として特筆される。報告では、SJ〇一資料九個体、SJ一〇一・一〇二資料二四個体、SJ二〇一資料六個体を図化してある（小型製品を除く）。新旧で大別すると、胴部が横長の円形に近い楕円か肩が張り逆台形を呈し、口縁端が内屈しで先端が短く立ち上がるタイプ（A類）。もう一つは、を示し口縁端が内屈して先端が長く外傾するタイプ（B類）がある。A・B以外のタイプもある。B類には稚拙な作りのものが見られるのに対して、A類は丁寧な作りである。更にA類には、肩に二本一組の平行沈線のあるもの二個体（a類）、この特徴に加え頸部中央に二本の平行沈線のあるもの二個体（b類、32）、b類に近いが肩部下方の沈線が離れているもの一個体（b′）がある。A→Bへ、厳密から稚拙への変化が読み取れる。弥勒山遺跡窯跡の長頸瓶は、A類の形態と装飾が類似するものの、胴部と口頸部の接合箇所を観察すると三段構成であり、富ケ沢A～Cに継続して認められる二段構成の製作技法と異なる。一般的に三段構成から二段構成へ推移する技法上の特徴が知られており（尾野二〇〇一）、形態・装飾の継続性から見ても、弥勒山遺跡窯跡→富ケ沢A窯跡（富ケ沢B・C窯跡）への変遷が考えられる。

これより、弥勒山遺跡窯跡資料は竹原窯跡ST一三・古城廻窯跡三号窯資料とほぼ併行する九世紀前葉と考えられ、共に椀Babを共有している。弥勒山窯跡を介在することで、秋田城跡出土丸瓦を焼成していた古城廻窯跡三号窯と出羽北半九世紀を代表する富ケ沢窯跡群の、それぞれの理解が深まってきた。

葛法窯跡一号窯跡はどうであろうか。ここには43の椀Baと44の椀Bbが存在するが、積極的に論じる資料に乏しい。43は腰が張らず、他の椀Baとの比較では稚拙な作りと考えられる。44は、実見では作図ほど腰が張ら

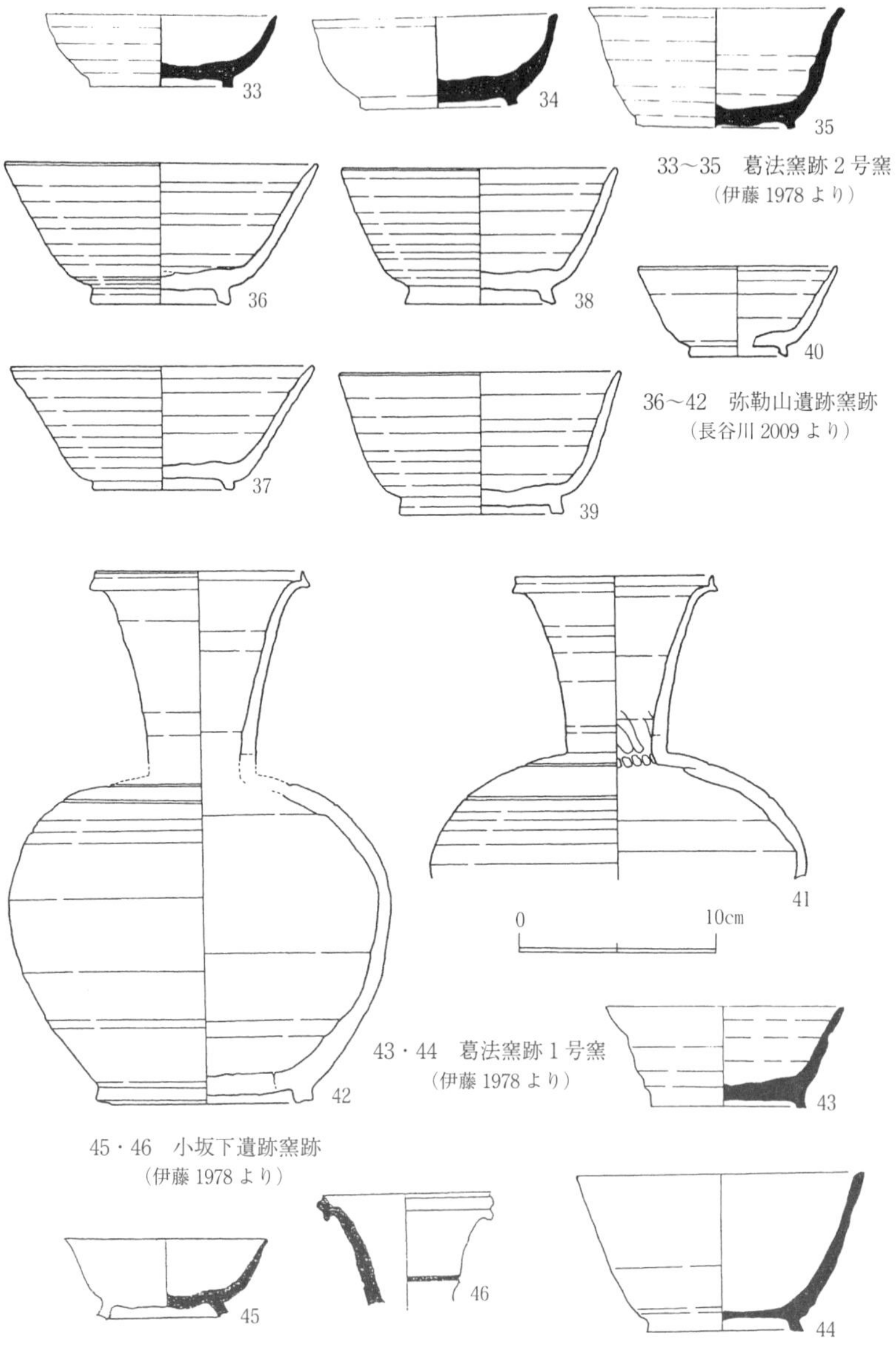
33
34
35
33～35　葛法窯跡 2 号窯
（伊藤 1978 より）
36
38
40
37
39
36～42　弥勒山遺跡窯跡
（長谷川 2009 より）
41
0
10cm
42
43・44　葛法窯跡 1 号窯
（伊藤 1978 より）
43
45・46　小坂下遺跡窯跡
（伊藤 1978 より）
46
45
44

図 8　窯跡出土須恵器（3）

ず丸味を帯び、全体の形状は富ケ沢A・B窯跡出土資料と遜色がない。これより富ケ沢A窯跡段階を一応想定しておきたい。因みに小坂下遺跡窯跡資料は、45の内角接地型の高台や、頸部に沈線のある長頸瓶の特徴を考慮すれば九世紀前半代には収まるものと考えられる。

四　おわりに

以上のように、本文では古代由利地域の須恵器・鉄・炭・塩・稲の生産遺跡について略述し、特に窯跡出土の須恵器については出羽北半の窯跡資料と比較して論じてきた。この生産遺跡で注目されるのが須恵器と鉄の生産である。葛法窯跡では三基以外の未発見の窯跡が想定されるし、湯水沢遺跡の鉄生産が大規模であったことは前述した通りである。これらが葛法地区の丘陵地に所在し一大生産地帯を形成していたことは注目すべき点である。

高度な生産技術を携えた須恵器と鉄の工人集団が、これだけの大規模な生産地帯を形成するには郡司等の律令国家による組織的な介入がなければ為し得ないことである。須恵器は官人層やそれに関連した人々の日常や儀式に関わる容器として、鉄は国家が推進する農業の農耕具、戦場における武器等、諸々の品々の素材や部品として重要視された。これらの生産品や原材料は、郡衙や城柵関連施設等に供給されたと考えられるが、そうであれば史上に記載された由理柵が葛法地区とそれ程遠くない場所に存在した可能性は十分に考えられる。

〔参考文献〕

石田正明他　二〇〇〇『大沼沢窯跡—赤坂総合公園予定地区内造成工事に係る埋蔵文化財発掘調査概報—』横手市埋蔵文化財調査報告一八　横手市教育委員会

磯村　亨他　二〇〇四『堂の下遺跡Ⅱ中世篇（第一分冊）—日本海沿岸東北自動車道建設事業に係る埋蔵文化財発掘調査報告

XX―』秋田県文化財調査報告書第三七七集　秋田県教育委員会

磯村　亨他　二〇〇八『湯水沢遺跡―一般国道七号仁賀保本荘道路建設事業に係る埋蔵文化財調査報告書Ⅱ―』秋田県文化財調査報告書第四三一集　秋田県教育委員会

伊藤武士　一九九八「秋田城跡周辺須恵器窯の動向について」『秋田考古学』第四六号　秋田考古学協会

伊藤種秋　一九五八「由利郡由利村小菅野採集土器」『秋田考古学』第一〇号　秋田考古学協会

伊藤種秋　一九七八『葛法窯跡分布調査報告書』本荘市教育委員会

尾野善裕　二〇〇一「東海地方における須恵器製作技法の転換とその背景―猿投窯を中心に―」『古代の土器研究　律令的土器様式の西・東六』古代の土器研究会

利部　修　一九八七「炭焼遺構の分類」『東京・太陽の丘遺跡』駒沢大学考古学研究室

利部　修　一九九〇「11　炭」『歴史考古学の問題点』近藤出版社

利部　修　一九九二「竹原窯跡の須恵器編年」『秋田県埋蔵文化財センター研究紀要』第七号　秋田県埋蔵文化財センター

利部　修　二〇〇六「出羽北半の須恵器器種」『陶磁器の社会史』桂書房

利部　修編　一九九一『東北横断自動車道秋田線発掘調査報告書XI―竹原窯跡―』秋田県文化財調査報告書第二〇九集　秋田県教育委員会

加藤　竜・山村　剛　二〇〇七『樋ノ口遺跡・苧種坂Ⅲ遺跡―日本海沿岸東北自動車道建設事業に係る埋蔵文化財発掘調査報告書XXV―』秋田県文化財調査報告書第四二四集　秋田県教育委員会

菊池　晋・磯村　亨　二〇〇三『横山遺跡―内越地区担い手育成基盤整備事業に係る埋蔵文化財発掘調査報告書―』秋田県文化財調査報告書第三六三集　秋田県教育委員会

木本元治　一九九〇「南東北地方における歴史時代の須恵器編年Ⅰ」『考古学古代史論攷』伊藤信雄先生追悼論文集刊行会

小泉範明　二〇一〇「第二節　土地利用の変遷」『史跡日高遺跡』高崎市教育委員会

小松正夫　一九七七「秋田県の土師器について」『考古風土記』第二号　鈴木克彦編

小松正夫　一九八九「八、九世紀における出羽北半須恵器の特質」『考古学研究』第三六巻第一号　考古学研究会

小松正夫他　一九九七『古城廻窯跡発掘調査報告』秋田市史編さん室

斎藤俊明他　一九九四『猿田遺跡―遺構確認調査報告書―』西目町教育委員会

桜田　隆他　一九九二『秋田ふるさと村（仮称）建設事業に係る埋蔵文化財発掘調査報告書―第一分冊―』秋田県文化財調査

報告書第二二〇集　秋田県教育委員会

桜田　隆他　一九九二『秋田ふるさと村（仮称）建設事業に係る埋蔵文化財発掘調査報告書第二二〇集　秋田県教育委員会

桜田　隆・鈴木初男　一九八七『西海老沢遺跡発掘調査報告書―昭和六一年度若見町海老沢地区団体営農道整備事業に係る埋蔵文化財調査―』　若美町教育委員会

庄内昭男　一九八七『立沢遺跡発掘調査報告』　仁賀保町教育委員会

柴田陽一郎　一九八五『カウヤ遺跡発掘調査報告書』秋田県文化財調査報告書第一一三集　秋田県教育委員会

柴田陽一郎　一九八六『カウヤ遺跡第二次発掘調査報告書―一般国道七号小砂川局改良計画路線に伴う埋蔵文化財発掘調査―』秋田県文化財調査報告書第一三五集　秋田県教育委員会

柴田陽一郎　一九九三「秋田県内における土製支脚について」『秋田県埋蔵文化財センター研究紀要』第八号　秋田県埋蔵文化財センター

柴田陽一郎　二〇一〇「東北地方の土器製塩」『石川県埋蔵文化財情報』第二三号　（財）石川県埋蔵文化財センター

島田祐悦　二〇〇五「横手盆地の奈良期における須恵器編年―末舘窯跡の再検討―」『秋田考古学』第四九号　秋田考古学協会

杉渕　馨他　一九七六『郷士館窯跡』　横手市教育委員会

新野直吉　一九八六『古代東北史の基本的研究』　角川書店

長谷川潤一　二〇〇九「由利本荘市弥勒山遺跡窯跡出土の須恵器」『秋田考古学』第五三号　秋田考古学協会

長谷川潤一・戸賀瀬祐　二〇一一「由利本荘市井岡遺跡群採集の古代の土器について」『秋田考古学』第五五号　秋田考古学協会

藤田賢哉他　二〇〇八『堤沢山遺跡―日本海沿岸東北自動車道建設事業に係る埋蔵文化財発掘調査報告XXVII―』秋田県文化財調査報告書第四三〇集　秋田県教育委員会

三浦良隆　二〇〇一『埋蔵文化財詳細分布調査報告書二　由利町東滝沢地区・東由利原高原地区に係る埋蔵文化財詳細分布調査報告書』由利町文化財調査報告書第一八集　由利町教育委員会

八木光則　二〇一〇「蝦夷の鉄生産」『北方世界の考古学』　すいれん舎

山崎文幸他　二〇〇九『半在家遺跡　経営体育成基盤整備事業仙北西地区に係る埋蔵文化財発掘調査報告書』大仙市文化財調査報告書第七集　大仙市教育委員会

第四節　片貝遺跡の平安時代土器

一　はじめに

片貝遺跡は秋田県大館市比内町に所在し、大館工業団地開発事業に伴い平成二七・二八年の二箇年に亘り二四三〇〇平方メートルを発掘調査している。縄文時代前期・中期・晩期の遺物、Tピット四二基等が見つかった平安時代集落との複合遺跡である。片貝遺跡は平坦な台地に立地し、南西五〇〇メートルの眼下には十和田a火山灰（九一五）の泥流堆積土で覆われた片貝家ノ下遺跡が位置している（利部編二〇一八）。

二　平安時代

平安時代の竪穴建物跡は二五棟検出されており、SI〇一AとSI〇一Bだけが重複関係にある。このうち、十和田a火山灰降下以前はSI〇一A・B、SI〇二・〇四・〇五・〇七・一三六・一四三・一四四・一五〇の一〇棟であり、SI〇一A・Bが南東部に位置する以外は調査区北西から南西の西側縁辺部に集約され、南西側から北東側にかけて竪穴建物跡の空白部が広がる。これに対して、火山灰降下後では西側縁辺部や北側にSI一三・一一・五三・四一が疎らに位置し、南にSI一五九がある。前者と比較して後者では、南東側に竪穴建物跡の空白部が移り土地活用の変化が見られる。西側縁辺部に集中するのは、総じて東側に広い土地を確保すること、西側斜面下で水の確保や低地の生業活動の利便性によると考えられる。

掘立柱建物跡は五棟検出され、それぞれの大きさが異なる。柱穴の大きさや建物跡の規模から、比較的大きな部類のSB三一・一〇七・一七が北西縁辺部、小さめな規模のSB一七〇が南西部、SB二二が南東部にある。後者はＳＩ一五〇やＳＩ〇一とほぼ軸線を揃えて近接しており、ＳＢ一七〇やＳＢ二二はこれらの竪穴建物跡に付属した掘立柱建物跡と推定する。対するＳＢ三一・一〇七は、竪穴建物跡数棟分の共同利用による掘立柱建物跡の可能性がある。また前者には、床面積が大きく軸線の揃うＳＢ三一・一〇七とそれが狭く細長いＳＢ一七がある。ＳＢ一七は床面積が狭い割に、ＳＢ三一・一〇七と比較して相対に柱穴が大きいことから、櫓状の機能が想定される。

ＳＢ一七は北西斜面全域のほぼ中央にあり台地突出部に当たる。その南西は緩斜面で、低地への出入り口として適している。近傍には竪穴建物跡や柱列が認められ、遺構の集中区域になっている。ＳＢ一七のＰ４南西側にはほぼ等間隔の二つの柱穴、更にＰ６の北東側に一つの柱穴とＳＡ一六の柱列、更にＳＡ一六のＰ３から少し離れて間隔を置きながら三つの柱穴が存在する。これらは、ＳＢ一七と繋いで地形に沿った柱列の様にも見える。南の未調査区を隔てて斜面で検出したＳＤ一四六も考慮すれば、一連の関連性のある遺構として存在していた可能性がある。また竪穴建物跡に掘立柱建物跡が取り付く、所謂竪穴・掘立柱併用建物跡を五棟検出している。ＳＢ一七南側の三棟、南東側ＳＩ〇一Ａ・Ｂの二棟が該当する。ＳＩ〇一Ａからは莫蓙等の編み物に使用されたと考えられる棒状礫が出土している。掘立柱建物跡は、五棟共カマド側に取り付くものの、接続する竪穴と比較してかなり大きいタイプ（ＳＩ〇五）、かなり小さいタイプ（ＳＩ一四五）、その中間タイプ（ＳＩ一四三、ＳＩ〇一Ａ・Ｂ）の相違がある。

次に、ＳＤ四九の方形溝状遺構について触れる。この長軸方向が、ＳＢ三一・一〇七の軸線と一致している。また、いくつかの竪穴建物跡の軸線とも概ね類似し、長方形を呈することで平安時代に含んでいる。大形の竪穴建物跡を凌ぐＳＤ四九と関連するものとして、小松正夫が能代市杉沢台遺跡や秋田市下堤Ｃ遺跡の「コ」字形方形溝状遺構について述べている。下堤Ｃ遺跡では中央開口部寄りに、両溝から垂直方向で三・八メートル間隔の柱穴二個が並んで見つかり、これら方形溝状遺構を「何かシンボリックな存在を想起させる」とした（小松一九九六)。SI〇六は、「寺」の墨書・朱書土器を多く出土し、北東壁がSD四九北東溝と一直線上にあり近接することから、祭儀の場としての利用も考慮したい。

縄文時代としたSK一六六〜一六八の柱痕跡は、竪穴建物跡が配置された集落のほぼ中心区域に存在する。これらは北に接するSA六八と共に、SD四九の真南に位置している。これらを起点にして真東を望めば、約一キロ先に達子森の山頂を拝することができる。平坦部に独立する達子森は、古くから山岳信仰の山として仰がれており、それを平安時代まで遡っても然程の違和感はない。これら三つの柱穴は、南北を遮断したSA六八も考慮して、平安時代の帰属と考えるべきであろう。この類似遺構は秋田城跡にも存在しており、柱穴の三本柱には、象徴的な遺構を形成する機能があったと推定される。

三　九世紀代土器編年

片貝遺跡の土器編年を考える上で、遺物の共存と特定されている十和田a火山灰(九一五)の関係は大きな目安であり、これを整理した上で土師器杯を中心とした型式学的検討を行う。

近接する片貝家ノ下遺跡では、十和田a火山灰(以下、火山灰と表記)の泥流に飲み込まれた竪穴建物跡で使用されていた須恵器長頸瓶一点と共に三点の土師器杯があり、九〇〇年頃の特徴の一端が明確である(村上二〇一七)。片貝遺跡の杯群は、殆どが火山灰降下前の九世紀代の資料である。火山灰については、竪穴建物跡が立地する平坦部の在り方からしても、火山灰の逆転層を考慮しなくて良い時期に当たっている。なお、図1〜5の掲載遺物は、図2・3・5が本遺跡で付した番号、図1・4が他の遺跡であり①〜⑱までの通し番号とした。

はじめに火山灰降下の前後で竪穴建物跡を区分する。火山灰降下前は、埋土上位に火山灰を認める事例(SI〇一A・B、SI〇二・〇四・〇五・〇七・一三六・一四三・一四四・一五〇)と火山灰が掘削された事例(SI

〇三・〇六・一〇・一四九）がある。火山灰降下後としたのは、貼床や床直上に火山灰が認められた事例等（SI〇九・一一・一三・四一・五三・一〇八・一四五・一四八・一四九・一五一・一五四・一五九）で、一〇世紀と推定する。

以下では、火山灰降下前の竪穴建物跡出土土師器杯（以下、杯と表記）を中心に、それらの纏まりと若干の須恵器を提示しながら、大まかな変遷を検討する。杯等の製作には、製作工程の類似からいくつかの特徴を有する土器が、ある型式として抽出できる。その場合、製作者の癖や粘土・工具等の状態によって同一製作工程でありながら、特徴の一部が逸脱する場合もある。この点も考慮しつつ、有効と思われる分類を恣意的に行い、形が復元でき特徴の見出せる資料をなるべく掲載した。なお掲載した杯や皿には、外底部に回転糸切りの痕跡がある。

これらの杯には底端部が突出する類例がある。外底端部を意図的に作り出しており、内底面の屈曲部が外底端部よりも外側に位置する（図2－102・117・161・162・203・220）。これらのを腰部突出型杯とする。これ以外は底端部の突出部を作らず、殆どは内底面からの立ち上がりが外底部端より内側から連続するか、内面が外底端部で屈曲する例（図2－55・93、図3－147）もある。これらを前者と対比する上で腰部非突出型杯とする。大半が腰部非突出型であり腰部突出型杯は、輪高台が付く有台杯の正面観と同じであり、台部機能を取り入れたものであろう。

本遺跡で纏まった杯の出土したのがSI〇六であり（図3・6）、それ以外はSI一五〇、〇一A・B、〇五、〇四、〇二、一三六、一四四、〇七である（図2）。また参考資料は、片貝家ノ下遺跡出土土器（図1）と払田柵跡・秋田城跡出土土器（図4）である。

図1は年代の指標とする資料である。①は底部がヘラ切りで、胴部下半に手持ちヘラケズリを施す長頸瓶である。②～④は回転糸切り底の深い杯で、湾曲して立ち上がり口縁部が内湾したり直線的だったりする。底径が小さく、口径の半分かそれより短い傾向にある。口縁部の微細な相違はあるにしても、法量や形態が類似するのにSI〇七の159・160、SI〇二の93、SI一三六の185がある。これらは片貝家ノ下遺跡の①～④に近い年代が想定され、九世紀後葉を考えたい。SI〇七には腰部突出型杯が伴出するが、これと類似することからSI一四四

の杯も掲載した。

ＳＩ〇四103・104は、②〜④、159・160と比較して形態は類似するが、大振りで底径が大きい。また腰部突出型杯の102を伴出している。102と比較して、台部の低い161・203は退化型と理解したい。この理解に立てば、102〜104はＳＩ〇七よりも古い段階と見做せる。

次にＳＩ〇一Ａの55・61の長頸瓶、59の水瓶と関連して記述する。59は接合した小破片がＳＩ〇一Ｂから出土し、元はＢの帰属と理解した。Ｂの60短頸壺（推定）と54は伴出し、55・61よりも古い。124は61と同一個体の転用硯である。これよりＳＩ〇一ＡとＳＩ〇五を同一時期と想定すれば、60よりも55・61と117・119・123・124は、出土状況では新しい。55は②〜④と比較して大振りで、底径は口径の半分より小さく、湾曲して立ち上がり、口縁部は弱く外反する。

ここでＳＩ〇六の杯一七点を検討する（図6）。杯群は法量から、149〜152の特に大振りな四点とそれ以外の一三点に大別できる。149〜151は、底径が口縁部の半分より小さく、内湾もしくは直線的に立ち上がり、口縁部が外反する。外底部は突出気味で、内底部中央が盛り上がる。152は、体部下端から底部の欠損部が多く歪みも影響して他と深さは異なるが、胎土・焼成・色調が共通した同類である。一三点の杯は、②〜④と比較して大振りで、底径は口径の半分より小さく、湾曲して立ち上がり、口縁部は外反するが強弱がある（137・139〜145）。ここでは大勢を占める。138もこの仲間と見られるが、底部が窄まり、口縁部が強く外反する特徴がある。また、148は底部が口縁部の半分より大きく、147は底部がほぼ同じで体部が直線的な相違がある。153は、底部が口縁部の半分より小さいが、底部から口縁部まで内湾して立ち上がり、形態としては異質である。146は大きく歪むが、基本的には大勢を占める杯の範疇である。これらの杯は共伴遺物であるが、先の55の形態的な特徴は、多数を占める杯と法量・形態が類似し、特に143・145は近似する。これより、ＳＩ〇六の杯群はＳＩ〇一Ａ・ＳＩ〇五と同一段階と見做したい。なお、ＳＩ〇六の朱墨土器と124の朱墨転用硯やＳＩ〇三の朱墨転用硯とは直接関連した可能性がある。

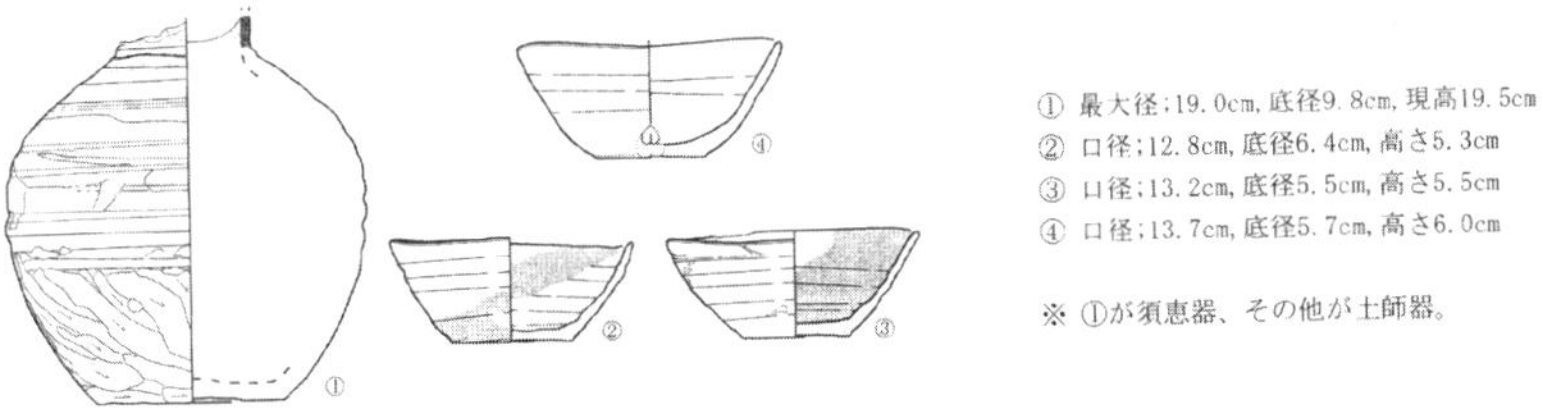

図１　片貝家ノ下遺跡・SIO01 出土土器（利部編 2018 より）

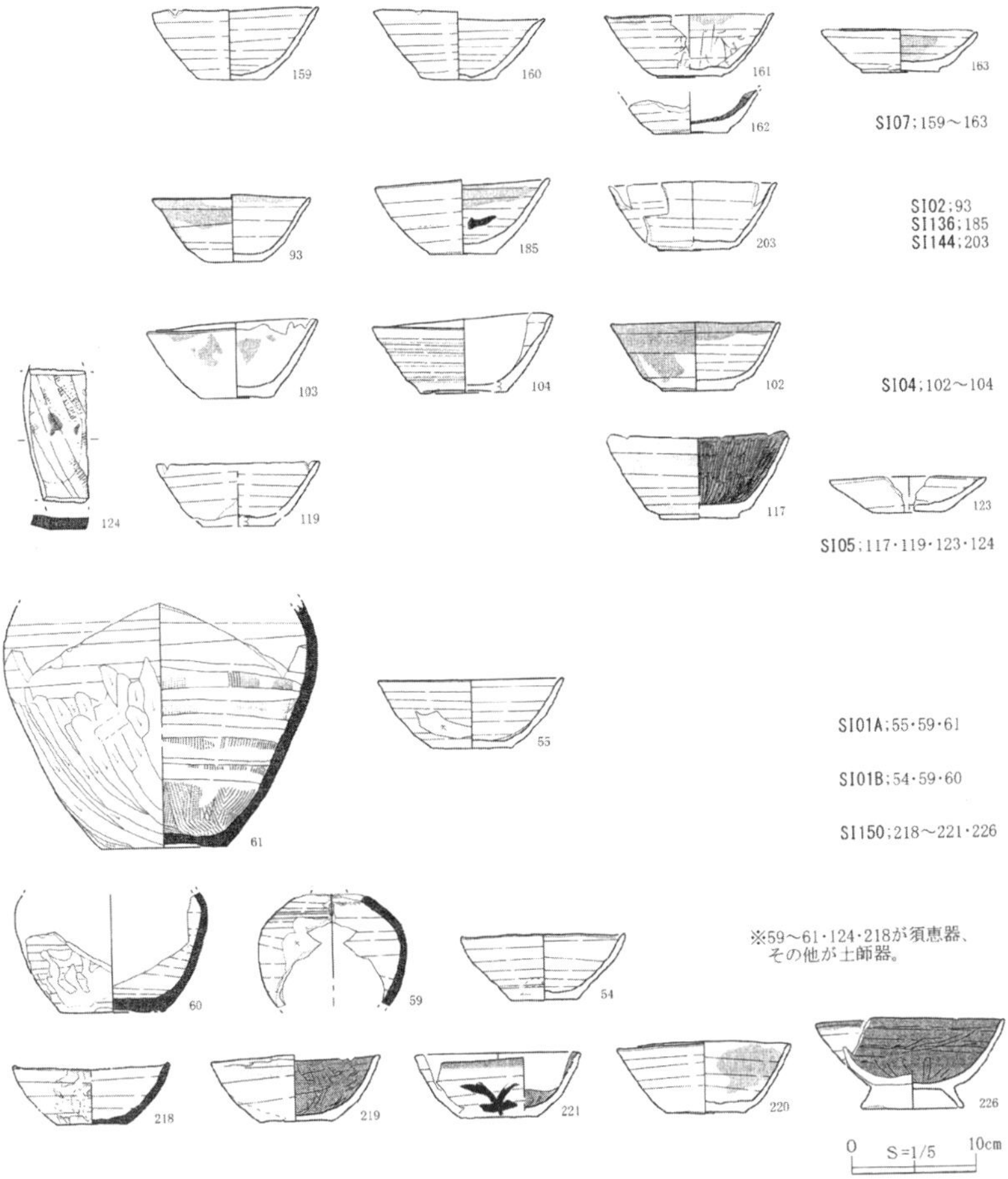

図２　片貝遺跡竪穴建物跡出土土器（1）（利部編 2018 より）

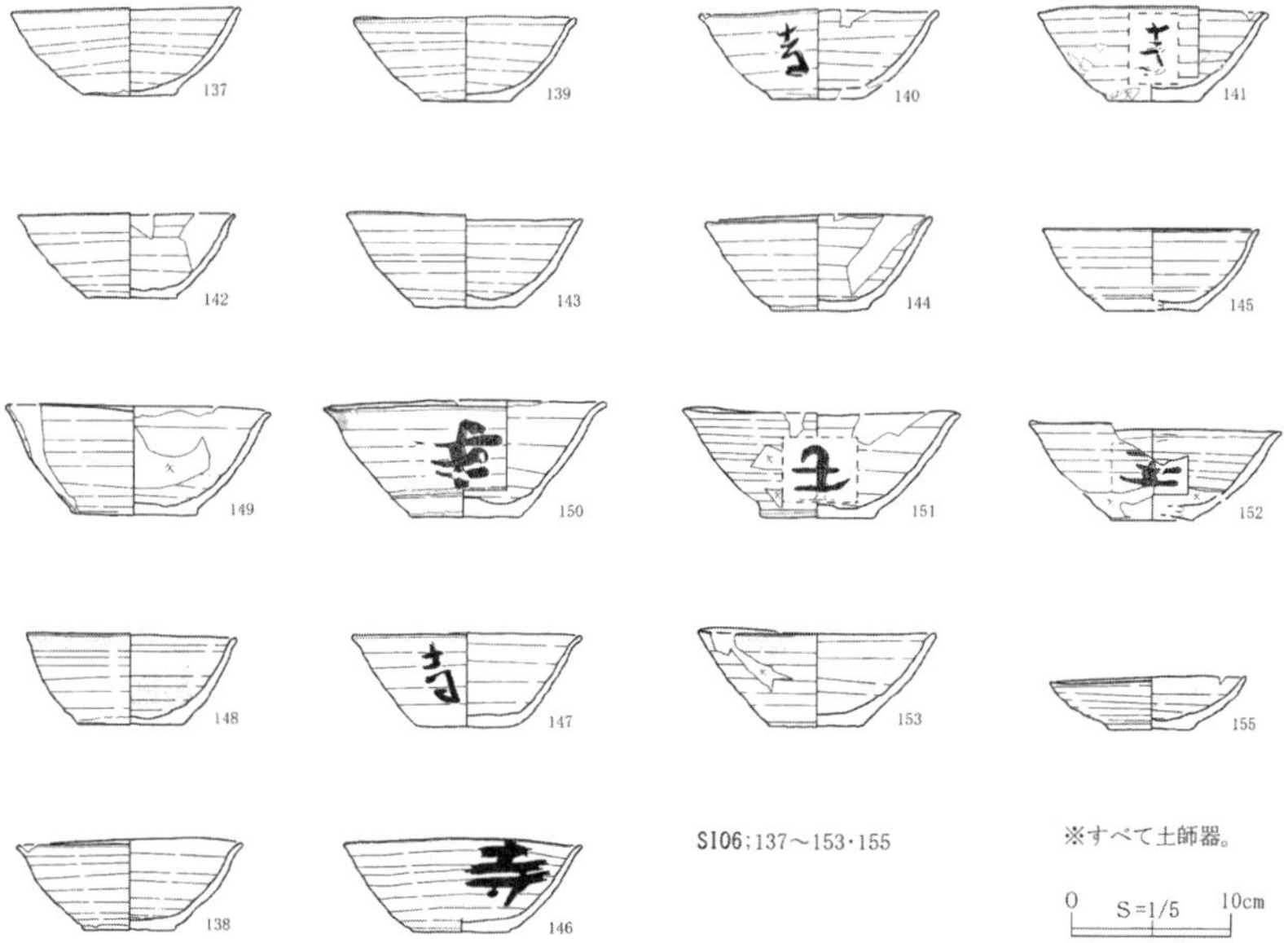

図３　片貝遺跡竪穴建物跡出土土器（2）（利部編 2018 より）

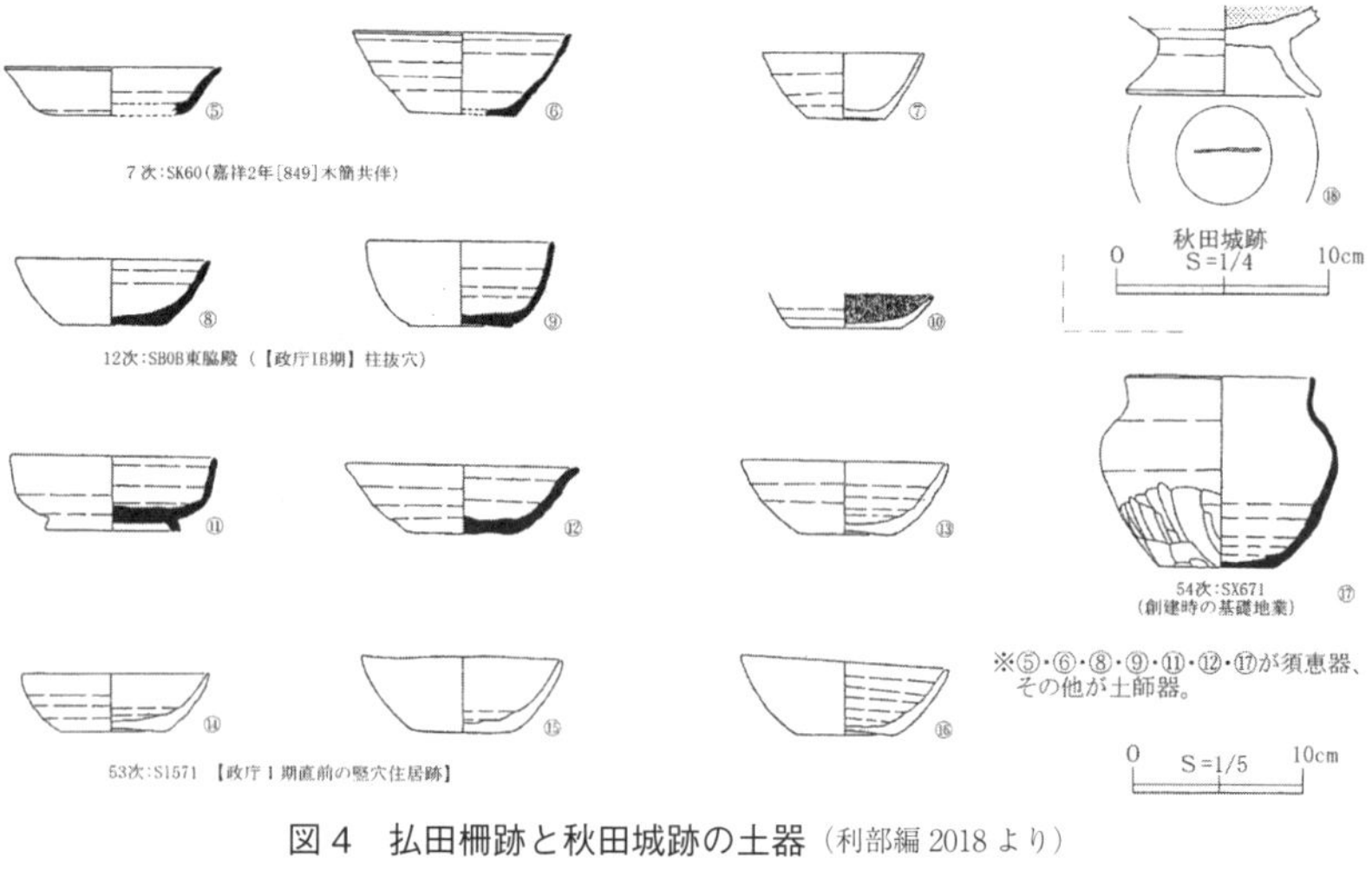

図４　払田柵跡と秋田城跡の土器（利部編 2018 より）

集落内で初期段階の杯と考えられるのがＳＩ一五〇の五点の資料である（図２）。220は腰部突出型杯、226は有台杯である。218・219・221は、法量がほぼ同じで、底径が口縁部径の半分より小さく、底部から口縁部まで内湾して立ち上がる同一の形態である。219とＳＩ〇六の153との比較では、底径が同じものの153の口径と比べて器高が僅かに高く、219が扁平で153が深い。153は、159（図２）や③（図１）に繋がる形態と見られる。

ＳＩ一五〇の218・219・221と形態が類似し、底径が口径の半分と同じか大きい類例に、九世紀前葉の払田柵跡⑬・⑮・⑯の資料（図４）がある（高橋・五十嵐二〇〇五）。これらは口径が約一二センチの土師器で、秋田城跡における赤褐色土器杯Ａの範疇である。ケズリのない杯Ａに対して、体部下端に轆轤再整形のケズリを持つのが赤褐色土器杯Ｂである（小松一九八七）。

秋田城跡の九世紀代赤褐色土器杯には、「秋田城跡出土土器と周辺窯の須恵器編年（試案）」を踏まえた（秋田城跡調査事務所一九九七）、伊藤武士の報告がある（伊藤二〇〇五）。第１四半期は、非ロクロ成形の杯類に代わって出現し、「小振りでやや深い埦状」とする。杯の口径は一一～一二センチが主体のようである。第２四半期では、「Ａタイプが増加し」有台杯が出現するとした。第三期では、「Ａタイプがほとんどを占め、全体的に法量が大きくなり、底径がやや縮小する傾向がみとめられ」、第四期では成形・整形が粗雑化し「全体に底径の縮小化がより顕著になる。」としている。

また神田和彦は、深くて底径が口径の半分より大きいカップ型の杯Ｂが、九世紀第１・２四半期に見られるとした（神田二〇一〇）。これに近い形態が、九世紀中葉の払田柵跡⑥・⑦（図４）で、これらと類似した形態がＳＩ〇一Ｂの54である。⑥の底径を短くしたのがＳＩ〇六の153と見做される。

一方、226は218・219・221を大振りにして「ハ」の字の高い高台を付けた形態である。この類似形は見出し難いが、高い高台の付く類例は秋田城跡ＳＧ四六三より出土しており（⑱）、九世紀第３四半期に位置付けている（小松二〇〇一）。この資料は、黒色土器（内面黒色）で底部と高台部の破片である。底部が小さい点から、底部の広い

226が先行するのは明らかである。

以上、片貝遺跡出土資料の前半代については、払田柵跡や秋田城跡の体部が湾曲して立ち上がり口縁部が外反しない杯を中心に、後半代については、十和田a火山灰が関連する片貝家ノ下遺跡出土土器と比較した。その結果、SI一五〇を筆頭にSI〇一Bを加えた資料を九世紀中葉でも前出、SI〇一・SI〇五・SI〇六にSI〇四を加えた資料を中葉でも後出、SI〇七にSI〇二・SI一三六・SI一四四を加えた資料を九世紀後葉と、大きく三段階の変遷を推定するに至った。SI一五〇の腰部突出型杯(220)は、秋田城跡等の城柵官衙遺跡に見られる有台杯の省略形として作り出されたものと考えられ、九世紀中葉頃から出現したものではないだろうか。

「九世紀前半から中頃にかけて爆発的に増加する」所謂赤褐色土器は(小松二〇〇一)、赤焼土器と呼称されたりしている(1)(八木二〇〇六)。先に記した、底部が回転糸切りで体部が椀形で口縁部が外反しないタイプの杯は、出羽国の秋田城跡・払田柵跡、陸奥国の胆沢城跡・志波城跡や周辺官衙等にも見出すことができ、秋田城跡の九世紀前葉段階では器面が平滑で丁寧な作りが目立つ。九世紀に始まる大規模な城柵の設置、秋田城跡の「全体的な大改修期」(伊藤二〇〇五)に連動して、金属器やそれを模倣した内黒土師器等を真似た日常雑器を超える価値のある杯として、九世紀前葉の東北北部城柵官衙遺跡を中心に新たに普及したものだろう。城柵設置地域のはるか北に位置する片貝遺跡は、元慶の乱関係村域(「秋田城下の賊地」)として秋田城と関連する地域であり(熊田二〇〇七)、紀年銘を伴う資料がない現状では、前述した城柵出土資料との比較・検討が有効と考えられる。

四　墨書・朱書土器の検討

片貝遺跡からは、漢字もしくは記号と見られる刻書土器一点、墨書土器七点、朱書土器五点が出土した。総て土師器杯に記してある。刻書土器は、SI〇五から出土したのみで、縦線と横線の交差した記号である。図5には、墨書土器（ＳＩ〇六の146・140・141・147、ＳＩ一五〇の221、ＳＩ〇二の94、ＳＩ〇三の96）と朱書土器（ＳＩ〇六の150〜152、ＳＩ〇三の95、ＳＩ〇四の109）を掲載した。はじめにＳＩ〇六出土墨書・朱書土器、次に他の竪穴建物跡から出土した資料を検討する。

ＳＩ〇六からは、漢字の「寺」が墨で正位に記した杯四点、「寺」を記号化したと思われる朱で倒位に記した杯三点が出土した。墨書は146・140・141・147、朱書は150〜152である。146の杯は極端な歪みがあり、その体部が伸びて平坦化した場所に大きく「寺」を横長に記す。始まりや止めの状態から、筆ではなくハケ状の工具を用い、楷書体を意識したようである。140・141・147は、筆を用いて草書体で記し、縦長に表現している。これらの墨書は杯の底部側に余白を持つ。140・141・147は概ね形態が類似する他、胎土・焼成・色調が類似する橙色の土器で共通する。

次に朱書きの資料を補足する。150は、「寺」の字を構成する横三本線、上下の縦二本線、更に撥ねと点が一緒になったように膨らむ。上位の縦線は横線よりも太く記す。楷書体の「寺」と照らせば、横三本線の止めが細く、書出し部分が太い相違があるが、全体の在り方は「寺」を分かり易く記号化したと判断できる。

152は朱書きの主に上下部分が欠損し歪でいる。しかし、横に三本線が存在するうち、二本線は左が太く右が細い。上位縦線ははじめの横線より上にあって横線よりも太い等の類似点があり、150のような記号と想定される。151は、底部付近が薄いものの横と縦の痕跡が見られ、横三本線と上位のそれより太い縦線、更に下位で縦線と撥ねが連続したような∪もしくは∨字状を呈しており、全体的な構成要素は150と類似する。従ってこの資料も「寺」の記号と考えられる。これらは大きく正方形内に収まるような記し方で、蓋として見た場合の口縁部側に余白を持つ。150〜152は、形態の他に胎土・焼成・色調が類似する浅黄橙の土器で特徴が共通する。

以上の墨書・朱書土器の七点は、ＳＩ〇六竪穴建物跡の一括資料である（図６）。但し、146は二つあるカマドの古い支脚に転用されており、146を除く他の六点が新しい。六点の杯は、個別のセットは不明であるが身と蓋

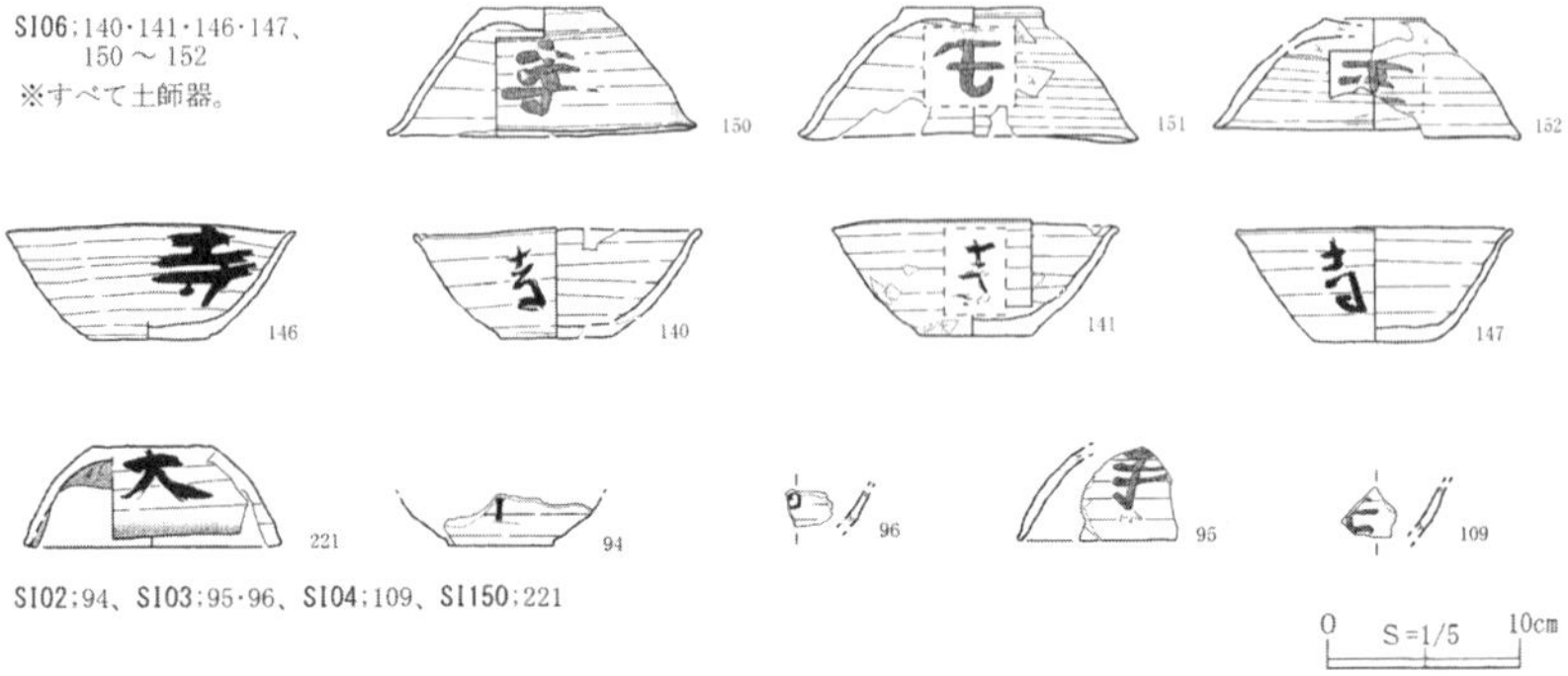

図５　片貝遺跡出土の墨書・朱書土器（利部編 2018 より）

の組み合わせで用いられたことは前述した。これらの身と蓋に分けられた杯は、法量を加えた諸特徴により、一見して類別できる特徴があり、140・141・147をSI〇六Aタイプ、150〜152をSI〇六Bタイプとして把握する（以下Aタイプ、Bタイプと記述）。SI〇六内の137〜139、148もAタイプ、149はBタイプである。なお、153・143・144の杯と155の皿は、内外が浅黄橙色の軟質でBタイプと同時に作られた可能性がある。これらのA・Bタイプ及び胎土・焼成・色調の類似資料を除いた、142・145・154の杯が146の時期に相当する可能性がある。

最後にSI〇六以外の墨書・朱書土器を検討する。朱書の95（図５）は、横線三本とそれらを貫く縦線が見え、下端が左に撥ねる。95の破片は口唇部の長さが五センチの小片であるが、墨書「寺」と記したAタイプの口唇部と湾曲度を比較すると、明らかに大きい。内面がにぶい黄橙色、外面が明黄褐色で、胎土・焼成・色調はBタイプと類似する。従ってBタイプのように記号化した「寺」と判断するのが妥当である。撥ねの下に細く短い三本の線も見え気にしておきたい。

一方の109も横線三本とそれらを繋ぐような縦線が見える。内外面が浅黄橙色で胎土・焼成・色調がBタイプと類似し、やはり記号化した「寺」と判断される。このように、SI〇六に見られるBタイプの朱書土器は、他に少なくとも二個体存在していたと考えられる。

次に96（図５）の墨書を取り上げる。杯正位の状態で、縦線から左横に運ぶ筆先は同じ幅、左上は点の一部のように見え丁寧に記す。漢字「寺」の下位部分と考えられる。この小破片は、内外面が橙色で胎土・焼成・色調が「寺」を記したAタイプである。墨書96と朱書95はSI〇三埋土であるが共存しており、SI〇六A・Bタイプ杯のセット関係が、少なくとも他に一組存在していた可能性が高い。同じ竪穴建物跡の埋土からは、朱の痕跡が認められた転用硯が出土しており、関連していたと思われる。

94の墨書は、縦線の下方が見えているが内容は不明である。221はSI一五〇から出土した内黒の土師器杯で、倒位で漢字「大」を大きく楷書体で記す。丁寧で力強く、強弱を交えた横長の運筆である。杯の下半分に余白がある。竪穴建物跡からは、内黒で法量と形態が同じ杯（219）も出土した。更に、やや大きな内黒の杯を持つ有台杯（226）が出土している。221はこの有台杯の落とし蓋として機能したと考えられる。これら三点は、橙色で胎土・焼成・色調が類似する。

五　「寺」と「大」に関連して

墨書土器の「寺」は全国的にも多数見出され、仏教に関係する資料として認められている。大規模調査によって村落内寺院の存在が明らかになり、「寺」を始めとする墨書土器や仏具がその手掛かりになっている。中でも千葉県では村落内寺院が多く認められ、その成果が明らかにされている（財団千葉県埋文センター一九九七）。その中には、仏教関連遺物と共に「大」や「大寺」を記す墨書土器も見つかっている。

「寺」の一文字が記された墨書土器は仏教に関連するが、他の遺跡では寺自体の意味の他に、地名、職名、厨等様々な用途に由来することが、「寺」を含む複数文字から知られる。本遺跡では、少なくとも一文字の寺を記す杯身が纏まって四点出土しており、それらには蓋の使用も推定できた。しかも安置された状態にはなく、保管された状態である。このことから、寺もしくは寺相当の施設に対して供物を捧げる用途が考えられる。

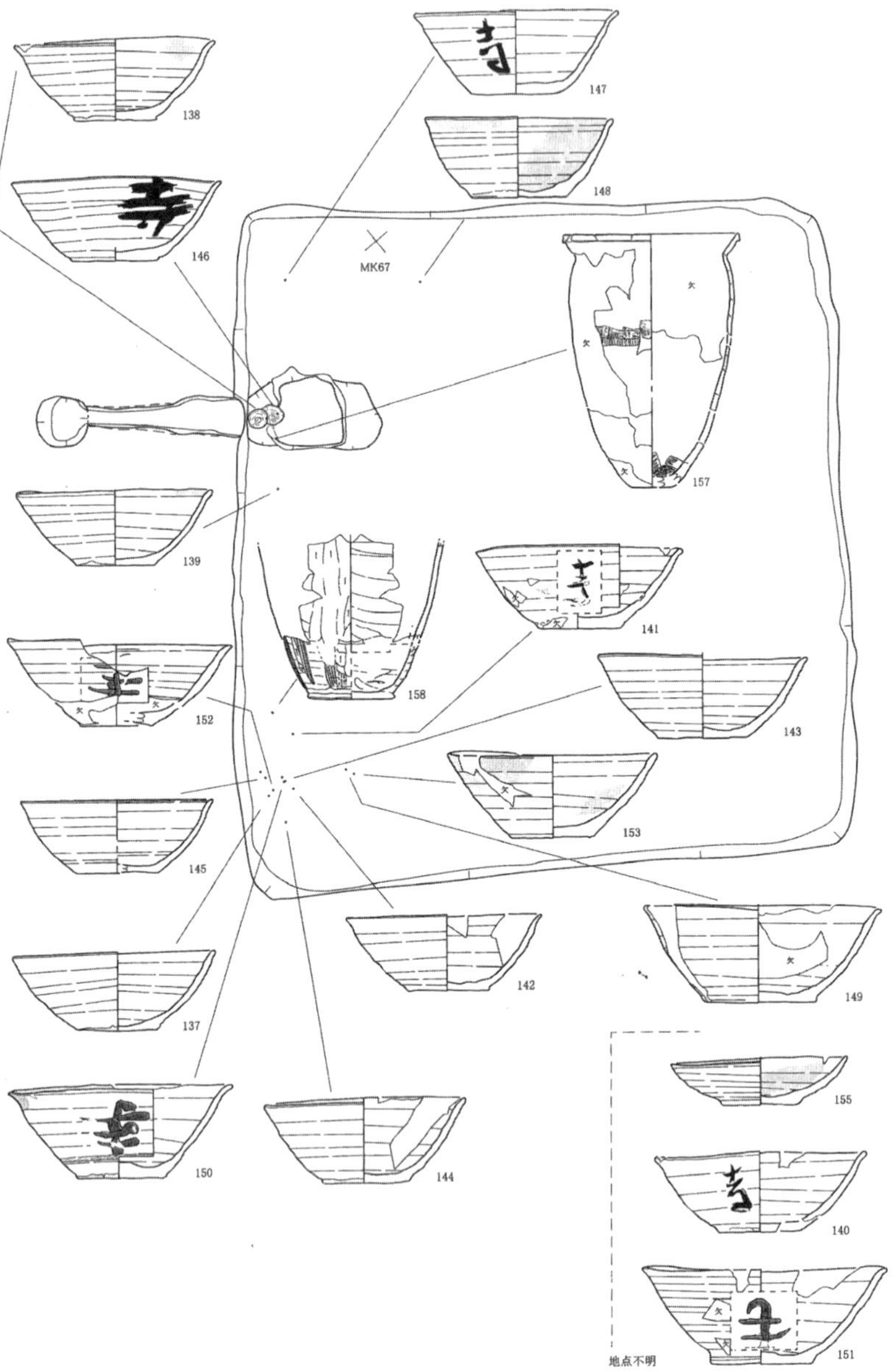

図６　SI06 遺物出土状況（利部編 2018 より）

問題は対象となる施設が存在するか否かである。長方形のSD四九方形溝状遺構をその候補として取り上げたい。現在、村落内寺院は掘立柱建物跡や、それらの結合・複合の配置状態、出土する仏教関連遺物等で認定されている。複合配置を採る場合、大きな建物跡には四方や三方に溝を伴う場合がある。須田勉は、単独の側柱建物跡から双堂建物に発展する形態として、千葉県新林遺跡の例を取り上げている（須田二〇〇六）。正堂（A）から、正堂と礼堂が分離した双堂（B）、正堂と礼堂が結合した双堂（C）の変遷を示し、Bは正堂を囲む四方に途切れた溝跡、Cでは礼堂側が開口し一部途切れるが「コ」の字状の溝が巡る。片貝遺跡の小集落においては、溝を巡らす簡易な寺相当建物が存在しその主体部が削平されたとすれば、溝だけが方形もしくは「コ」の字状に残存した可能性がある。

上記の溝は、村落内寺院関係建物でも大きく中心的施設である。古代寺院の伽藍配置について時枝務は、坂詰秀一が塔や金堂の仏地、僧侶の生活空間の僧地、修理や経営のための俗地と、斉藤忠の見解に対比して述べている（時枝一九九〇）。この金堂は常に回廊の内側か回廊に取り付く重要施設である。村落寺内院の囲い溝が、区画による結界的な意味があり、寺院建築の回廊の役割と通じる性格を推定したい。

「寺」が墨書で橙色の身としてのAタイプ、「寺」が朱書で浅黄橙色の蓋としてのBタイプと前述した。身・赤っぽい杯・墨書が、蓋・白っぽい杯・朱書と対応する。これら二項の対称性は、陰陽思想を反映しており、珍しい朱書の「寺」は記号的でもある。灯明器を含むこれらの器を用いて、呪術的密教系の祈願を実施し、仏の庇護を願ったものと想定される。阪田正一は、溝で囲う庇を持つ村落内寺院の図を示して、須田の見解や笹生衛が提唱する密教系信仰の存在を紹介している（阪田二〇〇三）。

本遺跡は比内の地にあり、八七八（元慶二）年に秋田城と争奪を繰り広げた元慶の乱と無関係ではない。「寺」の墨書・朱書土器が出土したSI〇六はこの乱の前に位置付けた。出羽国は、八三〇（天長七）年の大地震を皮切りに、八四六（承和一三）年の飢謹・八五〇（嘉祥三）年の大地震・八五五（斉衡二）年の飢饉と九世紀中葉は天変地異に見舞われ、八七一（貞観一三）年の鳥海山噴火以降は出羽国の暴挙が顕在化した（田中二〇一七）。片貝遺跡の仏教祈願は、九世紀中葉の天変地異や飢謹・病苦の攘災招福等を目的に実施されたものと考えられる。九世紀第4四半期以降の土器は、杯の数量が少なく総数も稀薄であるのは、元慶の乱による影響が及んだためと推定される。

「大」は吉祥文字とされSI一五〇から出土した。SI一五を集落内で最も古く位置付けており、開村当時の入植に際して、政府側の意向の一つが「大」の墨書土器に反映されたものであろう。元慶の乱で「秋田川（雄物川）以北の「自立」」に荷担した片貝遺跡及び周辺の住民（俘囚側）は、それ以前には政府側に組しており（熊田二〇〇七）、「大」や「寺」等の墨書・朱書行為等、律令側の祭儀を受け入れる体制が具わっていたのである。

〔註〕

（1）筆者が、赤褐色土器等の名称を積極的に用いていないのは次の理由による。平安時代の『延喜式』や『和名抄』に「土師」「土師器」、「埴」（波爾）とあり（玉口一九六二）、それらは平安時代の轆轤を使用した素焼きの器である。それを「古墳時代の素焼土器まで遡ってあてはめた総称」と理解するので（坂本一九九〇）、轆轤を使用した素焼きの器を「土師器」名称の本義と考える。これと関係して用語の問題点等に触れたことがある（利部一九八一・一九九一）。

〔参考文献〕

秋田城跡調査事務所　一九九七「秋田城跡出土土器と周辺窯の須恵器編年（試案）」『蝦夷・律令国家・日本海―シンポジウムⅡ・資料集―』　日本考古学協会一九九七年秋田大会実行委員会
伊藤武士　二〇〇五「秋田城跡発掘調査の成果―九世紀代の構造と機能―」『第三一回古代城柵官衙遺跡検討会資料集』　古代城柵官衙遺跡検討会
利部　修　一九八一「歴史考古学の用語から―土師器と須恵器―」『歴史公論』No.66　雄山閣
利部　修　一九九一「第6章　まとめ」『七窪遺跡発掘調査報告書―公害防除特別土地改良事業亀田地区に係る埋蔵文化財発掘調査―』秋田県文化財調査報告書第二一五集　秋田県教育委員会

利部　修編　二〇一八『片貝遺跡―大館工業団地開発事業に係る埋蔵文化財発掘調査報告書―』秋田県文化財調査報告書第五〇九集　秋田県教育委員会
神田和彦　二〇一〇「ケズリのある赤い坏―古代秋田郡域の赤褐色土器坏B―」『北方世界の考古学』すいれん舎
熊田亮介　二〇〇七「第九章　元慶の乱と蝦夷の社会」『九世紀の蝦夷社会』高志書院
小松正夫　一九八七「三　出土土器について」『秋田城跡』秋田市教育委員会
小松正夫　一九九六「元慶の乱期における出羽国の蝦夷社会」『古代蝦夷の世界と交流』名著出版
小松正夫　二〇〇一「第三節　出土遺物―土師器―」『秋田市史』第七巻　秋田市
坂本美夫　一九九〇「（一）土師器」『歴史考古学の問題』近藤出版社
財団法人千葉県文化財センター　一九九七『千葉県文化財センター研究紀要』一八
須田　勉　二〇〇六「平安時代における国衙祭祀の一形態―千葉県稲荷台遺跡の検討―」『考古学の諸相』Ⅱ　匠出版
田中俊一郎　二〇一七『元慶の乱と蝦夷の復興』郁朋社
高橋　学・五十嵐一治　二〇〇五「払田柵跡発掘調査の成果―九世紀代の構造と機能、その実態―」『第三一回古代城柵官衙遺跡検討会資料集』古代城柵官衙遺跡検討会
玉口時雄　一九六二「土師器」『日本考古学辞典』東京堂出版
時枝　務　二〇〇三「伽藍配置」『仏教考古学事典』雄山閣
阪田正一　二〇〇三「村落内寺院」『仏教考古学事典』雄山閣
八木光則　二〇〇六「北奥羽の赤焼土器」『考古学の諸相』Ⅱ　匠出版
村上義直　二〇一七「十和田平安噴火に伴う火山泥流罹災遺跡の様相―秋田県片貝家ノ下遺跡の概要―」『一般社団法人日本考古学協会二〇一七年度宮崎大会資料集』日本考古学協会二〇一七年度宮崎大会実行委員会

第五節　平安仏教の×形文―真言密教との関連で―

一　はじめに

筆者は先頃、東北北部から北海道に至る古代北方地域に、×形文が伝播する在り方を本州北端の刻書土器に焦点を当てて検討したことがあった（利部二〇一四）。城柵の設置された東北南部から「漢字文化を伴う制度と共に、×形文が呪術的意味を持って北方域に招来された」と解釈したのである。その際、日本列島における縄文時代から平安時代までの類例を取り上げ、特に古墳時代以降の土器に多く見られる×形文の解釈では、工人識別記号説に対し、全否定はしないまでも呪術説が優位とする立場を採った。

また×形文を表現した対象物には、土器・鋳型・金属器・埴輪・壁画等があることを具体的に述べた。そこでは、六世紀以降広範な広がりを見せる仏教文化には視点が及ばず、縄文時代後期頃から日本列島に根付いた×形文が、西から東へ暫時文化伝播を果たしたものと見做した。×形文の仏教文化への浸透状況等を考慮しない、漠然とした結論であった。

本論では、その欠を補うために平安時代の仏教関連資料に特化して論じることにしたい。

二　総持寺所蔵の蔵王権現像

×形文が仏教関連資料に存在するのを知ったのは、平安時代密教の神仏資料に接するようになってからである。×形文を持つ平安時代以降の仏教関連資料は少ないものの、平安時代以前には確認できないことから、最澄や空海により齎された密教に×形文が関連すると、当頭より想定していた。この視点で、まず注目されたのが新井大師総持寺所蔵の蔵王権現像である。金峯山の出土とされ、長保三年（一〇〇一）の三葉形の鋳銅板に線刻したもので、蔵王権現と周囲に描かれた眷属が多くの×形文を保持している（図1）。

蔵王権現は、修験道の祖とされる役行者が大峰山中の修行で感得した像で、修験の本尊とされる。『聖宝僧正伝』より、「金峰山上に蔵王菩薩像を奉安したのはほぼ一〇世紀」とみられ、山岳修行特に「天台の観想と、真言の呪法とが蔵王の顕現を導く大きな誘因」と考えられている（奥村一九七九）。密教徒によって組織・体系化されたのが修験道で、蔵王権現の信仰は、密教における×形文を継承し呪術文として表現したものであろう。修験道は、古来の山岳信仰と密教が結び付き、蔵王権現を本尊、役行者を開祖として祀った。それは「呪術宗教的活動を特色とする宗教で、一二世紀までには成立していた」とされる（時枝二〇〇三）。

さて、総持寺所蔵の蔵王権現を主題にした画像には×形文が多く刻まれ、仏教関係資料の×形文を考察する上で示唆に富む。蔵王権現自体は、忿怒の相で髪を逆立て、左手を腰に置き右手を翳し、足は蹴り上げ、頭部は宝冠、身体は中央に宝輪が位置する瓔珞で飾る。眷属は忿怒の表情で、頭部帯飾りや胸飾りを纏う容姿である。はじめに、画像に表現された×形文の種類を分類し、それが蔵王権現と眷属とでどう関わるかを検討する。

刻まれた×形文の総ては、円の内側に収まる定形を成し、この円内における在り方を基に分類する。円に付随する外側の装飾は、分類要素に含めない。風化で消えたり稚拙な描出もあり、基本形を三つに絞る。一つは宝冠の中央下部にあり、×形で区切られた区画内の中央に向かって尖る表現である（図1-①）。これを角置×形文（a類）と仮称する。二つ目は、頭髪が巻毛で表現された眷属の胸飾りに明確に示され（図1-②）、点置×形文（b類）と仮称する。三つ目が、巻毛の眷属と蔵王権現に挟まれた眷属の帯状飾り中央の表現である（図1-③）。これを無地×形文（c類）と仮称する。

a類は、蔵王権現の胸飾り中央、宝輪を下げた瓔珞の向かって左側や臂釧にも認める。特に先の宝冠中央下端の例は、×で仕切った四区画に重畳した角置文が見られ強調されている。a類は眷属に認められない。b類は不

図1　総持寺所蔵の蔵王権現像（奥村 1979 より）

明瞭な例があるもの、蔵王権現の瓔珞右側、胸飾りの左右にも認める。眷属では、巻毛の胸飾りが明確な例では唯一のようである。c類は蔵王権現の宝冠右側に見られるが目立たない。眷属では頭部帯飾り・胸飾りに共通して認められ、三叉戟等の先端根元にも確認できる。このように蔵王権現自体は、a～c類までの×形文を用いるが、a・b類を主としa類に比重を置いた描写である。眷属ではc類が中心で、巻きの頭髪像に見られるように、眷属の中心的な存在にはb類を用いてある。総持寺所蔵の蔵王権現像によって、×形文a～c類の序列が確認できる。この文様の差異化は、当時、ある程度一般化された階層序列と理解される。なお×形文を円で囲む特徴を加味して、各々、円内角置×形文、円内点置×形文、円内無地×形文と呼称する。

三　東寺の五大明王像

インドで興った密教は中国で整備され、その地で阿闍梨恵果より灌頂を受けた空海が、日本に齎して集大成したのが真言密教である。弘仁一四年（八二三）、朝廷より国家護持としての東寺（教王護国寺）を賜り、翌年造東寺別当に任命された。東寺講堂には、空海が『金剛頂経』に基づく五仏・五菩薩・五大明王・梵天・帝釈天・四天王の二一尊を配置し、密教空間を演出した（長岡二〇一七）。これらの諸仏像が開眼したのは承和六年（八三九）であった。中心の大日如来に向って左に安置された五大明王に、×形文が認められる。

五大明王に×形文を認めるのは、中心の不動明王を除く金剛夜叉明王立像・降三世明王立像・軍荼利明王立像・大威徳明王騎像（関口一九九二）においてである。大威徳明王騎像を除く三者では、左右に掻き分けた頭髪上の宝冠中央（以下、帯状宝冠と仮称したい）に確認できる。但し、中央の円形凸面上に線刻した×形文は、短い蓮花の花弁で細かに縁取られている。図2は金剛夜叉明王立像の帯状宝冠の部分である。蓮花を中央に大きくその左右に小さく配置しており、他と比較すると、この例が最も象徴的に作り出している。子細に観察すると、×

図2　東寺の金剛夜叉明王立像（関口1992より）

形の四区画には膨らみを潰した痕跡が見られる。蓮花の×形文は、これら四尊の頭部以外には認められないようである。何れにしても、蓮花の花弁で細かく縁取って帯状宝冠中央部に配置した四尊に共通の特徴である。これらは東寺創建当初のもので、九世紀前半の真言密教初期段階の×形文であり、先の分類ではb類に当て嵌まる。また、講堂五大菩薩像のうち金剛法菩薩坐像や東寺大師堂本尊の不動明王の臂釧（関口一九九二）にも、九世紀の×形文が認められる。

一方、平安時代後期の例に東寺の五大尊画像（五大明王）がある。この画像は、正月八日から一四日までの七日間に宮中真言院で実施される後七日御修法で懸用され、大治二年（一一二七）に制作されたとされる。その形式は、総て真正面を向いて立つ独尊形で描く「弘法大師御筆様」の系統に属し、円珍請来の五大明王の総てが座り、脇侍等が描かれる「智証大師請来様」とは異なる（有賀二〇〇〇）。

以下に赤外線画像を掲載した『東寺の五大尊十二天』を基に記述する（安嶋一九九七）。

図3-①は降三世明王の一部である。三面八臂二足の図像は、左足で在自在天の頭部を踏み付ける。腰衣の裾からは数本の紐飾りが下がり、その紐の所々に、二重円内の無地×形文が二、三連続して描かれる。踏み降ろす

仕草の右足には、×形文は見られない。在自在天頭部の中央飾りで二重円内にある例も無地×形文と見られる。

図3－②は軍荼利明王の一部である。三目一面八臂二足の図像は、身体に蛇が絡み付き、左足を蹴り上げ、右足は蓮花座を踏む。帯状宝冠の中央部と脇に蓮花で縁取る三重円内に、無地×形文が配置される。また、蛇が絡み付く首飾りでも三重円内の無地×形文が見られ、臂釧にも同じ文様を描く。

図3－③は大威徳明王の一部である。六面六臂六足の図像は、頭部に三面を描き水牛に乗座する。水牛は脚付きの六角壇状に足を畳んで座る。左側顔面の帯状宝冠中央には、蓮花で縁取る二重円内に無地×形文が配置される。また首飾りの中央には、蓮花で縁取る二重円内、両側にはやはり蓮花で縁取る三重円内に無地×形文が見られる。

図3－④は金剛夜叉明王の一部である。三面六臂二足の図像は、左足を蹴り上げ、右足は蓮花で飾った板座を踏む。正面像の帯状宝冠中央に、蓮花で縁取る二重円内の無地×形文を配置する。首飾りの両側にも蓮花で縁取る無地×形文、中央には細かい蓮花で縁取る二重円内に無地×形文が見られる。更には、左側顔面の左下、臂釧から発したと観察できる房端側の二重区画線内に、無地×形文が確認できる。

図3－⑤は不動明王の一部である。一面二臂二足の図像は、やや右向きの容姿で蒜座に結跏趺坐する。両腕の臂釧に、細かい蓮花で縁取った三重の四花文内に無地×形文が位置する。更に、首飾り右側の三重円内にも無地×形文が見られ、詳細に観察すれば臂釧帯の小さな縁取り内にも確認できる。

以上の×形文を概観すると、五大尊の×形文は殆どが円内に位置する円内無地×形文であり、帯状宝冠・胸飾り・臂釧に象徴的に描く。但し、不動明王だけは四弧で表現した蓮花内の無地×形文を用いており、他の明王と差別化している。これを四弧内無地×形文とする。この類例には、東寺講堂に安置した五大菩薩像の金剛法菩薩坐像臂釧（関口一九九二）がある。また、金剛夜叉明王の四角内における無地×形文の表現も注目される。

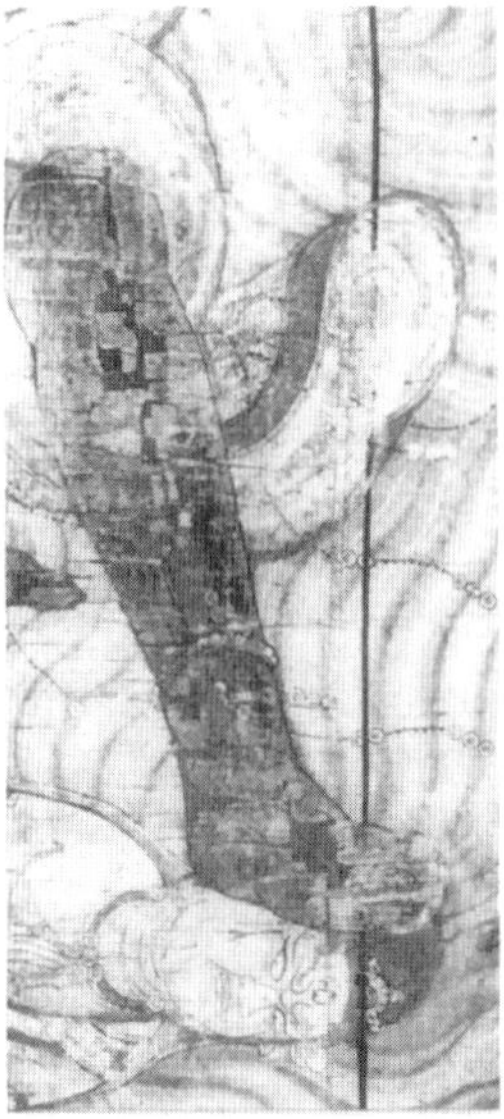

① 降三世明王

② 軍荼利明王

③ 大威徳明王
（東寺宝物館 1997 より）

④ 金剛夜叉明王

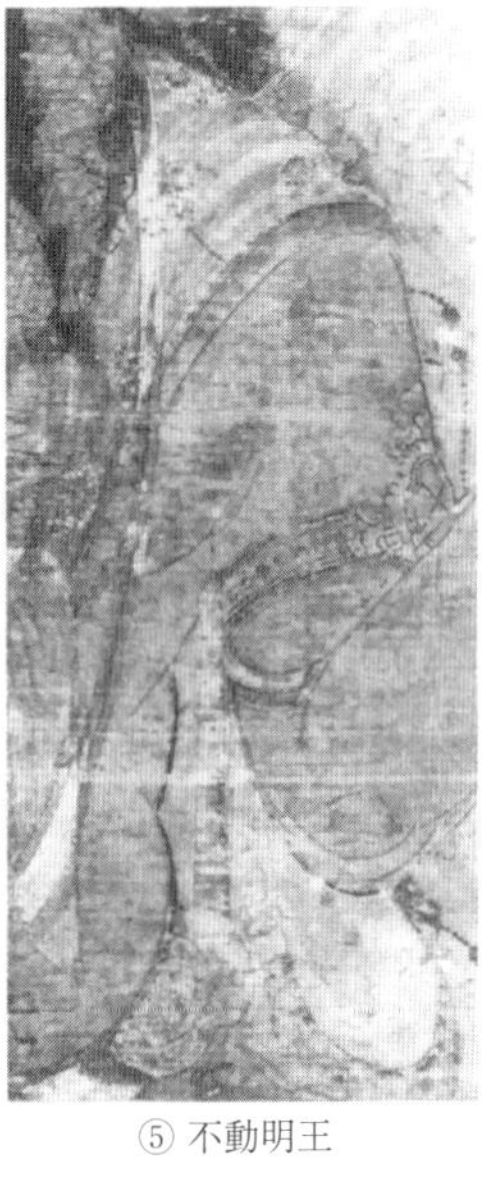

⑤ 不動明王

図３　東寺の五大尊画像（関口 1992 より）

四　東寺と金剛峯寺の曼荼羅

次に東寺所蔵の曼荼羅図を、『東寺の曼荼羅図』で検討する（頼富監修二〇一二）。東寺の西院には両界曼荼羅図（西院本曼荼羅図）、金剛界・胎蔵界の二幅（縦約一八〇センチ、横約一六〇センチ）が伝来されている。この西院本曼荼羅図は、宮中真言院の後七日御修法に用いられた同院両界曼荼羅が安元三年（一一七七）に消失し、その代用として一一七八～一一八一年に用いられたと考えられている。少なくとも一二世紀後葉より前には懸用されていたが、近年その制作を九世紀半ばとする意見もある（頼富監修二〇一二）。以下に金剛界曼荼羅図から×形文を指摘する。

図4－①は金剛界曼荼羅で、同―②は九つの会と如来・菩薩名を示してある。図4－③は一印会大日如来の一部である。瓔珞の左右には、二重円内に角置×形文と同無地×形文を配置する。左腕釧にも同じ二種の×形文が見られる。

図4－④は微細会の一部である。九つの会は、各々、外側から銀・金の四角で二重に縁取られ、内側に金縁の四辺に接したり近接して円形金縁を描く。これらの細い帯区画には、三鈷杵が連続して配置されている。本図は左下の区画を示すが、三鈷杵の握部の中心である鬼目には、円（楕円）内に角置×形文や無地×形文を描く。胎蔵界における角置×形文は認め難い。

図4－⑤は降三世三昧耶会で右下側に浄瓶を描く。この頸部下半には長方形の区画内に無地×形文が描いてある。

上記では金剛界の×形文を示したが、胎蔵界を含む両界曼荼羅の多くの菩薩には、宝冠・瓔珞・釧等に円内無地×形文が認められる。希有な類例として、胎蔵界曼荼羅左下の千手千眼観自在菩薩の宝篋、中央方形内に描いた無地×形文もある。両界を通じて点置×形文は認め難い。

① 金剛界曼荼羅

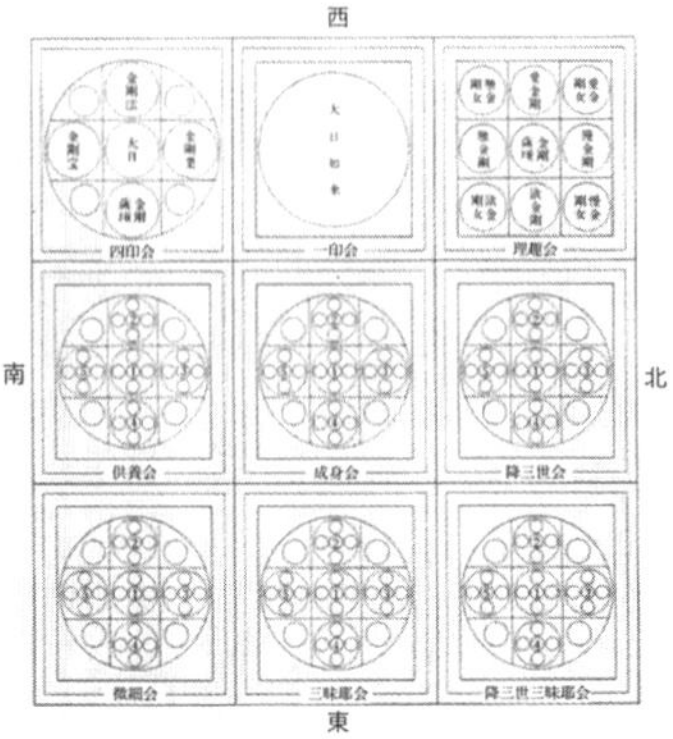

② 金剛界曼荼羅の区画

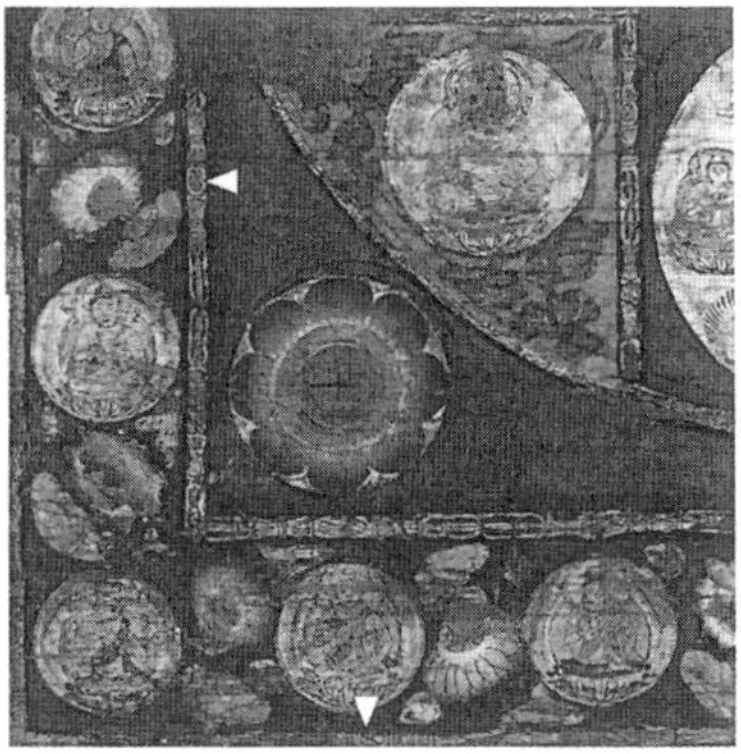

④ 微細会の左下部分

③ 一印会の大日如来

⑤ 降三世三昧耶会の右下部分

図４　東寺の西院本曼荼羅（金剛界）（東寺宝物館 1990 より）

図５　板彫胎蔵曼荼羅（甲面）とその中央下端部拡大（共同通信社 2017 より）

さて、高野山金剛峯寺には唐からの伝来品と考えられている板彫胎蔵曼荼羅がある。甲・乙二面があり、八世紀の年代が与えられている（酒井二〇一七）。図５は甲面の曼荼羅で、中央の中台八葉院の曼荼羅と下部を区切るように、三鈷杵を連続した帯区画がある。先の西院曼荼羅図（金剛界）の縁取った帯区画は、これにヒントを得たものであろう。ここでは三鈷杵鬼目を上下弧状の膨らみで表し、上下の紐に当たる部分は三角の頂点を繋いで彫り出している。擬×形文ともとれる表現である。この帯区画の下に、中央の宝塔、両側に二基ずつの楼閣を彫り込んでいる。

注目されるのが、塔身の上に笠、その上に九輪を載せた単層宝塔である（斎木二〇〇三）。塔身の下には框が巡り、その下が基壇と見られる。塔身と笠の間には長方形の頸部があり、そこには陽刻の×形文を配置する。これを、先の房・水瓶・方経手持物も考慮して四角内無地×形文とする。框には四つに区画された長方形内に、陰刻の角置×形文を配置する。これを四角内角置×形文とする。この資料には、四角内無地×形文と四角内角置×形文の二タイプが存在する。

このように、宝塔の塔身を護るように、上に陽刻の×形文、下に陰刻の角置×形文を彫り込み両者の異相を示している。板彫胎蔵曼荼羅は、縦約一九センチ、横約一五センチの甲・乙二面が存在する。乙面には、中台八葉院の下に甲面と同じように、中央に不動明王を置く五大明王が左右に展開する。甲面八葉院の下でも、中央に置いた宝塔の両脇には楼閣が展開しており、乙面の五大明王と対応している。甲面宝塔内の五つの×形文は、大日の化身とされる不動明王を塔身の上、他の明王を框に配置して如来を守護したものと考えられる。

五　蓮花文の変貌

本文では、東寺の仏教関連資料を中心に×形文が表現されている状況を検討した。その前提として、総持寺所蔵の蔵王権現像より×形文の形状を把握した。そこでは、円内に配置された×形文をａ類（角置×形文）、ｂ類（点置×形文）、ｃ類（無地×形文）と分類し、修験道の本尊宝冠にａ類、巻毛を持つ眷属に本尊も持つｂ類、本尊と眷属に共通して見られるｃ類の在り方より、ａ類→ｂ類→ｃ類の階層序列を想定した。

改めてａ～ｃ類を検討すれば、ａ類とした図１－①は円外に縦に短く刻んだ環状帯（線刻環状帯）、その更に外側を蓮花の花弁が華やかに囲む。ａ類と比較した同―②は、ａ類の花弁を除いた線刻環状帯と角を点に変えた×形文で表現している。ｂ類と比較した同―③は、線刻環状帯と無地の×形文で表現している。ａ～ｃ類の関係では、ａ類の省略形がｂ類、ｂ類の省略形がｃ類である。ｂ・ｃ類は、ａ類を基調にした図文の省略形パターンと思考できる。この三類型の用い方は、絶対的な階層序列を示すものでなく、相対的な序列として時代や対象により随時組み合わせて使用している。他にも、東寺五大尊画像の無地環状内の無地×形文や、中世以降に目立つ単円内の無地×形文等のバリエーションがある。何れにしても、九世紀前半以降、それまでの蓮花文が×形文を伴って漸次変化していく。少なくとも、五大尊画像で観察できた一二世紀前半以降は、蓮花の花弁が省略された形で円内×形文が定着していく。

さて、a～c類は×形文を単円内を基本とした分類であった。前項までの類例から、金剛峯寺所蔵の板彫胎蔵曼荼羅甲面の宝塔に見られる×形文は、四角の区画内にある八世紀の資料である。また、東寺講堂の金剛法菩薩坐像の臂釧に見られる×形文は、四弧の区画内にある九世紀前半の資料であった。これらを、×形文を区画する形で分類すればA類（四角内×形文）、B類（四弧内×形文）、更に×形a～c類の前提としたC類（円内×形文）となる。

空海が構想した密教空間が東寺講堂の諸仏であり、東寺は真言密教の修法道場でもある。東寺当初の×形文は、真言密教に付随しており、講堂金剛法菩薩坐像の臂釧B類、五大明王のC類は、日本で製作された仏教関連資料の初期段階として重視されなければならない。またB類は、五大尊画像の不動明王で観察したように特殊な在り方を示す。C類は、a～c類で示したように平安時代を通じて多用され、以降も一般化する型式である。A類は、板彫胎蔵曼荼羅甲面で観察したが、宝塔を通じて中国から日本に齎され、異国の型式が移入されたと理解できる。×形文のA～C類は、日本で大成された真言密教の仏像や仏画に、新たな仏教の図案として採用されたものと考えられる。

六　おわりに

本論では、×形文を平安時代の仏教関連資料に限定して論じてきた。その結果、平安時代の密教図案として伝来し、九世紀第2四半期より密教の呪術性と一体化して積極的に採用された。東寺講堂の諸尊に見た×形文は、真言密教の空海が主導したものである。その影響は平安時代を通じて見られ、仏教を象徴する蓮花文に溶け込み、円内×形文として変貌する程の影響を齎した。

一二世紀第2四半期の東寺五大尊画像は、国家的修法として用いられ「弘法大師御筆様」の系統とされる。少なくとも平安時代後半まで、真言密教×形文は盛行していたと見做される。制作年代が一二世紀第4四半期より遡り、九世紀半ばとする見解もある東寺西院の金剛界曼荼羅図には、帯区画に三鈷杵を連続して描いてある。密教法具の中でも重視される三鈷杵、その中心の鬼目に×形文が配置される。×形文と真言密教の密接さを象徴している。然も希に角置×形文が配され、その特殊性を強調している。

最後に、密教×形文の高位図案とも許し得る角置×形文について触れておきたい。仏教関係資料のうちでは、板彫胎蔵曼荼羅甲面の無地×形文と角置×形文が日本最古の例であろう。この角置×形文は宝塔に接して四つあり、釈迦を包んだ宝塔を守護する図案として用いられた。宝塔は空海が日本にもたらした新様式の塔であり、真言密教の修行道場としての高野山壇上伽藍の中枢を占める。その創建は苦難を極めるが、一応の完成が昌泰三年（九〇〇）の寛平法皇御登山の時期とされる（佐和一九七六）。その後火災で焼失するが、仁海や定誉の努力で再興された（五来一九七六a）。真言密教が執着した塔が宝塔であった。

一方、日本天台宗の開祖最澄は、比叡山を初めとする日本の六箇所に法華経一〇〇〇部を安置した多宝塔建立を目指し、承平七年（九三七）には六塔目が建立されることになった（飯沼二〇〇四）。このように、真言・天台の密教と宝塔は、密接不離の関係にある。その宝塔に接する先の角置×形文の図案は、×形文の中でも卓越した存在と見做されよう。

角置×形文は、八世紀初頭とされる高松塚古墳石室に描かれた青龍にも見られ、これが日本最古の例である（上林二〇〇三）。角置・点置・無地×形文は、唐代に重視された図案であり四神の頸等に間々認められる。それは中国思想を取り込んだ道教系の図案であり、それが仏教に影響した一班が板彫胎蔵曼荼羅甲面の×形文である。手の込んだ角置×形文は、×形文でも優位に扱われたものであろう。

最初に取り上げた修験の蔵王権現像では、瓔珞等の中心的な飾りが円内角置×形文であった。その宝冠は、右側半分に大きな刻み等を持つ帯状×形文があり、外を無地の細帯で縁取る角置×形文で飾る。蔵王権現が本尊の山下蔵王堂が吉野、山上蔵王堂が大峰山周辺で、そのルートが金峯山信仰の参詣道である。それは、熊野胎蔵界に対する金峯山金剛界であったし（時枝二〇一四）、熊野三所の本地仏（熊野本宮の阿弥陀如来、熊野新宮の薬師如来、熊野那智の一一面千手観音）に対する吉野側の蔵王権現でもあった（時枝二〇〇〇）。青年空海が、虚空蔵求聞持法を得るための修行地が吉野である（五来一九七六b）。総持寺所蔵の蔵王権現は、真言密教の角置×形文の系譜を引くと思考され、蔵王堂を介する金峯山信仰に真言密教僧徒が強く関わり、後に展開する修験道の基礎を築いていったものと考えられる。

本論では、平安時代に焦点を当てそれ以降の×形文については論じなかった。中世の宝篋印塔（松原二〇〇六）や近世の廟墓（池田二〇一六）等の他、中世以降における庶民の物質資料にも×形文は広く認められているのである。後世の資料については改めて論じることにしたい。

〔参考文献〕

安嶋紀昭　一九九七「東寺の五大尊画像について」『東寺の五大尊十二天』東寺宝物館
有賀祥隆　二〇〇〇「第一〇章　密教美術の世界」『日本密教』春秋社
飯沼賢司　二〇〇四『八幡神とはなにか』角川書店
池田奈緒子　二〇一六「信濃における近世墓石の一様相」『考古学論究』第一八号　立正大学考古学会
上林史郎　二〇〇三「第五章　高松塚とキトラ―展示解説―」『壁画古墳の流れ　高松塚とキトラ』大阪府立近つ飛鳥博物館
奥村秀雄　一九七九「修験道の美術」『日本美術全集』第一一巻　学習研究社
利部　修　二〇一四「本州北端の刻書土器―日本列島の×形文図像から―」『駒沢史学』第八二号　駒沢史学会
五来　重　一九七六a「高野聖のおこり」『高野山と真言密教の研究』名著出版
五来　重　一九七六b「高野山の山岳信仰」『高野山と真言密教の研究』名著出版
斎木　勝　二〇〇三「多宝塔」『仏教考古学事典』雄山閣

酒井昌一郎　二〇一七「二九　板彫胎蔵曼荼羅」『空海と高野山の至宝』　共同通信社
佐和隆研　一九七六「金剛峯寺伽藍の草創」『高野山と真言密教の研究』　名著出版
関口正之　一九九二『新編　名宝日本の美術』第七巻　小学館
時枝　務　二〇〇三「修験道」『仏教考古学事典』　雄山閣
時枝　務　二〇一四『霊場の考古学』　高志書院
長岡龍作　二〇一七「空海の思想と草創期高野山の伽藍と仏像」『空海と高野山の至宝』　共同通信社
松原典明　二〇〇六「戦国期の同型式石造物からみた宗教事情―特に北武蔵を中心として―」『考古学の諸相』Ⅱ　匠出版
頼富本宏監修　二〇一二『東寺の曼荼羅』　東寺宝物館

第六節　仏教の「三十三」数字考―三三年の節目に―

一　はじめに

日本における節目の年は、今日の社会生活で様々に設定されているし、個人や企業・団体により意図的に設ける場合もある。人生の節目とされる入学式や退職時の年齢、記念事業であれば一〇年単位若しくはそれに五年を加除した年数等を、一般的には連想する。子供の成長を祝う七五三・成人式、長寿を祝う還暦（六〇）・古稀（七〇）・喜寿（七七）・傘寿（八〇）・米寿（八八）・卒寿（九〇）・白寿（九九）・百寿（一〇〇）は、定型化した節目として承知されている（鳩居堂監修二〇一三）。七〇歳・八〇歳・九〇歳を節目とする考えは、七世紀『続日本紀』の記事にも見られ古から意識されていた[1]。また男性四二歳・女性三三歳の厄払いも、人生の節目として慣例化されている（読売新聞婦人部編一九八五）。

これらの生前を対象とした節目に対して、死後を対象とした節目には、一年目の一周忌、二年目の三回忌、以降七・十三・十七・二十三・二十七・三十三・五十回忌等とする仏教の追善供養がある。十七・二十三・二十七回忌はそれ程一般的ではない。七世紀には認められる追善供養が、特権階層から庶民へと拡大し定型化してきた背景には、近世檀家制度が大きく関わる。キリシタン禁止に伴う寺請制度によって庶民と寺院が結び付き、年忌を含む先祖供養が、国家によって義務付けられたからである。明治四年（一八七一）、宗門人別帳が廃止され檀家制度は解体した（圭室一九七九）。しかし葬式や祖先崇拝の供養は、各家の力量の範囲で実施され、寺院との檀家関係は継続・慣習化されてきたと考えられる。この追善供養の三十三回忌が、死者を供養する仕上げの節目に当たっているのである。

さて筆者は、正職員として秋田県埋蔵文化財センターに二九年間勤務し、先の講師二年と後の再任用二年を含むと二〇一八年三月で三三年間の奉公となる。その間、希望した他所への異動がなく、他の喧噪を体験しないまま、長く同所に勤めることになった。他の職員と比べると異色である。幸いと言うべきか。今、センターを退くに当たって、外部を経験しない残念な気持ちと同所で貫徹できた充実感とが入り交っている。ひたすら発掘・整理・広報・調整に明け暮れてきた。本論では、三三年の節目の数字に因んで、思想や信仰に纏わる「三十三」の考察を進めてみたい。

二　三十三変化と十三仏の回忌

数字の三三を冠する三十三観音の信仰は、観音信仰の中でも今日の庶民生活に定着している信仰の一つである。(2)観音菩薩（観世音菩薩）は東アジアで絶大な信仰を得た菩薩であり、その元となる教典が『観音経』である。『観音経』は鳩摩羅什（三五〇〜四〇九）訳にある『妙法蓮華経』（『法華経』）の「観世音菩薩普門品」が独立したもので、衆生の救済に当たり観音は三十三身に変化（以下に三十三変化と短く表記）する教えである[3]。三十三観音は、観音の変化身であることから、経典の三十三変化に因んだ信仰であることは明白である。本項では、数字三三の一致から、三十三変化との繋がりが暗に了解される十三仏信仰の三十三回忌について考察してみる。

十三仏信仰は、平安時代に中国の仏典である『閻羅王授記経（十王経）』が日本に入り、十王に仏教の仏菩薩が配され、その十仏信仰が十三仏信仰に変化したものとされている。小川貫弌によれば、八世紀後半当初『十王経』では、亡者が道教の閻魔大王を含む十王の検察を受け、遺族が建斎の功徳を積むよう説かれ、それが後に十の建斎となった。その後日本に伝来し、本地仏として閻魔王は地蔵菩薩、他の王も仏菩薩が決められた。日本の十三仏信仰は、室町末期の真言宗僧による『十三仏抄』によるとされ、三つの回忌とそれに対応する王や仏菩薩が追加され今日に至っている（小川一九八四）。

回忌期間を主催する諸王や仏菩薩は以下の通りである。初七（一×七）日忌（秦広王・不動明王）、二七日忌（初江王・釈迦如来）、三七日忌（宋帝王・文殊菩薩）、四七日忌（五官王・普賢菩薩）、五七日忌（閻魔王・地蔵菩薩）、六七日忌（変成王・弥勒菩薩）、七七日忌（太山王・薬師如来）、百日忌（平等王・観音菩薩）、一周忌（都市王・勢至菩薩）、三回忌（五道転輪王・阿弥陀如来）、これに七回忌（蓮上王・阿閦如来）、十三回忌（抜苦王・大日如来）、三十三回忌（慈恩王・虚空蔵菩薩）が加わる。

注目したいのが七回忌の阿閦如来、十三回忌の大日如来、三十三回忌の虚空蔵菩薩である。これらは、大日如来を教主とする密教の真言宗で重要視されている仏菩薩である。真言密教は、『金剛頂経』の教えを説く金剛界曼荼羅と『大日経』の教えを説く胎蔵界曼荼羅の一体（金胎不二）を旨とする。水尾比呂志は「これらの両界は（中略）個別に成立したのだが、中国密教で統合されてわが国へ伝えられた。雄大な構想と細緻な組合せを完備した体系を、かくの如き整然たる造形にまとめ上げた力は恐るべきもの」と述べ、「この両界理念を合一しなければ完全でないように構成されている」（水尾一九六六）と真言密教の究竟性を絶賛している。

大日如来は、金剛界曼荼羅九会の区画で上位中央に大きく一仏として描かれ（図1-①）、最も重要な成身会では中心に座す（図1-③）。胎蔵界においては中心の中台八葉院の中心に他の仏菩薩より大きく描く（図1-②・④）。阿閦如来は、金剛界曼荼羅の中段にある成身会の下段において大日如来と共に描かれ、大日を含んだ五智如来の一つである（図1-③）。次の虚空蔵菩薩が重要である。虚空蔵菩薩は、中台八葉院の西側にあり一二院の一つ虚空蔵院を担いその中心に虚空蔵菩薩（図1-②）、同じく北側を担う院が観音院（蓮花部院）であり、多くの観音が描かれる。更に、虚空蔵院と観音院の中間北西方向に千手観音菩薩、中台八葉院北西に北東弥勒菩薩と対を成すように観自在菩薩が描かれているのである。

このように、虚空蔵菩薩と観音・千手観音菩薩、観自在菩薩が、胎蔵界曼荼羅において密接に関係している。従って、胎蔵界曼荼羅と金剛界曼荼羅が不二の関係であることから、大日如来を介して阿閦如来と観音菩薩との繋がりも納得がいく。空海が創設した真言密教に、観音信仰が深く浸透していることが理解でき、『十三仏抄』が真言宗の僧による創出であることの妥当性がある。

次に三十三回忌に関する考古学的具体例を、阪田正一の「造塔供養と題目板碑」から検討してみる（阪田二〇一〇）。「南無妙法蓮華経」を本尊として彫り込んだ題目板碑は、日蓮宗教団の僧俗による供養塔婆である。阪田正一は、東北から九州に亘る題目板碑のうち回忌供養の銘記された一〇八例（一三二七〜一六八七）を表に纏め、十仏事ないし十三仏事に由来することを明らかにした。

結果、初七日が二例、二十五日が二例、二七日が二例、三十五日が一五例、三七日が二例、四七日が二例、五七日が三例、六七日が三例、七七日が八例（六例が四十九、二例が七七表記）、百箇日が一一例、一周忌が八例、三回忌が九例、七回忌が九例、十三回忌が二〇例、十七回忌が二例、二十五回忌が一例、三十三回忌が二六例、六十五回忌が一例となった。一つの板碑に複数の回忌を記すものもある。

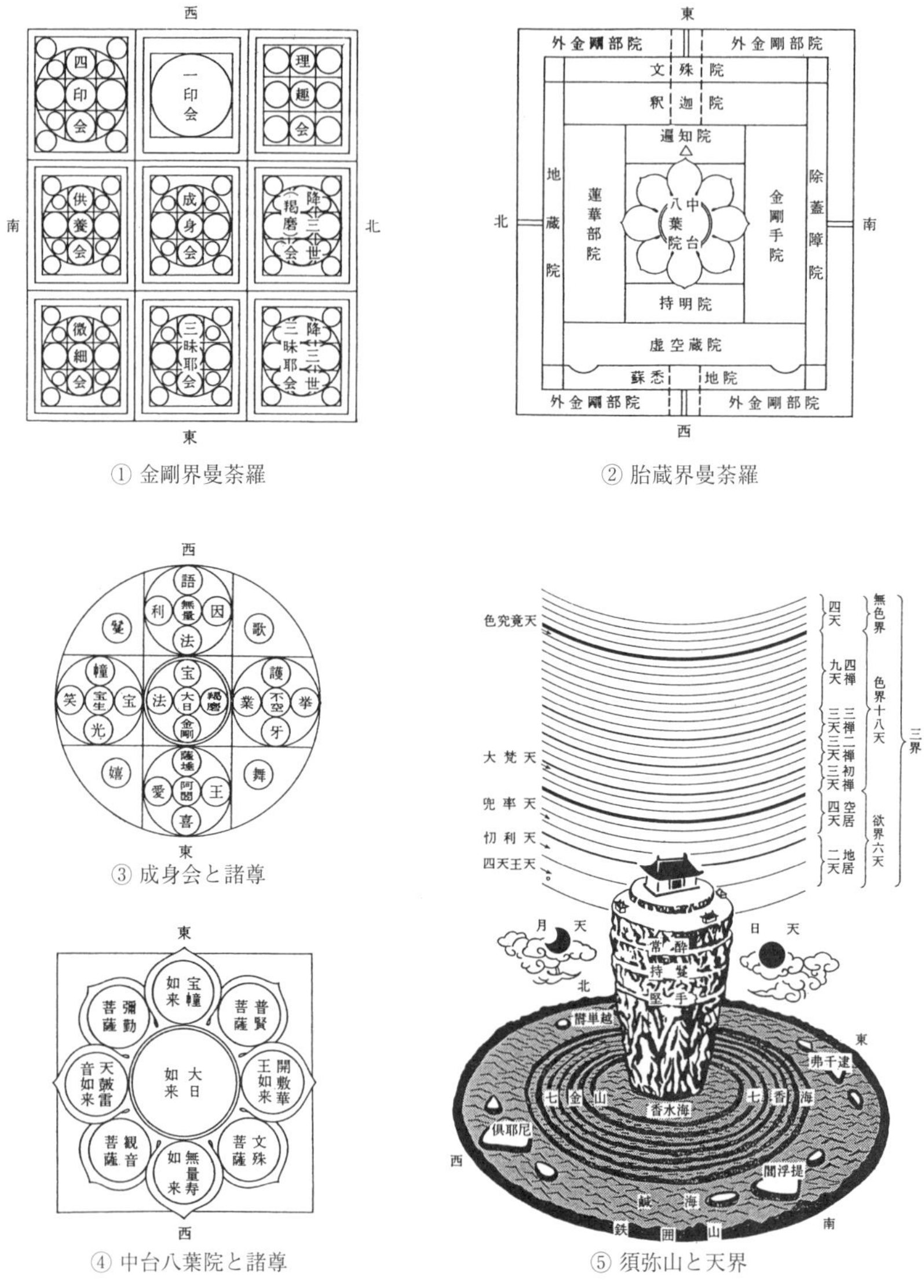

① 金剛界曼荼羅

② 胎蔵界曼荼羅

③ 成身会と諸尊

④ 中台八葉院と諸尊

⑤ 須弥山と天界

図1　仏教図像（水尾 1966 より）

この成果より、三十三回忌は康永元年（一三四二）、十三回忌は文和三年（一三五四）が最も古く、百箇日以降が盛んに実施されたのに対し初七～七七日の造立基数は少ない、等の点を指摘した。二十五・三十五日回忌や十七・二十五・六十五回忌は各々の事情によるものであろう。また一五世紀初頭の成立とされる『十王讃歎鈔』に、「初七日より百箇日、一周忌、終り第三年に至るまで、次第に是を請取て、其罪業の軽重を勘へて未来の生処を定め給ふ。奉名十王。」とあることを述べ、これより古い段階の三十三回忌を指摘して、鎌倉時代の十三仏事を実証した。これにより、先の十三仏事『十三仏抄』による室町末期の時期は、遡ることになるのである。日蓮宗は、『法華経』に帰すべく説かれた仏教であり、その中の『観音経』即ち、観音の三十三変化の教えが護持されたのは当然のことである。

諸説あるものの、今日一般的には三十三回忌が回忌供養の総仕上げで、三十三変化の観音菩薩による到達点と見倣される（小室一九九一）。十三仏の三十三回忌は、日本仏教の宗派を超えて存在し、鎌倉時代以降広範且つ根深く日本文化に定着している。文書の記載や考古学的な事例、民俗事例等、観音菩薩の中で三十三回忌を意識した数字三三が、日本の回忌供養の中では最も使用頻度が高い表記と見倣される。

三　三十三所観音信仰の伝播

三十三回忌に次いで、多くの人々に影響を及ぼしたのが三十三所観音信仰であろう。中でも三十三所観音巡礼は、第一番の観音が所在する霊場から第三十三番の観音が所在する霊場までを参詣祈願する行為である。(4) 選定し観音が安置された霊場では、三十三箇所の参詣が達成されれば結願とする。正に三十三変化に基づく現世利益的信仰の作善行である。

三十三観音巡礼で著名なのが、西国三十三所観音巡礼・関東三十三所観音巡礼・秩父三十三所観音巡礼である。

はじめにこれらの創始年代を示し、次にこれらに関連する事例を垣間見ることとする。

和歌山県の熊野三山（本宮・速玉新宮・那智の三社）は、全体が観音菩薩と関係するとされる全国屈指の霊場である。三社は仏菩薩の権現である熊野三所権現とも言われる。その那智大社近くの青岸渡寺は、花山法皇が始めたとされる西国巡礼の第一番である（山折・大角二〇〇九）。しかし、佐藤久光は『遍路と巡礼の民俗』の中で、西国巡礼の開始が花山法皇に依るものでなく、三井寺僧の覚忠が紀伊国那智山から第三十三番目の山城国三室戸で終わる応保元年（一一六一）のこととした（佐藤二〇〇六）。また、巡礼の開始を久安六年（一一五〇）とする岡田希雄の説も紹介し、一二世紀中葉の創始を妥当とする。

坂東・秩父巡礼に関して、佐藤久光は次のように解釈している。明和八年（一七七一）に沙門亮盛が記した『坂東観音霊場記』の「正暦元年庚寅ノ春、初メテ鎌倉へ下向アリ、仏眼上人ヲ御先達トシテ坂東八州ヲ巡礼シタマヘリ」を、伝説として否定した。創始年代の根拠に取り上げたのは、福島県の都々古別神社十一面観音像台座の「僧成弁が三十三カ所の観音霊地を修行中に八溝山観音堂に三百日間参籠した」の墨書銘である。この源氏による観音信仰記事を援用して、鎌倉成立から天福二年（一二三四）までの鎌倉初期を創始年代としている。

次は秩父巡礼の成立についてである。『武州秩父札所第一番法華山四万部施餓鬼因縁記』にある「法華経四万部を書写して秩父三拾四箇所の第一となし玉ひ」の記事は伝説として否定している。そして『長享二年秩父観音札所番付』の、第一番定林寺から第三十三番の水込までの番付と札所名・観音像の名前から、少なくとも長享二年（一四八八）には成立したとみている。三十三所から三十四所の変更は、河野善太朗の、番付に漏れた大棚観音の救済案と、地方性の脱却のため西国・坂東を含んで百観音が画策された点によった。平安時代末期に成立した西国巡礼は、中世の関東地方に独自の霊場を創設することになった。

その後の動向はどうであろうか。本項では全国的な広がりを推し量る意図から、東北地方を例に挙げて三十三所観音巡礼の事例を素描することにしたい。

『奥州三十三観音の旅』には、東北三十三観音巡りの霊場が記されている（河北新報社編二〇〇一）。それによれば、宮城県名取の老女旭の伝説があり、熊野権現を信奉し熊野参詣を毎年続けた旭が、老化で実現できなくなると小祠を建て三熊野権現を祀った。やがて、名取の高舘山に熊野三社権現が移遷されるに及んで、観音霊場を定めた。現在の三十三所観音は、智膏和尚を含む七人の僧によって宝暦一一年（一七六三）に開始されたとされる。また、代表的な三十三所観音巡礼地として、仙台三十三観音（宮城県）、三陸三十三観音（宮城・岩手県）、秋田三十三観音（秋田県）、最上三十三観音（山形県）、庄内三十三観音（山形県）、置賜三十三観音（山形県）、会津三十三観音（福島県）を挙げている。

更に筆者が暮らす秋田県域に限って類例を求め、やや詳しく述べることにする。はじめは秋田三十三観音巡礼である。秋田三十三観音は『秋田三十三観音霊場めぐり』の中で、秋田六郡三十三観音（深澤他一九三二）を基に昭和六二年に選定された秋田三十三観音霊場として、詳細に纏めてある（秋田魁新報社出版部一九九八）。深澤多市等による『秋田叢書』第八巻の「六郡巡礼記」には、「満徳長者保昌出家して保昌房と号し人皇六十九代後朱雀院の御宇長久年中紀州熊野に参籠して、霊夢の告を蒙り都に登り、西国三十三所を巡礼して観音の像を大仏師定長に作らせ、比叡山阿闍梨教円禅師に開眼供養を受得て本国に帰り、右六郡の山々嶽々寺院等に、彼の仏像並に巡礼の縁起を書かしめて奉納せしなり。」とあり、その後、教円禅師が御嶽山湯彦神社の白滝観音を第一番、比内の岩本山を三十三番としたと述べる。

前述の西国三十三観音巡礼が、一二世紀の半ばであったことからすれば、長久年中（一〇四〇～一〇四四）の創始は考えられない。同書「秋田六郡三十三観音巡礼記」には、「右六郡三十三所観音巡礼所、年数既に七百余歳の星霜移り替りて有処知れす。然る所に不思議に此書を得て、享保十四己酉季夏頃より秋田御城下町の住人鈴木定行、同処加藤政貞古跡を尋ね求めて巡礼し、彼の札所を綴りて、後人巡礼の為左の如く書認し者也。」とあり、第一番横手の白滝観音から第三十三番比内の信正寺までを三十三所観音巡礼地に定めている。県南の湯沢市・横手市、県中央の秋田市・男鹿市、県北の能代市・大館市と巡る、この享保一四年（一七八九）を創始と見るべきではないだろうか。

巡礼記縁の地を昭和五六年から翌年にかけて訪れたのが、七尾正治・良子、本郷洋治・郁の四氏である。「三十三観音も、札所もないけれども、」と、過去の巡礼地を辿って感想を記した（七尾他一九八二）。嘗ての巡礼地は廃れてしまったのである。新興の秋田三十三観音霊場は、大雑把に横手市正傳寺から湯沢市↓由利本荘市↓横手市↓仙北市↓大仙市↓秋田市↓能代市↓男鹿市↓北秋田市↓鹿角市↓大館市信正寺と、県南・県中央・県北の秋田全域を対象とする。

市郡・町村単位で比較的小さく纏まる例の一つに久保田三十三番観音霊場がある（齋藤・田口二〇〇三）。菅江真澄『久保田の落穂』の「久保田補陀洛は西の寺めぐりになずらへて、六郡めぐりそめしに、またなずらへて天和のはじめ、平野屋甚兵衛といふ人巡礼そめ」の記述から、西国三十三番観音巡礼や秋田六郡三十三観音巡礼を真似たとされる。毎年一月十五日から翌日にかけて行い、三年以内の亡者の近親者が木札に戒名を墨書し寺社の所定の場所に打ち付ける。秋田市の泉・手形・広面・楢山・牛島・旭南・大町・旭北・保戸野・橋本・八橋の範囲である。能代市街地の能代三十三所観音巡礼も同じ位の範囲にあり、享和年間（一八〇一〜一八〇四）の数年後の創始とされるが定かでない（齋藤・古内二〇〇四）。

また、小区域内の三十三所観音巡礼の一つとして『房住山三十三観音』を挙げておきたい（琴丘町教委一九七九）。房住山三十三観音は、山本郡三種町（旧琴丘町）の房住山山頂（四〇九・二メートル）第二十一番観音まで、南側登山口の第一番観音から第二十一番観音までは正面尾根伝い、第二十二番観音から第三十三番までは裏側尾根伝いにある（図2）。第一番から第三十三番観音までは直線距離で約二キロなので観音間の平均は約六三メートルである。各観音所在地を巡礼とするには距離が少なく相応しくないが、障害者や老人にとっては険しい道程である。始まりを記す文書に『房住山三十三観音奉加帳』があり、その文久元

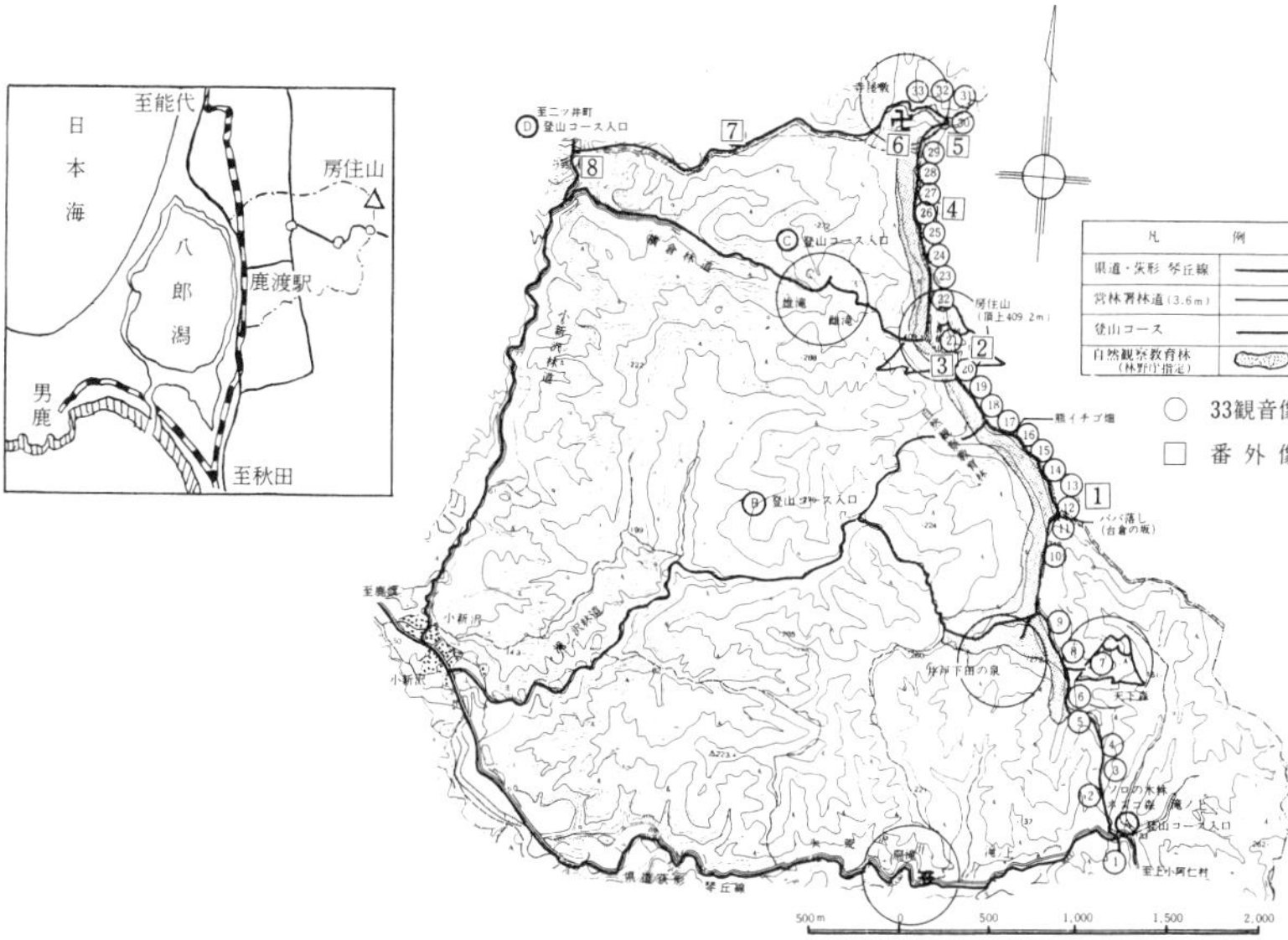

図２　房住山三十三観音（琴丘町教委 1979 より）

年（一八六一）の表紙口演に「このたび房住山え三十三観音建立つかまつりたく候えども（中略）三十三体出来候様　約定まかりあり候　六月祭礼己前に残らず建立致すため申したく候（中略）酉四月吉日　別当大覚院　大願主　工藤源治」とある。これより房住山三十三観音は文久元年（一八六一）の創始とされる。ところで、男鹿半島には女人禁制に関する類例がある。(5)

他に、三十三観音を集合させて祀った能代市福田の三十三観音の例がある（齋藤・古内二〇〇四）。村の境界一五平方メートルの広さに三三体の観音が環状に配置される。第一番の観音は他の観音より基壇が一段多く、「文久元辛酉八月七日／建立野呂田氏一子／喜久蔵」（齋藤・古内二〇〇四）とあり、文久元年（一八六一）の創始と理解できる。横手市栄地区の正傳寺墓地裏の三十三観音、同大沢地区の旭岡山神社境内にも三十三観音が見られる（川越二〇〇六）。

以上の東北地方の三十三所観音を、礼拝領域から分類すれば、奥州三十三観音等の地方域（A型）、秋田三十三観音の県域（B型）、久保田三十三観音等の市郡・町村域（C型）、房住山三十三観音等の小区域（D型）、三十三観音を一箇所に集めた福田観音等の点域（E型）の諸類型に区分できる。この在り方は、日本の各三十三所観音の礼拝領域を五タイプに整理することでもある。これらのタイプは全国各地に存在するだろう。このうちA～D型が巡礼に該当する。

また観音の在り方から、A～C型までを納入型、D型を道標型、E型を集約型と呼びたい。三十三観音信仰は、西国三十三所観音巡礼以降五パターンの領域として全国に拡散するが、併せて納入型から道標・集約型に深化したとも言える。

四　三十三変化に因む三つの類例

十三仏事の三十三回忌や三十三所観音は、数字三三を意識して日本各地に広がりを持つ信仰であった。ここでは、仏教の守護神とされる三十三天、平清盛が一門の栄華を祈念した『平家納経』、後白河法皇が浄土祈願を託した三十三間堂を取り上げる。三十三天は三十三変化の本質に関わった事例である。

（1）　三十三天

『佛教辞典』には「忉利天の譯。欲界の第二天にて須彌山の頂上に在り。中央を帝釋天として四方に各八天あれば合せて三十三天なり」（宇井監修一九八〇）とある。水尾比呂志は須弥山について、「須弥山の頂上には忉利天があって、帝釈天王の喜見城がある。忉利天の下には四天王天があり、東南西北に持国・増長・広目・多聞の四天王が、それぞれ神将を従えて守護している。」（水尾一九六六）等と、大千世界論に言及した須弥山世界を述べた。なお、私達の住む処が閻浮提である（図1－⑤）。

『望月仏教大辞典』には、『大智度論』第五六に「摩伽婆羅門は天主と為り、三十二人は輔臣となる。此の三十三人を以ての故に、名づけて三十三天と為す。」（塚本他一九八八）と記され、帝釈天を摩伽婆羅門・千眼等と称したことが分かる。また『四天王経』の記載として、「具に之を分別して以て帝釈に啓す。若し多く徳を修して精進怠らざれば、釈及び輔臣三十三人は僉然として倶に喜び釈は伺命に勅して寿を増し算を益さしむ」（塚本他一九八八）とあることを述べている。

帝釈天は十二天の一つでもあり、梵天・火天・焔魔天・羅刹天・水天・風天・多聞天・伊舎那天・地天・日天・月天と共に四方八方の守護神でもある。曼荼羅の胎蔵界では外金剛部院の東門・北門、金剛界では四印会に配置される（永畑編一九八五）（図1－①）。三十三天の帝釈天が胎蔵界曼荼羅に描かれることは、前述したように、同じ空間に共存する観音と関連するとみるべきであり、ここでも三十三変化に基づいた信仰を見出すことができる。なお、日本における三十三天の最も古い例は、天智一〇年一一月条の記事である。[6]

（2）『平家納経』

平清盛による平家の納経は、清盛が熊野詣での留守に後白河上皇の御所を襲撃した平治の乱（一一五九）の五年後、長寛二年（一一六四）に実施された。法華三部経（『法華経』二八品・『無量義経』・『観普賢経』）計三〇巻に『阿弥陀経』・『般若心経』の二巻、更に清盛の願文一巻を加えた三三巻である（山折・大角二〇〇九）。願文には、広島県の厳島神社（安芸の大明神）について「凡そ厥の霊験威神、言語道断たる者なり。是に於て、弟子本因縁有りて、専ら欽仰を致す。利生掲焉たり。久しく家門の福禄を保ち、夢感誤り無く、早く子弟の栄華を験す。今生の願望已に満ち、来世の妙菓宜く期すべし。相伝えて云う。当社は是れ観世音菩薩の化現なりと。」（山折・大角二〇〇九）と述べている。

厳島神社を観世音菩薩の変化と見倣し、家門の栄華に感謝し、来世の極楽往生と今後の家門繁栄を祈願した。

観世音菩薩を直接に表現しており、三十三変化の数字三三を強く意識して『平家納経』の三三巻が奉納されたものである。

（3）　三十三間堂

蓮華王院の通称三十三間堂は、長寛二年（一一六四）後白河法皇によって法住寺の一院として創建された。鳥羽上皇が大治五年（一一三〇）に千体観音堂（得長寿院）を造営したのに次ぐ新千体堂としてのものである。三十三間の堂は、正面の柱間が三三あることによる呼称で、千手観音座像を中心として左右に五〇〇体ずつの計一〇〇一体を観音菩薩の本尊とする。本尊名を正しくは「十一面千手千眼観世音」と言う[7]。観音の三十三変化の三三が、堂の柱間に反映され、千手観音一〇〇一体と共にこの世とは思えない大空間を作り上げている。千眼は、三十三天を掌握する帝釈天の別称でもあり、そのことも意識されたものであろう。

これらの千体観音堂における千体仏は、前述須弥山で触れた大千世界論と関係するのかもしれない。水尾は「この須弥山世界が千集まって小千世界をつくり、小千世界が千集まって中千世界となり、中千世界が千集まって大千世界を形成する。（中略）阿弥陀仏の国土極楽浄土は、私たちの属する釈迦仏の霊鷲山浄土の西の方、十万億土の位置にあって」（水尾一九六六）としている。娑婆の閻浮提と西方極楽浄土の物心距離間に対し、小千世界の文言を意識しつつ身近に演出したのが千体観音だったのであろう。三十三変化の三三を、千体仏を安置する大規模建築物の象徴として三三間で表現した。千体の観音立像は、後白河法皇が極楽往生祈願の現世利益を成し遂げるために期待された観音群であり、一体の坐像は、統率者として法皇自身を重ねたものではなかったか。

五　おわりに

本論では、『観音経』にある三十三変化の三三に因む信仰について、民衆に受け入れられた十三仏信仰、三十三回忌、三十三所観音巡礼、更に須弥山三十三天、『平家納経』三三巻、三十三間堂等の三三を取り上げて述べてきた。これらは、観音の三十三変化に直接もしくは間接的に関わった事例である。冒頭で述べた女性の厄年三三歳も、元を正せばこの三十三変化に繋がるのだろう。

願いを叶えてくれる観音は、一一世紀半ばの末法思想到来以前の浄土信仰への高まりが昂じて、一二世紀半ば以降、西国三十三所観音巡礼が庶民文化として定着していく。偶然にも同年に実施された『平家納経』や三十三間堂の建設は、為政者だけの自己満足を超えた、庶民の観音信仰帰依の高揚に乗じて実施されたものと考えられる。浄土信仰に大きな影響を与えたのが、密教僧源信による『往生要集』であった。

一二世紀中葉のこの時期は、仏教建築を象徴する軒丸瓦・軒平瓦において、蓮花文から三巴文に変わる大きな変換期に当たっている。上原真人は一一世紀から一三世紀の瓦を五期に分類し、三巴文が出現する第Ⅳ期（一二世紀中葉）の栢杜遺跡八角円堂跡出土瓦群を提示した。大蔵卿源師行が久寿二年（一一五五）に供養したとされる（上原二〇〇二）。筆者は瓦にある初期の三巴文について、浄土信仰の女人成仏の観点から述べたことがある（利部二〇一七）。

そこでは、『平家納経』「提婆達多品」の龍女と一二世紀中葉の製作とされる『源氏物語』「御法」の紫の上が、浄土に往生する様子を三巴文と関連させてみた。女人成仏に代表される『法華経』の平等観が、三十三変化の信仰と合一して観音信仰の隆盛を齎したものと考えられる。一二世紀中葉の三巴文瓦の開始は、これらと関連する必然的な結果ではないであろうか。この時期は、皇族・貴族仏教からそれを含む大衆仏教への転換が図られた時期と言える。

先に三十三回忌と三十三所観音信仰が、三十三変化に関係する事象の大多数を占めることに言及した。三十三回忌には十王が関係し、日本で翻訳された『地蔵十王経』は道教と仏教が融合して、仏教の救済と共に地獄の世界が意識された。地獄の様子は『往生要集』に始まり、室町時代は『往生要集絵巻』、江戸時代には『和字絵入往生要集』の地獄絵等が流布し、「熊野観心十界曼荼羅」と共に脚光を呈した（小栗栖二〇一七）。鎌倉末から南北朝に始まる三十三回忌を含む十三仏信仰は、今日まで日本仏教に定着している習俗であり、その三十三回忌に関する事象は膨大である。これ以前の三十三所観音信仰は、祈願を達成するための積極的な現世利益的行為である。庶民視点での観音信仰は、中世の胎動期とも言える一二世紀中葉から大衆化され、鎌倉末葉頃から十三仏信仰も加えて、心のより所とされてきたのである（羽田二〇一四）。

最後に、三十三変化の数がなぜ三三でなければならないのか、の疑問に触れてみたい。三十三天で述べたように、須弥山の頂上で欲界の第二天にあって、四方に各八天、それと中央の帝釈天を合わせて三十三天が存在する。つまり四方には三十二天が存在する。これを聖者の相である三十二相に対比してはどうか。この三十二相は女性を含めない相であり（菅野二〇〇一）、帝釈天を含む三十三天とすることで、三十二相を越えた万民対象の教えに叶う数字を工夫したとは考えられないだろうか。帝釈天は四天王の報告により寿命を管理することから、三十三天とする考え方には、初期の中国漢訳仏教に道教思想の関与が想定される。

三十三変化の三三は舞楽の演目数や演目題（三十三拍子）に当てられる等（秋田県教委一九九三）、拾い上げれば相当の事例が掘り起こされると考える。今日観音信仰は往時に比べて下火であるが、秋田県にかほ市では公園内に三十三観音が配置され、市民の憩いの場となっている（金浦町史編さん委員会編一九九〇）。その名も勢至公園である。房住山の自然観察教育林、各地の観光地等は今日的な三十三観音の姿を示している。

筆者がセンターに赴任する前は、東京都と千葉県に在住し発掘調査及び整理作業に明け暮れた。群馬県太田市菅ノ沢遺跡の埋戻しが発掘調査の初体験、その時から八王子市創価大学太陽の丘遺跡の整理まで、一一年が経過した。その間、恩師の故倉田芳郎先生、坂詰秀一先生に師事し多くの教示を得た。無知蒙昧から、取り敢えず仕事のできるところまで、手厳しく指導頂いた。その一一年間は、言わば私にとっての修行時代。その時の出会いと考古関連活動は、私の身に染みた宝物である。センター勤務の三三年間は、実践の時期と総括。倉田先生とは、正に三三年の縁であった。この四月から考古四五歳のスタートを、前者一一年の十一面観音、後者三三年の三十三観音信仰に肖りながら、穏やかに始めたいと感じている。折しも本年が、倉田先生の十三回忌に当る大切な年であり、深い因縁を感じる。…合掌。

井の蛙　飛び出せ　虚空の色模様　（後輩と自分へのエールである）

［註］

（1）七〇歳・八〇歳・九〇歳の節目に、施しを行う記事は正史に散見する。中でも最も古いのは、持統天皇元年（六八七）一月一五日条であろう。京域に暮らし、病が重く貧しくて自活できない八〇歳以上の者に、絁・綿を支給している（宇治谷二〇〇七）。

（2）今日、日本で流布している三三の観音は、楊柳観音、龍頭観音、持経観音、円光観音、遊戯観音、白衣観音、蓮臥観音、滝見観音、施薬観音、魚籃観音、徳王観音、水月観音、一葉観音、青頸観音、威徳観音、延命観音、衆宝観音、岩戸観音、能静観音、阿耨観音、阿麼提観音、葉衣観音、瑠璃観音、多羅尊観音、蛤蜊観音、六時観音、普悲観音、馬郎婦観音、合掌観音、一如観音、不二観音、持蓮観音、灑水観音であり、中国僧が案出し足利時代以降多くの図像が作られた（南日一九七〇）。

（3）漢訳仏典の『法華経』のうち、亀茲国出身の鳩摩羅什の訳には「提婆達多品」が加えられ二八品となるが、他の例では二七品である。『法華経』の発展段階として、紀元前一〇〇年頃、一〇〇年頃、一五〇年頃の段階説があり、次の段階として鳩摩羅什訳の二八品『法華経』になる。『法華経』の「観世音菩薩普門品」には、仏身・辟支仏身・声聞身・梵王身・帝釈身・自在天身・大自在天身・天大将軍身・毘沙門身・小王身・長者身・居士身・宰官身・婆羅門身・比丘身・比丘尼身・優婆塞身・

優婆夷身・長者婦女身・居士婦女身・宰臣婦女身・婆羅門婦女身・童男身・童女身・天竜身・夜叉身・乾闥婆身・阿修羅身・迦楼羅身・緊那羅身・摩睺羅身・人非人身・執金剛神身の三十三身に姿を替えて衆生を救済するとある（永畑編一九八五）。なお、鳩摩羅什訳「提婆達多品」の編入時期は、六世紀後半の智顗や吉蔵の法華義疏における「提婆達多品」の注釈よりその頃とされる（菅野二〇〇一）。

（4）時枝務は、霊場を「宗教家によって由緒と霊験が説かれた神仏が祀られ、多くの信者が自由に参詣できる聖地である」と定義する（時枝二〇一四）。

（5）修験の地として栄えた男鹿真山の女人道である（磯村二〇一六）。男鹿市真山神社付近には、女人道道標第一号があり、正面に「秋田一号・県社赤神山神社社達塔、真山二号マテ四十四間」、背面と左右側面には「衆庶参拝者之登降スル社道狼狽ヲ来タサヌ為メ第一号ヨリ第三十三号マデノ御神号塔建立スルコトヲ奉仕。（中略）明治二十四年卜云年ノ六月三日建之。」と刻まれている。この御神号塔十八、十九号の近くに明治二六年六月一五日建立の宝篋印塔があり、「往古ヨリ方今ニ至迄大峰ニハ男人ノミ登山故有ヲ女人等拝礼スル能ハズ、之依真山大神往古女人参拝ノ便ヲ計リ此処ニ塔尊像ヲ建設セシ者也。」と、真山に至る女人道の謂れを説く。明治二四年（一九五一）まで堅持されていた女人禁制の救済の証でもある。今日、女人禁制を伝える施設に、金剛童子小屋（木曽御嶽山）や女人堂（高野山）等がある（久保田一九八五）。

（6）記載には「是に左大臣蘇我赤兄臣等、手に香鑪を執りて次の随起ち、泣血きて誓盟ひて、『臣等五人、殿下に随ひて天王の詔を奉れり。若し違ふこと有らば、四天王打ち給ひ、天神地祇も亦復誅罰ひ給はむ。三十三天、此の事を證め知しめせ。子孫當に絶え、家門必亡びなむ』云云と日ひき。」とあり、三十三天と四天王の関係も述べている（武田一九八八）。

（7）二〇一七年三月に三十三間堂を訪れる機会に恵まれた。その薄明かりの中で、立ち尽くす群像に圧倒された。本尊名はその時のパンフレットによる。

（8）寛和元年（九八五）の『往生要集』は、極楽往生のための念仏修行を説き、皇族と貴族・民衆の支持を得て大衆信仰となった。そこには女人成仏の根拠とされる『法華経』の存在がある。『法華経』・浄土教・密教の関係を、山折哲雄と大角修は「法華信仰と浄土信仰が一体となって広まり、その全体を密教の祈禱がおおった。」と表現した（山折・大角二〇〇九）。

［参考文献］

秋田県教育委員会　一九九三『秋田県の民俗芸能―秋田県文化財調査報告書第二三七号―』
秋田魁新報社出版部　一九九八『秋田三十三観音霊場めぐり』　秋田魁新報社

磯村朝次郎　二〇一六『北浦誌』男鹿半島史Ⅲ　秋田文化出版
上原真人　二〇〇一「秀衡の持仏堂―平泉柳之御所遺跡出土瓦の一解釈―」『京都大學文學部研究紀要』第四〇号　京都大學文學部
宇井伯壽監修　一九八〇「三十三天」『佛教辭典』大東出版社
宇治谷孟　二〇〇七『日本書紀』（下）講談社
小川貫弌　一九八四「一一　閻羅王授記経」『敦煌と中国仏教』講座敦煌七　大東出版社
小栗栖健治　二〇一七「死後世界の形成と熊野勧心曼荼羅」『米沢史学』第三三号　米沢史学会
利部　修　二〇一七『「心象考古学」の試み―造形物の心象を読み解く―』雄山閣
河北新報社編　二〇〇一『奥州三十三観音の旅』河北新報社
川越雄助　二〇〇六『横手市史　特別編　文化・民俗』横手市
菅野博史　二〇〇一『法華経入門』岩波新書
久保田展弘　一九八五『山岳霊場巡礼』新潮社
鳩居堂監修　二〇一三『鳩居堂の日本のしきたり豆知識』マガジンハウス
琴丘町教育委員会　一九七九『房住山三十三観音』
金浦町史編さん委員会編　一九九〇『金浦町史』上巻　金浦町
小室裕充　一九九一『十三仏のまつり方』渓水社
阪田正一　二〇一〇「造塔供養と題目板碑」『芙蓉峰の考古学―池上悟先生還暦記念論文集―』六一書房
齋藤壽胤・古内龍夫　二〇〇四『能代市史　特別編　民俗』能代市史編さん委員会
齋藤壽胤・田口昌樹　二〇〇三『秋田市史　民俗編』第一六巻　秋田市
佐藤久光　二〇〇六『遍路と巡礼の民俗』人文書院
七尾正治他　一九八二『秋田三十三観音巡り』
武田祐吉　一九八八『訓読日本書紀』臨川書店
圭室諦成　一九七九「檀家制度」『日本歴史大辞典』第六巻　河出書房新社
塚本善隆他　一九八八「帝釋天」『望月仏教大辞典』世界聖典刊行協会
時枝　務　二〇一四『霊場の考古学』高志書院

永畑恭典編　一九八五『明解仏教事典』本の友社
南日義妙　一九七〇『仏像をたずねて』文進堂
羽田守快　二〇一四『観音さま』大法輪閣
深澤多市他　一九三一『秋田叢書』第八巻　秋田叢書刊行会
水尾比呂志　一九六六『日本宗教造型論』美術出版社
山折哲雄・大角　修　二〇〇九「一五　平家納経の和光同塵」『日本仏教史入門―基礎資料で読む―』角川学芸出版
読売新聞婦人部編　一九八五『厄年ってなに！?』グリーンアロー出版社

第三章　研究領域（3）理化学分析と発掘調査記録

第一節　科学的な分析について──天代瓦窯跡──

一　はじめに

発掘調査の成果は考古学ばかりでなく関連科学をも含めた総合科学から検討されることが望まれよう。今回の調査は前もって科学的な方法の導入を計画しており、熱残留磁気の年代測定、木炭粒を用いた燃料種の同定を依頼した。調査後は出土瓦の原料性質を知るための胎土分析、現代陶芸の立場を踏まえた出土瓦原料の推定を依頼した。これら科学的な方法を用いる各種の分析回答は、前提条件により考古学的な回答と差異のあることを断っておきたい。ここでは分析の依頼に当たり、調査担当の持っていた意図を明確にしたい。

二　熱残留磁気の分析について

我々、調査担当はこの瓦窯の操業年代を、凡そ八世紀中頃と推定していたが群馬県内の熱残留磁気測定例は少なく、測定結果がそれと一致するか一抹の不安と、一致しない場合にはどのような理由からなのか関心が持たれた。瓦窯の操業年代は次の理由から提出されたものである。

（1）上野国分寺については『続日本紀』の天平勝宝元年（七四八）に上野国の石上部君諸弟が、続いて上毛野朝臣足人が国分寺に知識物を献じ叙位されているため（宇治谷一九九二）、それ以前に上野国分寺の建立は着工されていた。この創建期の軒丸瓦に対応すると考えられる偏行唐草文の軒平瓦の裏面に縄叩痕があることから、群馬県での縄叩を用いる叩締の技法の出現は、少なくとも上野国分寺の創建期以前に存在したと見做される。このため、吾妻地域における縄叩の出現もそれに準じ得る要因はあったと考えられる。

（2）吾妻地域の古瓦の変遷観は、大江正行の「V　金井廃寺の意義をめぐって」に纏められ、天代A地区既出の単弁六葉軒丸瓦と金井廃寺六A型と同笵瓦であることが明らかにされた（大江一九七九）。金井廃寺瓦群の組合わせの変遷観から、八世紀中頃から後半代が六A型の軒丸瓦に与えられた年代であった。

（3）今回は、中之条盆地とその周辺の古瓦出土地を悉く踏査した結果、その変遷観に補足が得られ、天代支群の変遷からも群馬県第Ⅵ期の後出した段階に天代支群A地区の縄叩の技法があり、C地区はそれに後続すると見做され、八世紀後半中頃の年代が推測された。つまり七七五年頃である。

熱残留磁気の測定結果は、二号窯体がAD六一〇年±四〇年、一号窯体がAD四二〇～一二三〇年との結果が出された（図1）。但し一号窯体の場合は、磁気残留が不充分での結果である。この中で広岡公夫は考古学的知見より一〇〇年ほど古い結果であるとし、地域差による偏角・仰角の差によるものではないかと指摘されている。二号窯体の場合には、五度西偏すればAD七六〇年頃となり、伏角が五度大きくなれば、AD七六〇年頃となり考古学的な年代と近似することを挙げておられる。前提となった基礎データには、関東地方の磁気偏角資料が少ないことと、その基礎データが完成途上にあることも付け加えられている。

担当としては、科学的な年代に伴う一抹の不安以前に、基礎資料の摘出し得る機会を多く設けなければならないことを痛感した。

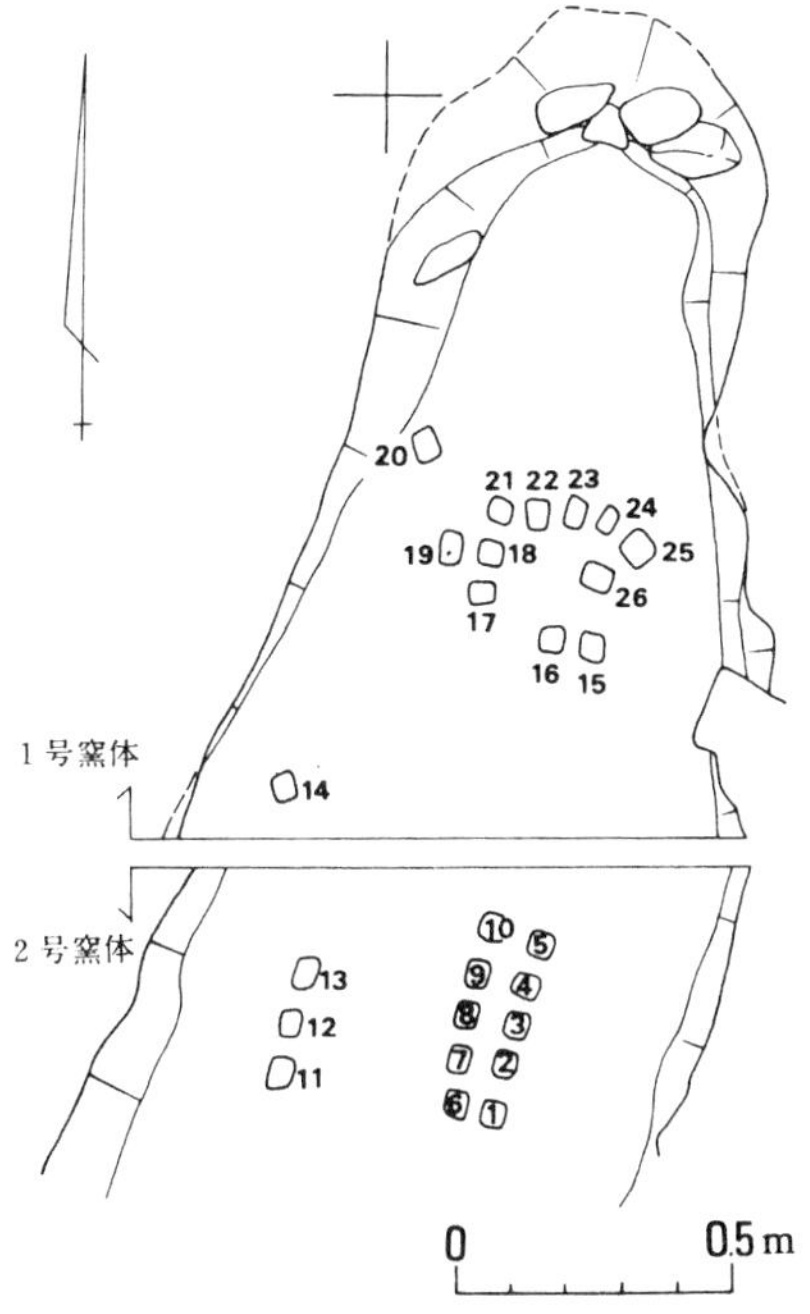

図1　熱残留磁気試料（大江他 1982 より）

三　木炭粒の分析について

我々調査担当は、操業に用いられた燃料の種別が究明され、窯跡の性能付けに寄与できることを望んで木炭粒の分析を依頼した。

木炭粒は樹皮組織等が良好な状態をもって遺存した時、肉眼観察における種の同定が可能となろう。この場合、肉眼による直接観察を主方法とする考古学でも、蘊蓄があれば識別が可能となり得る。しかし今回の調査では木炭の遺存は頗る不良であり、細粒の検出に止まる場合が主であった。因って燃料種の同定は科学的方法に頼らざるを得ず、灰像分析をライフワークとし、近年、木炭組織における種の同定をされている松谷暁子に分析を依頼した（図2）。

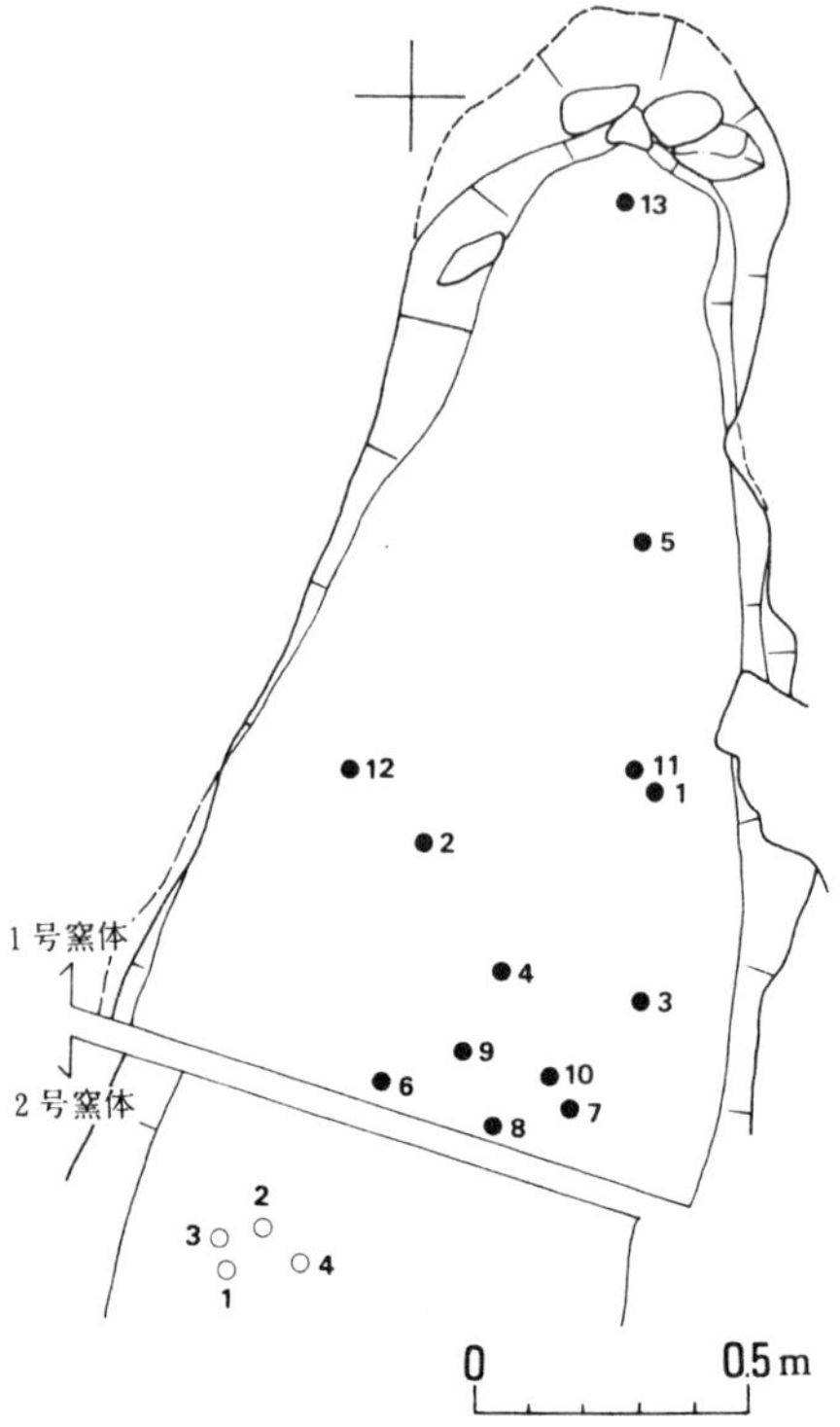

図2　木炭粒分析試料（大江他 1982 より）

我々調査担当の意図は次の通りである。

（1）瓦窯であるなら、燻焼の吸炭により瓦素材の緻密化が図られ、冷えによる瓦割れ、降雨の漏水等を保全するよう瓦工人達は作瓦に対し意識して良いはずである。この燻焼のためには、油煙の生じ易い針葉樹系の木本類が適していると考えられるのである。

（2）焼締瓦を製作の主眼に置いている工人達であるならば、熱効率の高い針葉樹系の木本類を用いたであろう。このように広葉樹系・針葉樹系のどちらに主原料が置かれるかにより、瓦工人達にどのような製品完成のための意図があったのか追求したかったのである。

分析の結果は、針葉樹系が主燃料であろうという想定が全面的に否定され、その主体は広葉樹系であることが明らかとなった。

出土瓦の酸化気味の焼き上がりと、焼締に至らない甘い焼き上がりは、この分析結果により、我々の考えていた矛盾に一つの光明を齎してくれた。それは出土瓦が酸化気味、軟質であり、針葉樹系を用いてもその瓦しかできなかったという先入観が調査中の我々に強く働いていたからである。広葉樹系を燃料源とするなら、酸化気味で燻焼なし焼締なしであることも理解できるのである。このことから工人の意図は、天代支群A地区1類の瓦類が焼締の燃焼をしていることも考え合せ、既に緻密硬質、燻焼の意識は、本窯において失なわれていたと類推されよう。

なお松谷には、瓦窯の背後に広がる俗称水道山の雑木林の植性についても観察して頂いた。

四　胎土分析について

調査後いくつかの分析を依頼した。その一つに胎土分析がある。胎土分析には現在、二通りの方法が考えられている。一つは焼締られていない土器について鉱物組成を定量で知る方法、いま一つは焼締られ癒着した土器・陶器等を、ケイ光X線を用い定性で知る方法である。後者は、『古陶磁の科学』（内藤一九四三）等にある化学分析からケイ光X線を用いる工学的な分析として今日に至り、客観性に勝れた方法である。この種の胎土分析は県工業試験場科学室の花岡紘一が現在の県瓦生産業界の依頼を広く手掛けておられ、調査出土瓦やそれに伴う必要試料を分析して頂いた訳である。この分析に対し調査担当の意志は下記の通りである。
（1）生産地の胎土を知れば、供給地から瓦が出土した場合、今後に同定が可能となる。
（2）比較試料として、現代陶芸の本間泉が焼成した試料及び平古瓦散布地かち採集した須恵器試料等を用い
それらを比較することにより、瓦原料の産出地域を推定或いは推定にせまろうと考えた。
（3）県内各地の寺院跡、古瓦散布地の瓦の中には、二種類の陶土の混ぜ合せ、砂の混入が認られる場合がある。
出土瓦の試料相互に著しく異なる成分結果が出た場合には二種以上の混ぜ合せ素材であろうと考えた。原
料の混ぜ合せは異素材（恐らく原料に含まれる鉄分の差）が縞状に認められることから考えたのである。
この分析の結果、出土瓦三点はほぼ共通の組成であり、中之条湖成層を原料とした本間サンプルとは別の原料が示唆された。二種の原料の混ぜ合せについては数十点の試料を検討に供さなければ回答できないと、花岡は指摘している。
花岡の分析結果は、調査所見に大きく影響する所であり、我々が言う瓦原料は窯体が築窯された中之条湖成層と異ると考えられることの有力傍証となるものである。更に名久田平採集の須恵器とは全く性質の異る成分である。その須恵器は我々の肉眼によると、焼締があり鉱物に酸化鉄鉱物と見られる細粒（主に白色鉱物）を雑える特徴から、吾妻郡地域に接する利根郡月夜野窯跡群の製品に見える。これは分析に先立ち感じていたことである。

五　現代陶芸から見た製作原料について

我々は吾妻地方において、岩櫃窯という焼締陶器を主とする現代陶芸を製作しておられる本間泉に、中之条地域に産出の陶土の焼成所見を踏まえ、ある程度の瓦製作原料の推定を依頼した。本間は予てより中之条盆地産出

の在地原料を用い、焼締陶器の製作を意図しておられた。その体験に基づく、言わば妥当性における体験科学の領域から所見を頂いた。

その結果、本窯跡が立地している地質的位置は、東西約二キロ、南北約一キロを占める中之条粘土層の東端にある。本間は中之条粘土層を用いて焼成できる陶器は、可塑性・耐火度から楽焼に止まり、出土瓦の質感には到底及ばないとの意見を下された。

我々は、この所見と花岡の胎土分析の所見を踏まえ、出土瓦の原料は中之条粘土成層にはなく、北方約五〇〇メートル以上北に隣接する山側にあるような第Ⅲ期層以前の地質地域を原料産出地域と想定したのである。このことは、遠地原料を用い窯体のあるこの地域に、原料を運ばなければならなかった理由を考えさせる主因となっている。

六　科学的方法の導入の意義

本調査における各種の科学分析の依頼は、科学的・考古学的領域の両者を共存しなければ今日的な専問領域は成立しないという調査担当の共通意見による。考古学の分野内にも、各種の史学的方法以前に現象類推の中に展開される実証論と、妥当性からなる文化論との間に、立論上大きな不連続がある。実証論上の類推は更に促進されなければ文化論の域に達しないし、文化論も実証論の援用を図らなければ空転の論となろう。今回はこのことに関し、通常の窯跡調査よりも今一つアプローチした積りである。特に瓦原料については、窯体形成基盤と異る可能性が高いため、この地になぜ天代支群が築かれたのかという問題を提起してくれた。また燃料に関しても我々の推察が覆されている。これらは考古学的方法から得られなかった所見であり、科学的方法を導入した意義は大きいと認めざるを得ないのである。

〔参考文献〕
宇治谷孟　一九九二『続日本紀』（中）講談社
大江正行　一九七九「V　金井廃寺の意義をめぐって」『金井廃寺遺跡』吾妻町教育委員会
内藤　匡　一九四三『古陶磁の科学』雄山閣

第二節　資料提供――竹原窯跡出土須恵器の胎土分析――

一　分析の意義

近年の考古学成果は、科学分析の参入によって目を見張るばかりの発展を遂げてきている。一遺跡の調査であっても、多くの関連諸科学を導入し、多角的な視野で歴史復元にアプローチしている場合も少なくない（利部一九八二）。その一翼を担っている胎土分析の理化学的分析も、原料材の特定や製品の移動等に注目すべき成果が得られており、特に広域な流通圏を持つ須恵器の産地同定は多くの研究者の支持する所である。従来、肉眼観察による技法・含有物等の特徴で行っていた分析同定作業に、科学的なメスが加わった訳である。

東北地方においても、古代の北方史研究が盛んになるにつれて、該期土器の生産と流通に関する関心が高まってきた。例えば、青森県の五所川原窯跡群出土須恵器に関わる一連の分析作業や（三辻一九八九）、渤海産とも推定された北海道大川遺跡・美々八遺跡から出土した黒色土器の分析判断は（三辻一九九四）、胎土分析の有効性を遺憾なく発揮したもので、その分析方法の信頼度を示すものでもある。しかし反面では坂井秀弥が、分析で約三割が小泊窯（新潟県佐渡島）産とした青森県杢沢遺跡出土須恵器が、考古学的手法と肉眼観察による経験則からその殆どが小泊窯産ではないと指摘したように（坂井一九九二）、それが万能でないことも銘記すべきである。

筆者は一九九〇年に、竹原窯跡の報告書を纏めるに当たって、須恵器など約五〇点の胎土分析を依頼したことがあった。この時は図化した土器を傷付けることができず、遺構外のそれも小破片を拙い記録と共に拾い出した。そのために、今では土器の胎土や正確な形状を思い出すことができない。メモ的な白黒写真では埒が明かないのである。

この不足の状態は、生産遺跡の胎土分析は遺跡単位の分析成果だけで事が足り、しかも考古学の立ち入る余地はないとする当時の認識によったもので、分析結果に対する考古学的な追認作業の必要性を当初から怠っていたことに他ならない。つまり、他力本願の低い意識によるものであった。そのために試料の同定に関しては、試料を提供してマクロ的な基礎データの蓄積を図ったのみで、歴史解明の問題設定もなく単に傍観者としての立場に終始した。しかし、先に引いたことでも言えるように、考古学的手法による解釈の篩い分けは、分析結果に基づいた理化学的解釈に当たっての大きな目安にもなっているのである。

以上の反省より、胎土分析試料を依頼する考古学側の立場として次の五点に留意した。

① 分析試料は、形態・技法・胎土等の観察に供するため、図化されてある資料に限った。
② 生産地の分析結果は、消費地のそれにとって基礎となるものであり、豊富な試料の提供とそれらを系統的に資料化することに心掛けた。
③ 分析数値は、分布図等の作成に不可欠であるため総て掲載する。
④ 竹原窯跡は、律令期（八、九世紀）の城柵官衙遺跡が設置された最北端地域にあり、律令制の及ばない地域と接している窯跡としては、纏まった資料に恵まれている。従って、東北北部や北海道から出土した該期資料による流通関係の有無等、歴史構築の手掛かりとして有効であり、この解明を目的とする。

⑤　②・③を受けて、分析結果が系統毎に纏まる傾向があるのか、またこれらと④を受けて、他地域の成果と照合してどうか、等につて検討する。

但し、今回は①～③までの報告を行い、④・⑤については稿を改めて論じたいと考えている。

一九九三年一〇月、筆者は北海道恵庭市で八世紀の須恵器蓋杯セット（佐藤・山田一九七四）、更に余市町で七世紀の須恵器蓋を実見する機会があった（山本一九九三）。その時々に、従来北海道では殆ど知られていなかった奈良時代の蓋杯と古墳時代の須恵器の存在に驚いた。そして、同時にそれらの生産地について、考古学の限界性と胎土分析の可能性が頭を掠めたことも記憶している。以来、胎土分析の有効性と試料の関わり方について、折りに触れては興味を寄せてきたのである。

この度の、竹原窯跡出土須恵器の試料作成とそれに関する報告は、前回の自戒を込めて行なったものである。

二　分析試料の概要

竹原窯跡からは多量の須恵器が出土しており、ここでは個別試料の残存率及び各々の窯跡や灰原等を代表する資料を考慮した、三〇〇点の試料を掲載して説明を加える（図1～5）。はじめに遺跡の概略を述べ（利部編一九九一）、次に個別試料について略述する（利部一九九二a）。

秋田県の南東部には、東側の奥羽山脈と西側の出羽山地に挟まれた南北に細長い横手盆地がある。その南東にあり横手市街地に近い西側には、竹原窯跡支群、城野岡窯跡支群、富ケ沢窯跡支群、西ケ沢窯跡支群を擁する中山丘陵窯跡群がある。竹原窯跡は、竹原窯跡支群内の平鹿郡平鹿町上吉田にあり、平安時代の三支群に対して唯一奈良時代を含んだ窯跡である。

調査区はA～C地区に分かれ、A区より窯跡一基（SJ〇一a・b）、灰原一箇所（ST一五）、B区より窯跡五基（SJ〇五a～e、SJ〇五f、SJ〇六、SJ〇七a～c、SJ〇八）、灰原一一箇所（ST一二、ST一三、ST一四、ST一五、ST一七、ST一八、ST一九、ST三〇、ST三五、ST三六、SD二八a・b）、C区より窯跡一基（SJ二〇）、灰原一箇所（ST二六）をそれぞれ検出している。窯跡と灰原は、SJ〇一－ST〇三、SJ〇五a～e・SJ〇五f－ST一九、SJ〇六－ST一二、SJ〇七・〇八－ST一八、SJ二〇－ST二六の関係であるが、B区では狭い範囲に集中している。

窯跡のうち、完掘できたのはSJ〇一とSJ二〇で、SJ〇五fは焼成部中央より上方が未掘、SJ〇五a～eとSJ〇七・〇八は焚口より下方の調査、SJ〇六に至っては焚口の痕跡を留めるのみである。年代は、SJ〇六・〇五fを八世紀中葉、SJ〇五a～e・〇七・〇八を八世紀後葉、SJ二〇を九世紀第1四半期、SJ〇一を九世紀後葉に推定している。以下に試料の帰属を明確にする。

1～50は、SJ〇一から出土した蓋・杯である。杯は箆切りと糸切りを含み、一部回転箆削り調整を施している。仕上がりは灰色が主体を占め、一部橙色のものも含む。

51～73は、ST一二から出土した蓋・有台杯・杯・短頸壺蓋・長頸瓶・壺・甕である。このうち、57と62の一部の破片はSJ〇六から出土した。これらは黄白色の精選された胎土で、殆どの資料に鮮やかな緑色の釉が掛かる。

74～90は、その特徴からST一二出土須恵器に関連する蓋・有台杯・杯・高台の資料である。

91～97は、SJ〇五fから出土した蓋・有台杯である。これらは乳白色の精選された胎土で、軟質に仕上がっている。

98～100は、その特徴からSJ〇五f出土須恵器に関連する蓋・有台杯の資料である。

101～201は、SJ〇五a～eとSD二八から出土した蓋・有台杯・杯・椀である。これらには、仕上がりが黒（①）、青灰色（②）、暗赤色（③）等を呈するものがある。これらは層位によって、総体に①～③の変遷があり、

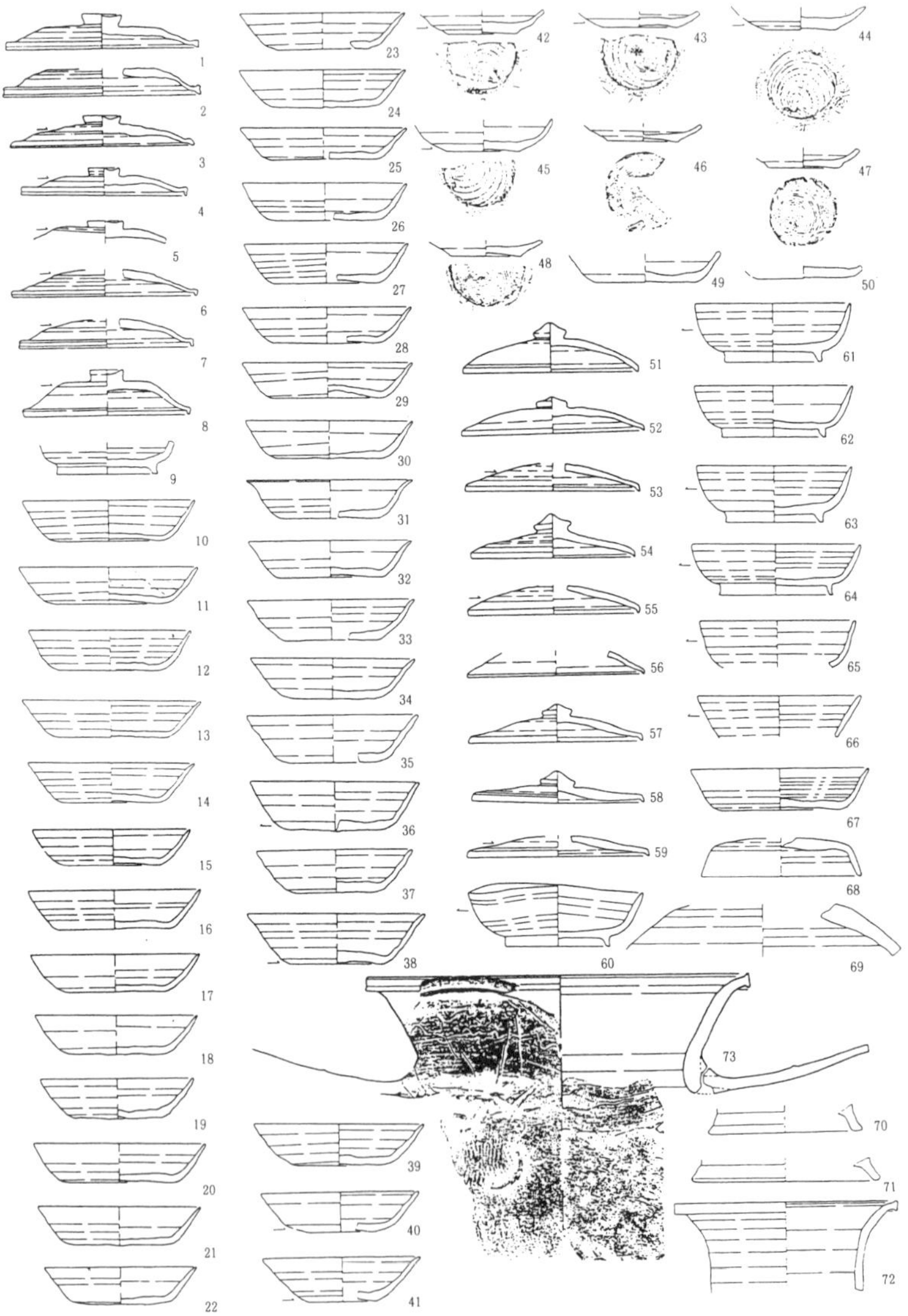

図１　竹原窯跡出土須恵器（1）（利部編 1991 より）

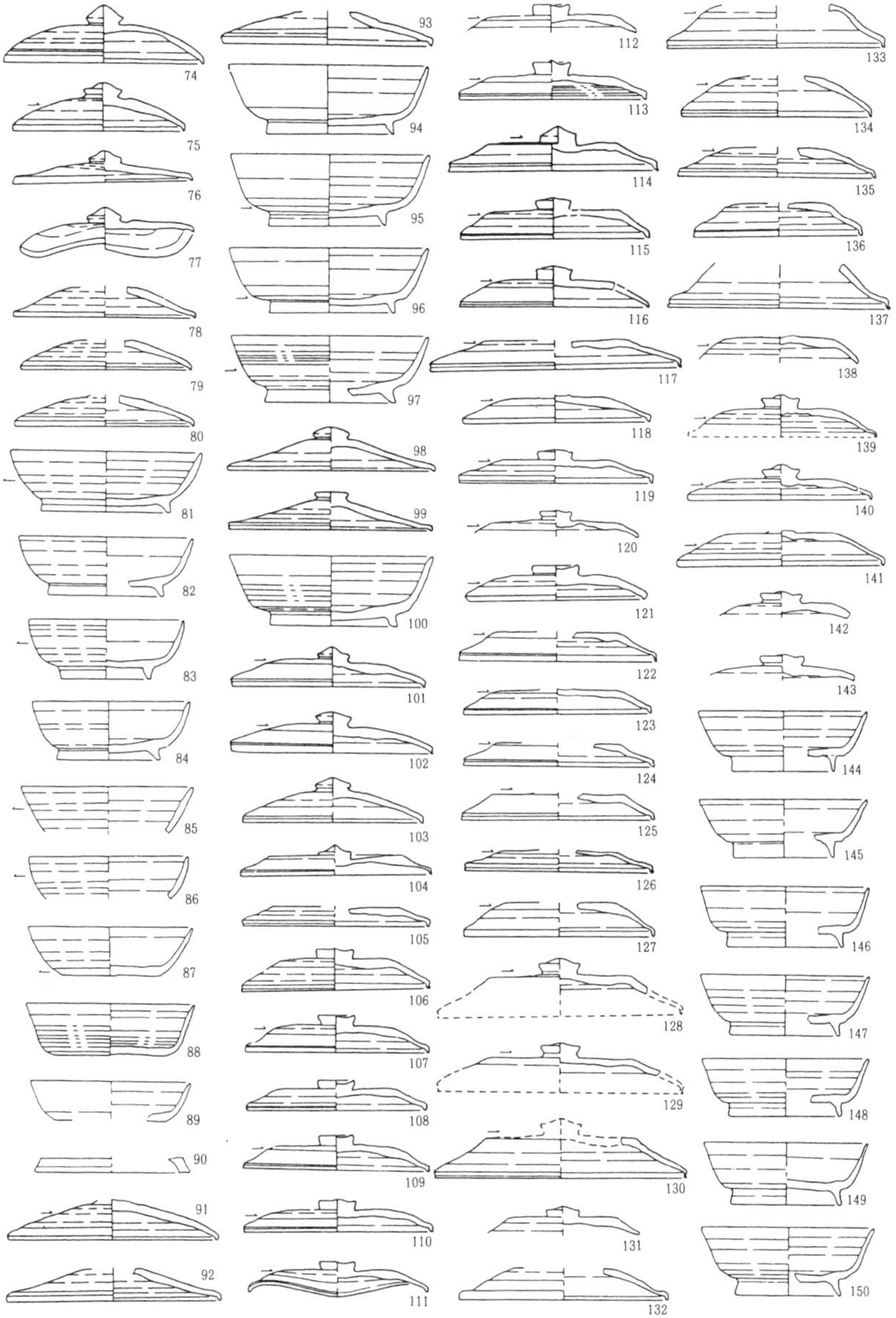

図２　竹原窯跡出土須恵器（2）（利部編 1991より）

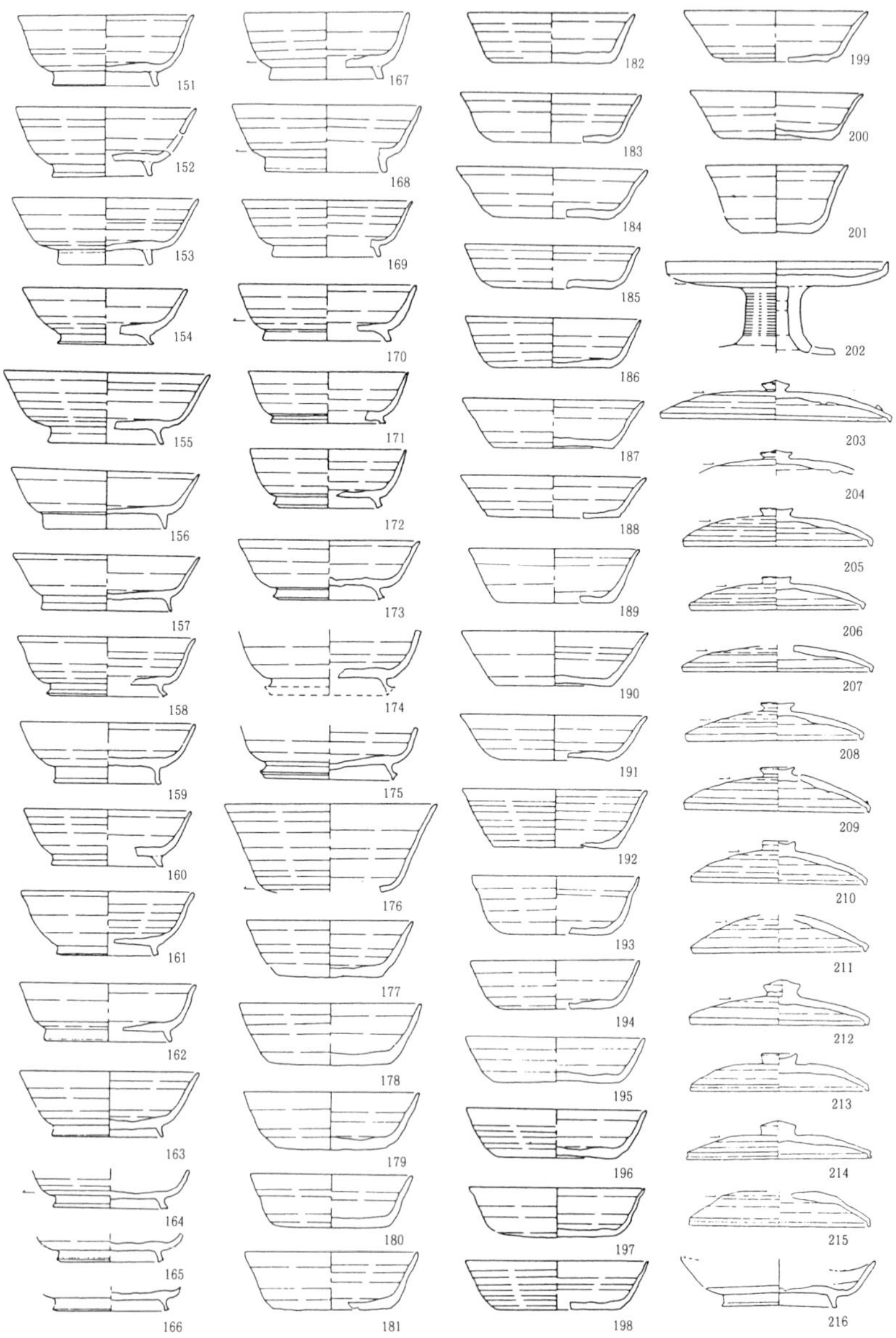

図３　竹原窯跡出土須恵器（3）（利部編 1991 より）

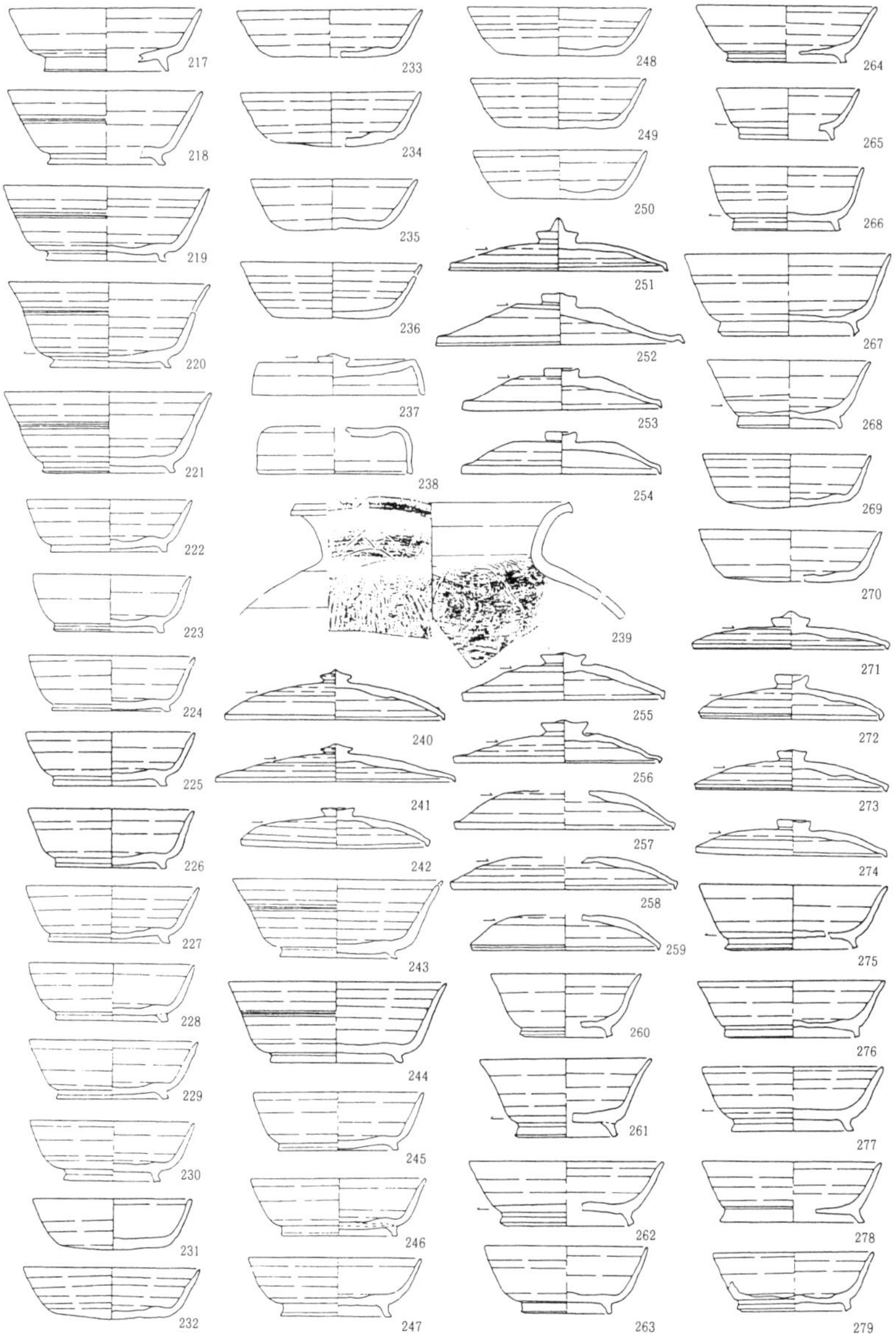

図４　竹原窯跡出土須恵器（4）（利部編 1991 より）

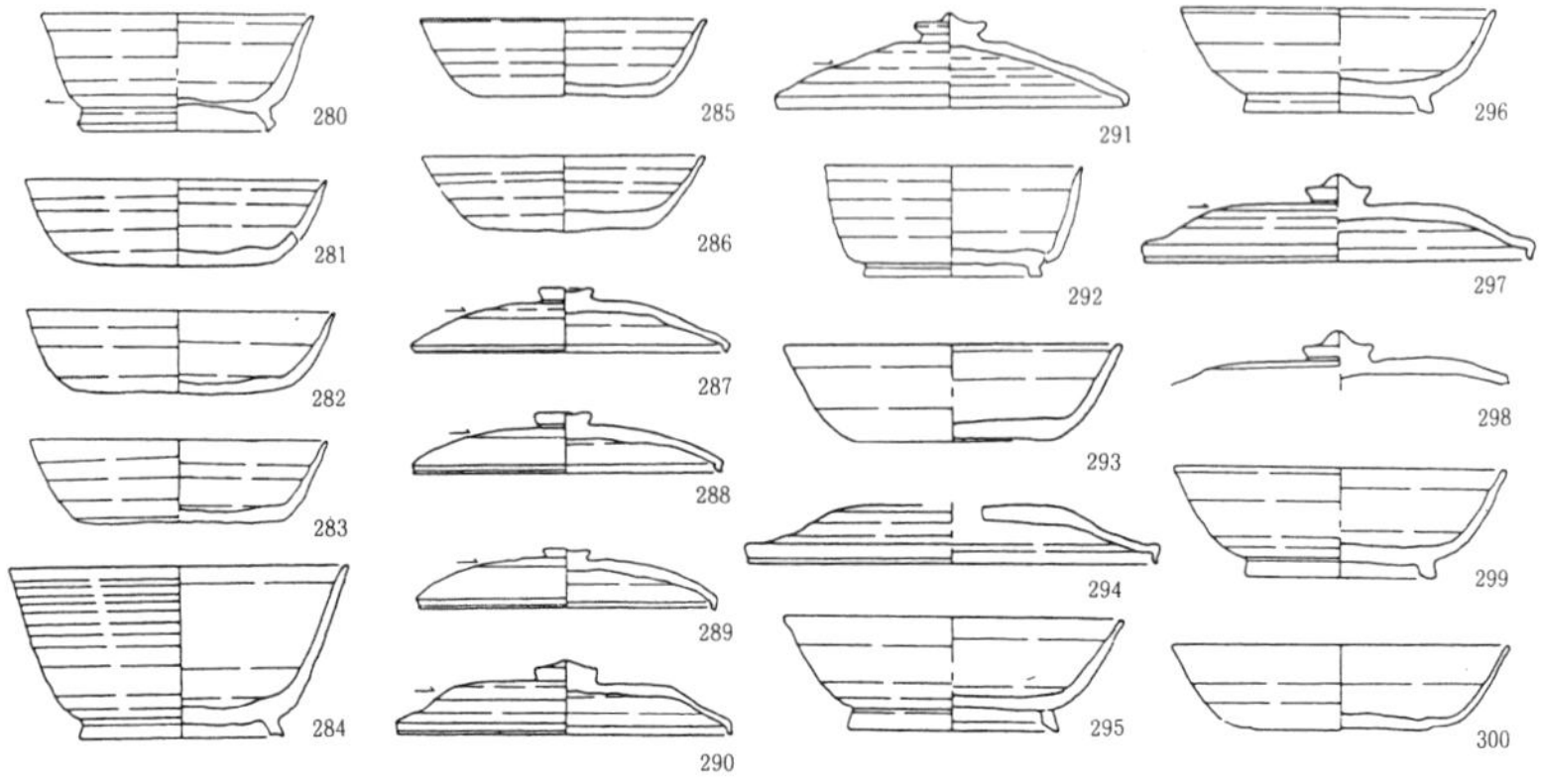

図5　竹原窯跡出土須恵器（5）（利部編 1991 より）

③の纏まりある須恵器をSD二八に帰属させた。

202～239は、ST一七から出土した蓋・有台杯・杯・短頸壺蓋・甕である。甕と一部の資料を除く殆どは、黒色を呈した硬質である。

203と240～250は、その特徴からST一七出土須恵器に関連する高杯・蓋・有台杯・杯の資料である。

251～283は、帰属が不明瞭で、SJ〇七・〇八、ST一八・三五の蓋・有台杯・杯を一括した。

284～286は、ST一三から出土した有台杯・杯である。

287～289は、ST一四（287・288）とST一五（289）から出土した蓋である。これらは共通した形態を持ち（利部一九九二b）、同様のものが秋田城跡から出土している。

290～293は、蓋・有台杯・杯の遺構外出土資料である。

294～296は、SJ二〇から出土した蓋・有台杯である。両者共に回転糸切り痕を留める。

297～300は、ST二六から出土した蓋・有台杯・杯である。蓋と有台杯は回転糸切りの痕跡を留めるが、杯は篦切りである。

出土資料の多くには、白色針状物質を含んでいる。

［参考文献］

利部　修　一九八二「一　科学的な分析について」『天台瓦窯遺跡』中之

条町教育委員会
利部　修　一九九二a「竹原窯跡の須恵器編年」『秋田県埋蔵文化財センター研究紀要』第七号　秋田県埋蔵文化財センター
利部　修　一九九二b「秋田県・横手地方の須恵器編年」『東日本における古代・中世窯業の諸問題』　大戸古窯跡群検討会・会津若松市教育委員会
利部　修編　一九九一『東北横断自動車道秋田線発掘調査報告書XI―竹原窯跡―』秋田県文化財調査報告書第二〇九集　秋田県教育委員会
坂井秀弥　一九九二「青森県杢沢遺跡の「小泊産須恵器」について―胎土分析による須恵器産地同定の問題―」『新潟考古学談話会会報』第九　新潟考古学談話会
佐藤忠雄・山田　忍　一九七四『上島松遺跡』　恵庭市教育委員会
三辻利一　一九八九「第六節　杢沢遺跡出土須恵器の蛍光X線分析」『杢沢遺跡』青森県埋蔵文化財調査報告書第一三〇集　青森県教育委員会
三辻利一　一九九四「a―二　渤海国上京龍泉府址、および、大川遺跡出土黒色土器の蛍光X線分析」『一九九三年度大川遺跡発掘調査概報』　余市町教育委員会
山本哲也　一九九三「d―一　大川遺跡出土の須恵器」『一九九二年度大川遺跡発掘調査概報』　余市町教育委員会

第三節　近世磁器窯の調査―松浦皿山窯跡―

一　はじめに

松浦皿山窯跡は佐賀県伊万里湾の西、長崎県松浦市志佐町白浜免字京地に所在する。北松浦半島の一角にあり、

悪太郎川の河口より約八〇〇メートル上流の右岸、標高五〇メートルの緩斜面に位置する（図1・2）。発掘調査は工業用水ダム建設に伴う事前調査である。当地の耕地面積は少なく、谷沿いの斜面に石垣を積み耕地を生み出している。台地上では温暖な気候を利用して果実の栽培が盛んであり、至る所に溜め池が存在していた。

窯跡の下方とやや奥まった右側には南北の山道が通じ、その西側沿いは急斜面で下の平坦部には狭い小川が流れている。窯跡の上位右側は陥没して段を形成し、左側は窯跡脇に沿って溝が造られていた。やや離れた左側に二基の炭窯が存在した。窯跡は俗称皿山と呼ばれ、窯跡より更に約二〇〇メートル上流の右岸には、窯跡の創業者と関連する墓が二基存在する。

調査は一九八〇年八月一八日より同年八月二一日までの予備調査を経て、翌一九八一年二月一六日より同年四月三日まで実施した。その後、本窯跡関連墓の調査を一九八一年八月六日より八月一一日まで行った。調査は、駒澤大学文学部教授倉田芳郎が担当者となり、主任調査員に立正大学大学院生利部修が当たり、駒澤大学考古学専攻の学生上敷領久・川畑敏則・矢澤登が調査員となった。墓の調査には、同専攻学生の江口浩文・箸塚光誠が加わった。また、駒澤大学教授所理喜夫・九州大学助教授丸山雍成・富山大学教授平岡公夫の協力を得た。

二　窯体

（1）燃焼室

燃焼室は胴木間とも呼ばれ、本窯跡の焚口のある室に当たる（図3）。肥前地方に存在する近世登窯は、手前を袋状に絞る構築法が一般的である。本窯跡も同様であり三角形状を示す。先端部は削平のために消滅しているが、規模は横幅二・六メートル・現存奥行約二・五メートル・焚口の現存横幅六〇センチである。

残存壁の高さは約一五センチあり還元色の青色を示し、底面は酸化色が主体であった。壁は脆く乾燥すると板

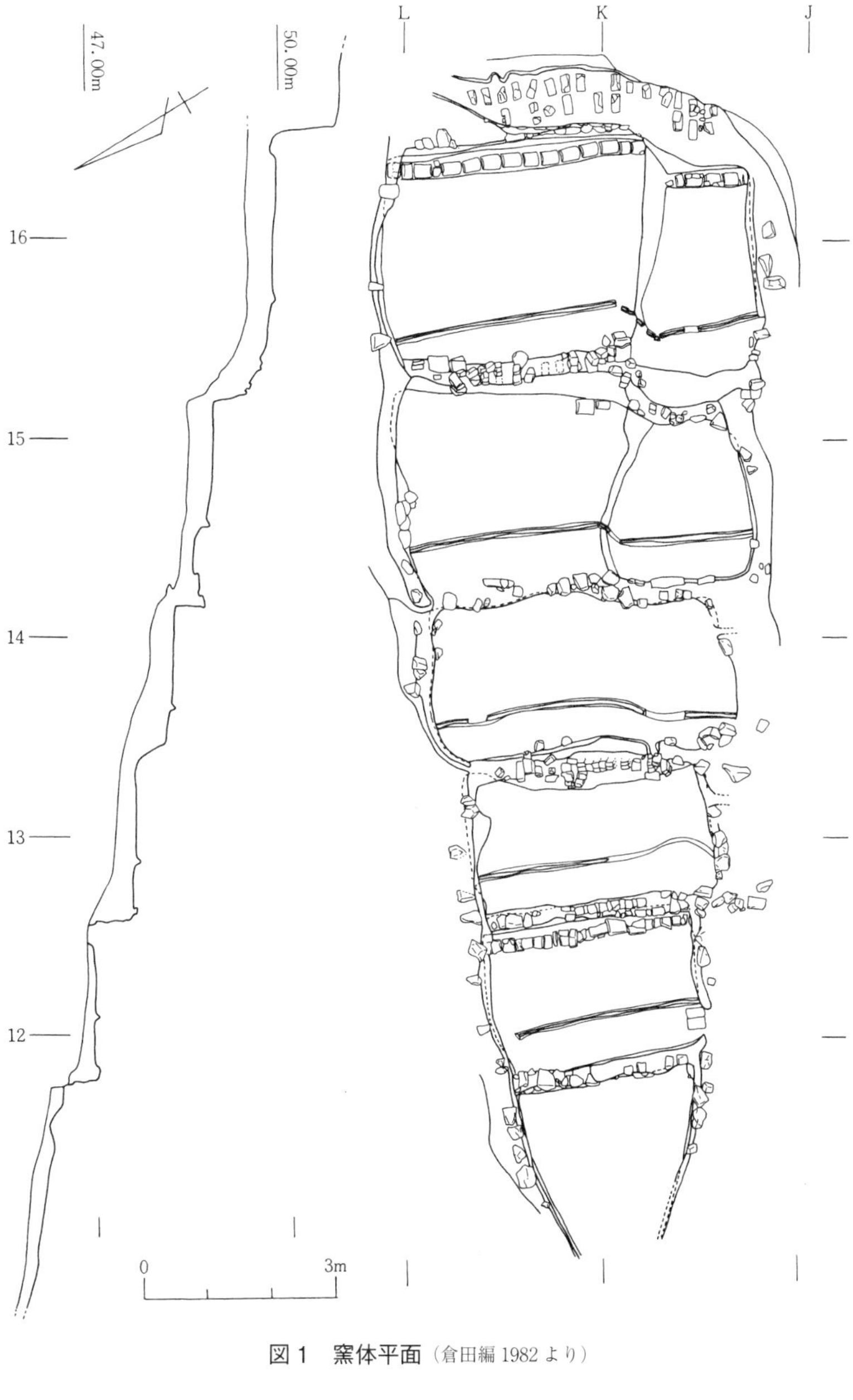

図１　窯体平面（倉田編 1982 より）

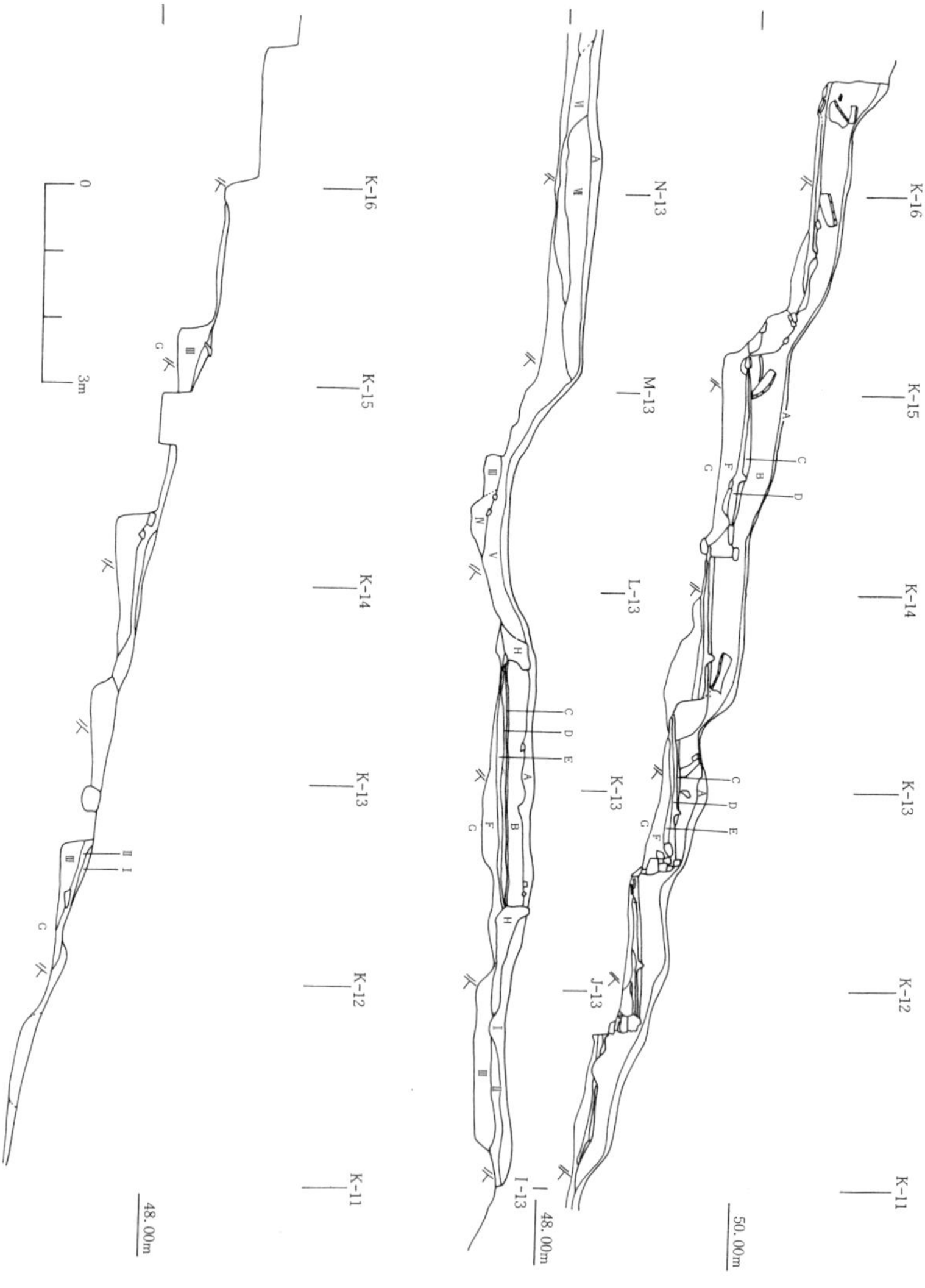

図２　窯体及び段状遺構の土層断面（倉田編 1982 より）

状に剥がれた。燃焼室の底面は奥へ行く程高く、第一～第五焼成室の底面が、ほぼ平坦であるのと対照的である。底面の傾斜は、炎が上位焼成室へ順調に移行できるように意図されたためであろう。

奥壁の高さは約三〇センチあり、トンバイは右側に数個存在し、左側ではトンバイの粘土が剥がれ石が露出していた。奥壁自体は三段に構築されており、右側の一、二段はトンバイが利用されていた。左側は二段目に二個のトンバイを含む。

床面中央部の落込みは、調査直前まで植えてあった杉の根の跡である。

（2）第一焼成室

焼成室の規模は、奥行二・二メートル・最大横幅三・二四メートルで長方形状を示す（図4）。火床は奥行六八センチ・横幅約三メートルで、面積は二・〇四平方メートルである。床境は幅八センチを測り、火床と共に青く硝子状に変化

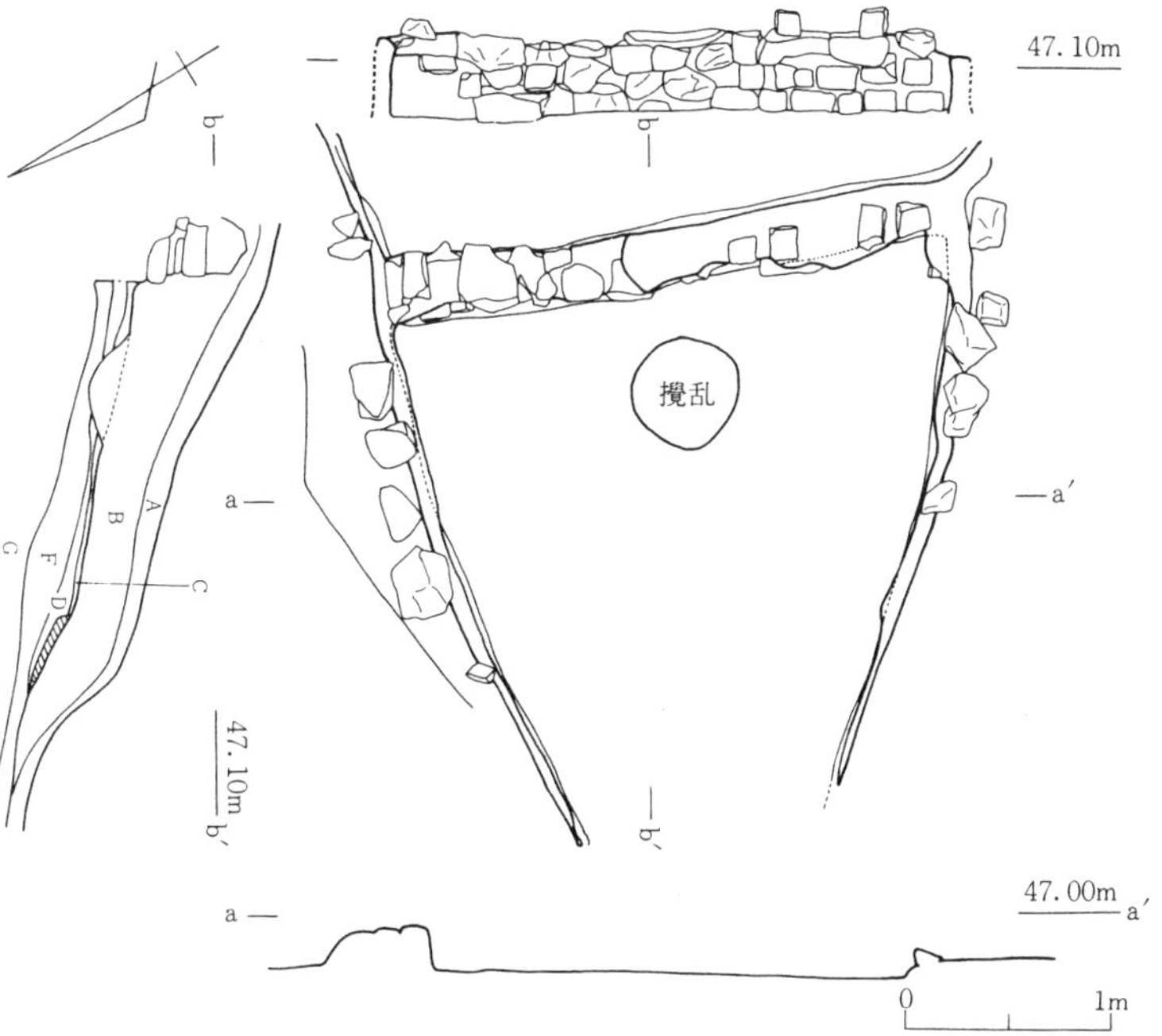

図３　燃焼室（倉田編 1982 より）

している。砂床は奥行約二・二メートル・最大幅約三・二メートルで、面積は約七・〇四平方メートルである。

側壁は、右側で約二八センチ、左側でも二八センチの高さがあり湾曲して立ち上がる。奥壁の厚さは約三〇センチ、第二焼成室への立ち上がりは六六センチである。通焔孔のトンバイは、トンバイを縦長に二段に積んで一単位としている。幅は約一二センチで、トンバイ間の幅は約八センチ、温座の巣の横幅が約二・八メートルであることから、一四個前後のトンバイが並んでいたと考えられる。

奥壁は五段積みとなり、最下部には一定の間隔を空けたトンバイを横長に据えてある。奥壁右側の三〜五段にはトンバイが多く、奥壁左側中央部には三〇〜四〇センチの礫が数個横長に据えてあった。

火床右側は入口と考えられ、縦一六センチ・幅二八センチの大型トンバイが二個並べて埋め込まれていた。周囲には、砂質で粘性の強い茶

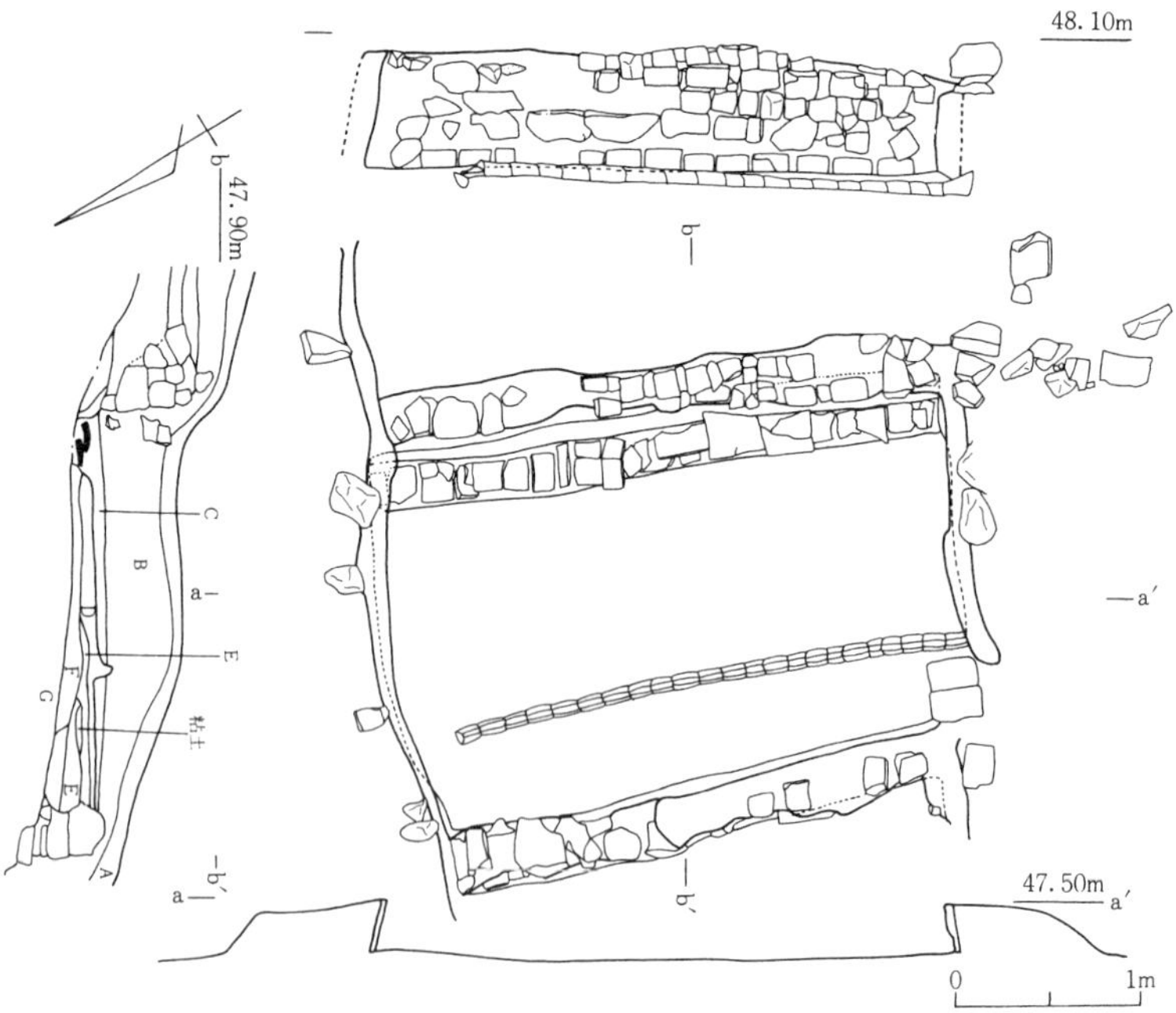

図４　第１焼成室（倉田編 1982より）

褐色を呈す粘土の範囲が確認された。

　奥壁手前には、溝の中に瓦が連続して敷き詰められていた。完形品は少なく、半分から三分の一の破片が殆どを占め、密に並んで砂が被っていた。瓦は凹面凸面が入り乱れて検出された。

（3）第二焼成室

　焼成室の規模は、奥行二・二メートル・最大横幅三・六八メートルで長方形状を示す（図5）。第一焼成室より若干大きい。火床は奥行約五六センチ・横幅三・六五メートルで、面積は二・〇四平方メートルである。床境は幅約八センチで、火床と共に青い硝子質に変化している。砂床は奥行一・五六メートル・横幅三・六八メートルで、面積は五・七四平方メートルである。

　側壁は、右側で二五センチ、左側で約三〇センチの高さがあり、左側壁は硝子化して青緑色の水飴状と成る。奥壁の厚さは、温座の巣がずり落ちており不明瞭だが、第三焼成室への立ち上がりでは概ね四〇〜五〇センチと推定される。

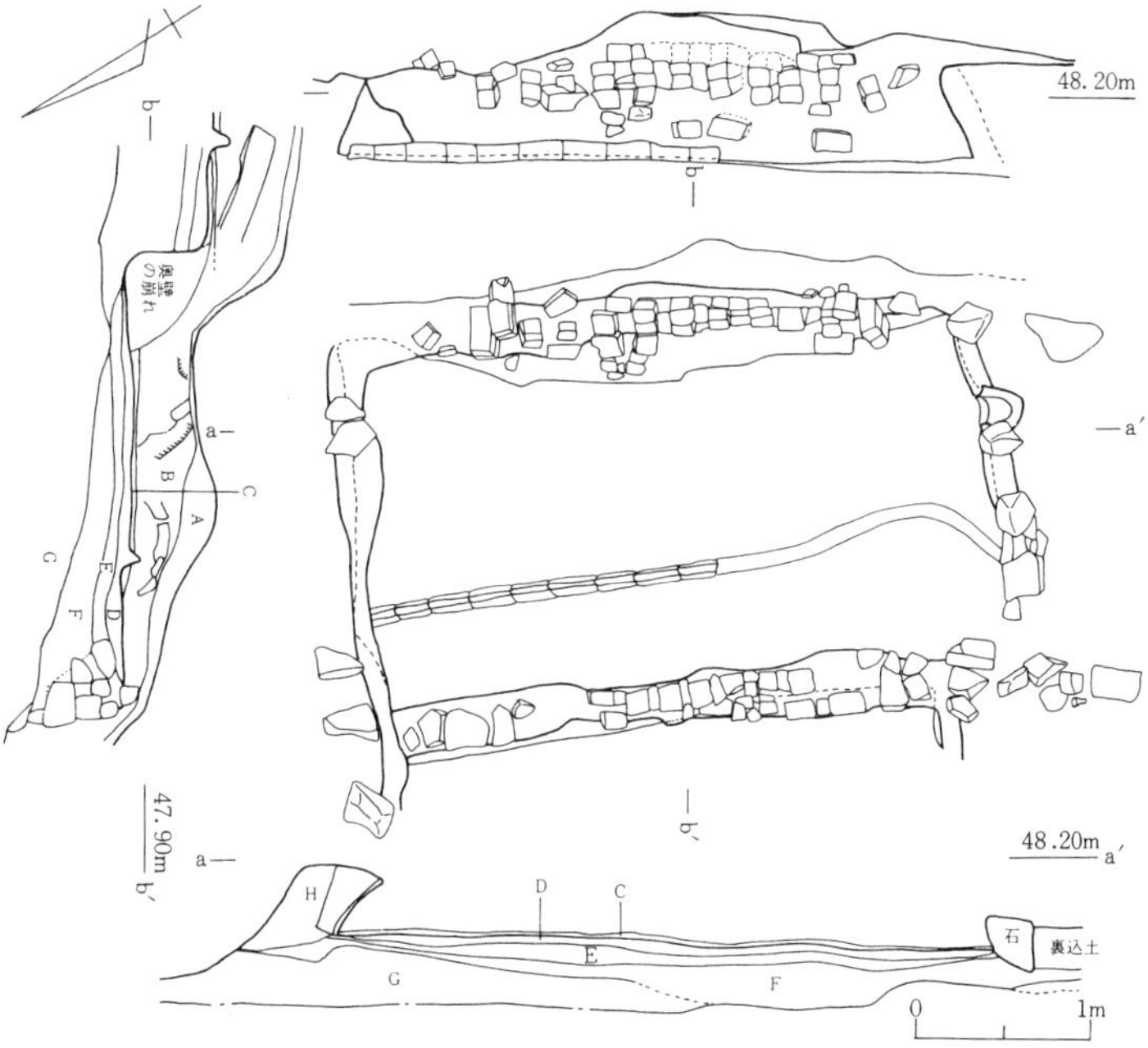

図５　第２焼成室（倉田編 1982 より）

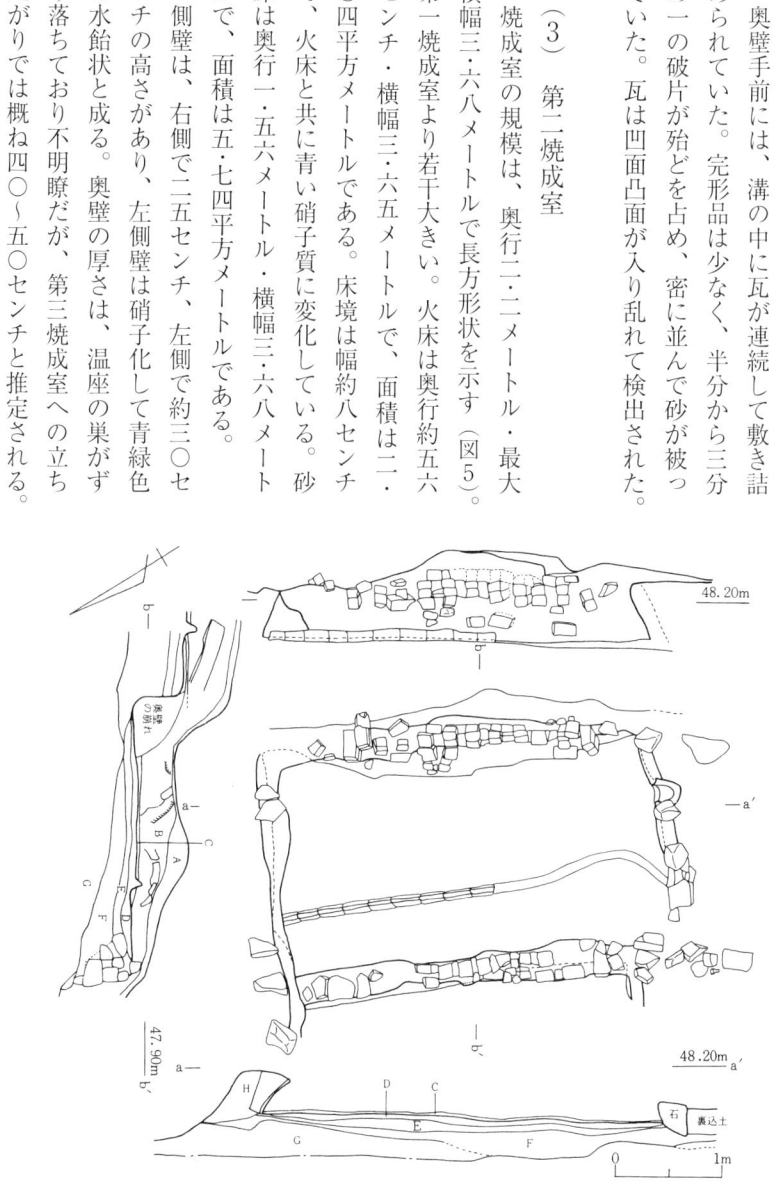

この部分の温座の巣は或る程度の形を成しており、トンバイ二個を重ね一組にしたものが一二組残存していた。奥壁正面は、トンバイが殆どを占め五、六段積みである。

右壁には奥壁より約五〇センチ手前に色見穴が存在する。直径約一二センチの円形を造り、砂床からの高さは五〇センチ前後である。

（4）　第三焼成室

焼成室の規模は、奥行二・二メートル・横幅四・六メートルで隅丸長方形状を示す（図6）。第二焼成室に比べて一回り大きい。火床は奥行四四センチ・横幅四・五四メートルで、面積は一・九九平方メートルである。床境は幅八〜一〇センチで、奥壁に向かって若干弓成りである。床境には二〇〜三〇センチの幅で縦に割れ目が入り、棒状に練った粘土の継ぎ目かもしれない。火床同様に青色の硝子質に変化していた。砂床は奥行一・六六メートル・横幅四・六メートルで、面積は七・六三平方メートルで

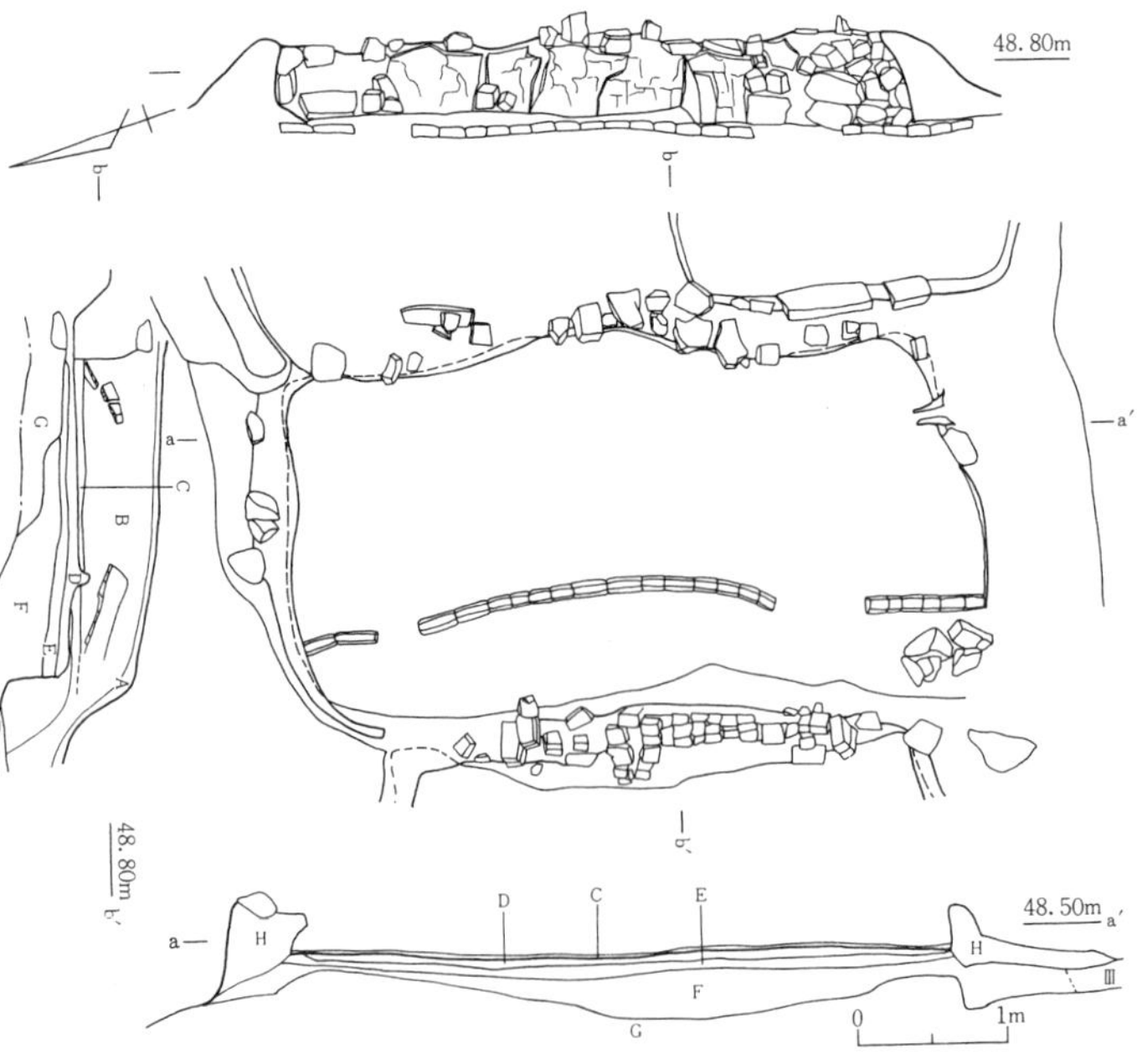

図６　第３焼成室（倉田編 1982 より）

ある。

側壁は、左右共に約五〇センチの高さが残存し硝子化していた。左側手前の壁は、本窯跡中最も良好な状態で、青緑色の水飴状を呈していた。

奥壁は右三分の一が手前に若干迫り出して崩れ、厚さは三〇センチ強である。第四焼成室への立ち上がりは、右側で六〇～七〇センチ、左側が約五〇センチである。トンバイの残存は頗る悪い。奥壁は四～五段で構築され、中には奥行二〇センチ・横幅三〇～四〇センチ大の大きな礫数個を、成る可く横にして据えてあった。中央部やや右の一メートル幅の部分は、壊れて土が露出していた。

右壁には、奥壁より約五〇センチ手前に色見穴が存在する。直径約一二センチの円形を造り、砂床からの高さは五〇センチである。他の焼成室にも本来色見穴が存在したであろうが、残存壁の高低より偶然二箇所だけ検出できた。二箇所の色見穴の位置は同様な場所であり、他も同じ様な位置に存在したと想定される。

第二・第三焼成室を仕切る温座の巣右側延長線上には、二〇～三〇センチの砂岩質の礫が、操業時の層に食い込んで並んでいた。本焼成室の火床面に関係すると考えられる。この状態は第二・第四焼成室の右側についても同様であり、入口か構築時の積み座に関連した遺構であろう。

（5）第四焼成室

焼成室は、地滑りと考えられる原因のために床が段差となるが、現状での規模は奥行三・二三メートル・横幅五・三四メートルで、隅丸長方形状を示す（図7）。火床は奥行八九センチ・横幅五・二メートル、砂床は奥行二・二六メートル・横幅五・三四メートルである。床の段差は約三〇センチで、右側の三分の一が低く手前に迫り出していた。床境も同様の状態を示し、幅一〇～三〇センチ毎に縦の割れ目が入り、火床同様青い硝子状に変化していた。

側壁は、右側が約六〇センチ左側で約五〇センチの高さがある。第五焼成室への立ち上がりは約八〇センチである。奥壁上部の幅は三〇センチ強で、右側の崩れた部分にトンバイはない。

通焰孔のトンバイは、トンバイ二個を接合し一組としており、欠損品は多いが置かれた位置が確認でき一八組の存在が知られた。奥壁は四、五段で構築されており、右側はトンバイを数個含んだ状態であった。左側は、一〇～三〇センチの礫を成る可く横に並べて据えていた。

中央奥壁手前には、完形と破片の二枚の瓦が凸面を見せて検出された。瓦の下には、溝らしき痕跡も留めず意味不明である。右側壁面に接して障壁を使用しており、炎の調節に役立てたものと推定される。

（6）第五焼成室及び煙出

焼成室は、地滑りと考えられる原因で床が段差となるが、現状での規模は奥行三・二

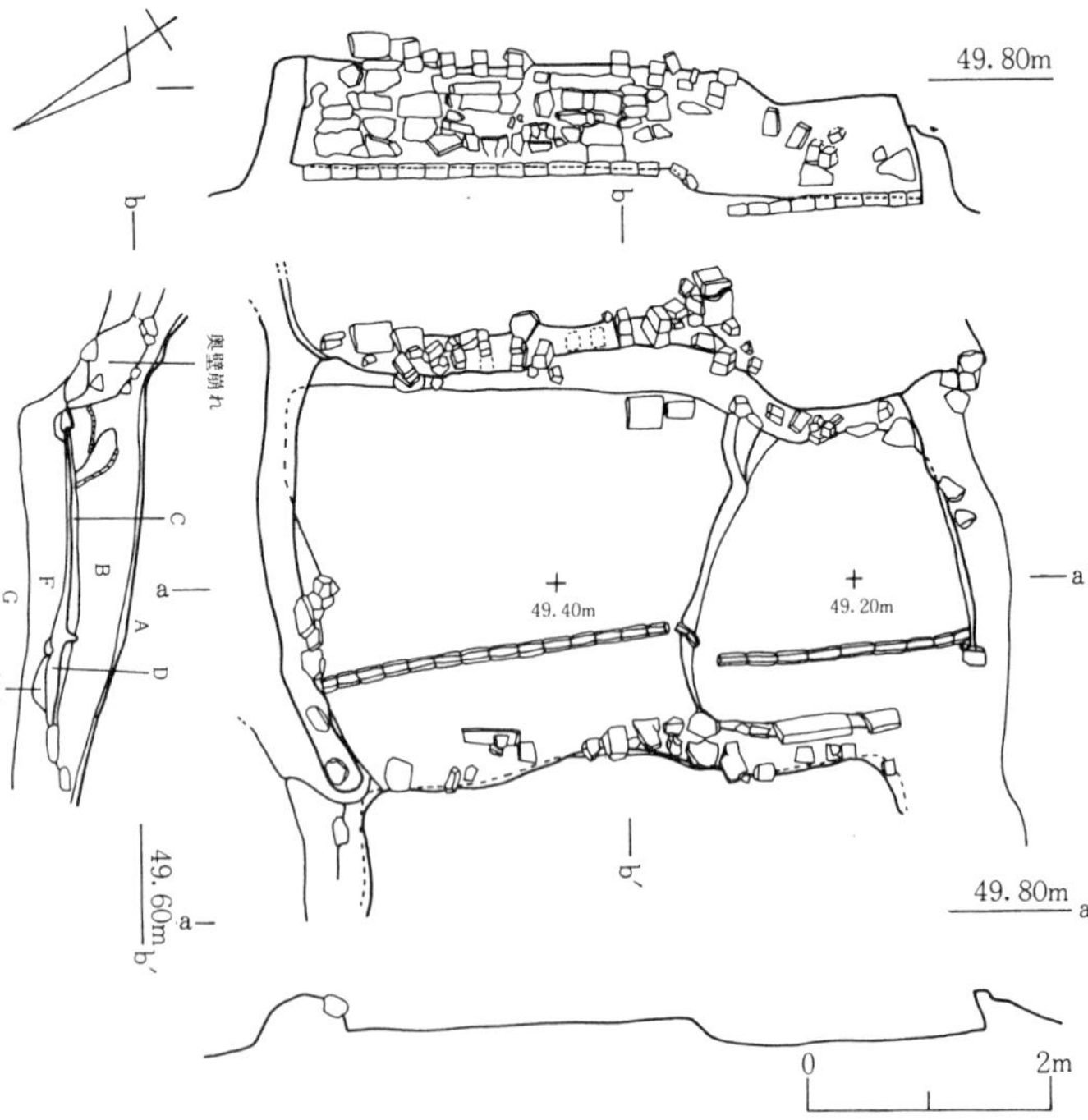

図７　第４焼成室（倉田編 1982 より）

メートル・横幅五・六四メートルである。形態は隅丸長方形状を示す（図8）。本焼成室は第四焼成室に比べて若干大きい。火床は奥行六〇センチ・横幅五・五メートルで、砂床は奥行二・五四メートル・横幅五・六四メートルである。床の段差は約四〇センチあり、右側の三分の一が低く手前に迫り出していた。床境も同様の状態を示し、幅一〇～三〇センチ毎に縦の割れ目が入り、火床同様青い硝子状に変化していた。床ずれ部分の床境が特に細かく砕けているのは、地滑り時の力の集中度を良く表わしている。

　側壁は、右側で約五〇センチ左側が約八〇センチである。奥壁の煙出への立ち上がりは、右側の四分の一で約一・一メートル左側では約九〇センチである。煙出のトンバイは、二個を接合して一組としている。欠損したり崩れ落ちたトンバイも多いが、痕跡より推して、二列一八組が置かれていたと考えられる。個々のトンバイの間隔は約一〇センチで均一

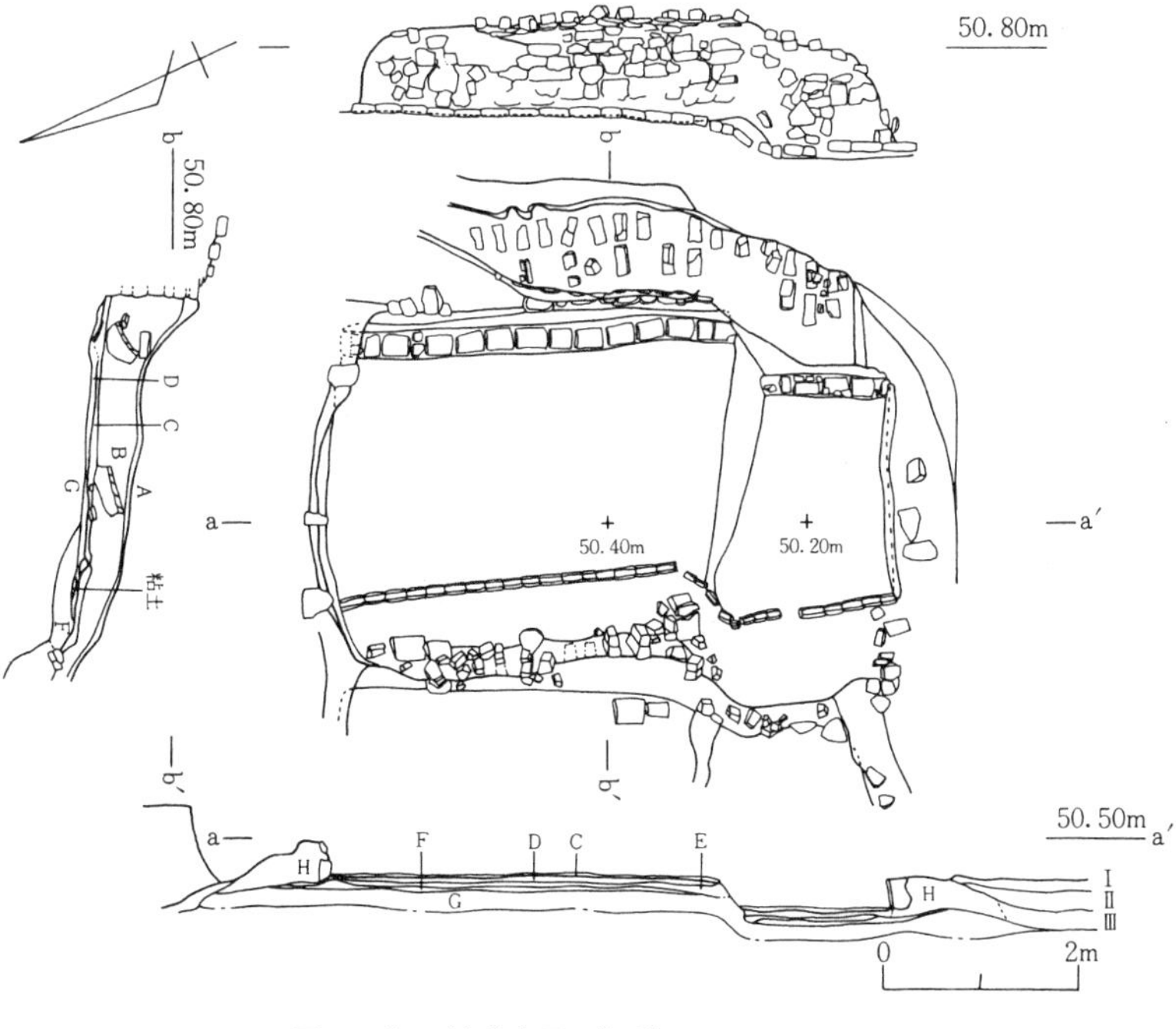

図8　第5焼成室及び煙道（倉田編 1982 より）

であった。奥壁は五、六段で構築されており、特別に大きな礫を利用すること無く整然としていた。上部中央付近は、厚さ約五センチ・長さ二〇〜三〇センチの平扁な礫を多量に敷き詰め整えている。

奥壁手前には、溝の中に横にした瓦が連続して敷き詰められていた。瓦は、両端の二点だけが凹面を向くだけで、これを除く総ての瓦は凸面で検出された。ほぼ完形と言えるのは一五点を数え、個々について観察すると、奥壁に対して若干左上がりの瓦が大半を占め、一定の隙間を空けて設置されていた。上部には砂が被っていた。

煙出より若干山側には、幅約一メートルで覆土が黒っぽい浅く不安定な溝状の落込みが検出されたが、連続性も判然としない。

三　段状遺構

本遺構については、窯体左側で一三線と交わる溝状遺構付近に、溝状遺構覆土の黒色土と異なる黒色土のある平坦面遺構の検出が切っ掛けであった（図2・9）。溝状遺構調査に伴ないもう一つの遺構が明確になった。二つの平坦面は、削平されたり残存覆土が薄かったりして、その時点では窯体関連遺構としての考えが及ばなかった。

調査が進み、窯体右側の面を掘り下げるに当たり、遺物が検出された層を除去し、不安定ながら地山で面を成す層で止めた。ところが、四室右側の部分を掘り過ぎてしまった結果、黒色土が、厚く堆積する状況が認められた。以上の失策より一面として留めていた地山面を掘り抜く必要性が生じ、結果として段状遺構の検出に至ったのである。

段状遺構の個々の数は、平坦面と奥の立ち上がりを一組とした場合、窯体右側では五組、左側では四組検出された。左右の段状遺構は、焼成室の脇に平坦部を意図したのは明確である。焼成室第四、五室の左側は、地山の崩れが認められ、本来は右側と対をなして存在していたであろう。個々の平坦部は、厳密には凹凸を示す。段自体の形態は方形状をなし、窯体から離れた壁面の高さは斜面に合わせて下方は自然に薄らぐ。第三～五焼成室を除く個々の遺構には極端な面積の差はない。焼成室の大型化に伴ない大型化する規則性はないが、大きな上位二つと小さな下位側三つに大別できる。

段状遺構に関わる覆土は次の通りである。

Ⅰ　褐色土層である。部分的に赤色を帯び、約三センチの赤色ブロックを含む。遺物や窯壁が見られ、粘性・締まりはない。

Ⅱ　黄褐色土層である。不純土を含む地山土が一面を成す。遺物の出土はなく、約三ミリの炭化粒を部分的に含む。粘性・締まり共良好である。

Ⅲ　黒色土層である。炭化粒・地山ブロックを含む。粘性・締まり共良好である。併せて段上遺構及び窯体覆土以外の層についても説明を加えておく。

Ⅳ　黒色土層である。粘性は普通で、締まりはない。

Ⅴ　黒褐色土層である。粘性・締まり共普通である。

Ⅵ　黄褐色土層である。地山土を多量に含む。

Ⅶ　黒褐色土層である。地山ブロックを部分的に含む。

四　柱穴及び物原について

表は、ピットの一覧である。柱穴は、主たる柱穴の他に補助としての柱穴とか、柱穴部分に撹乱が入り不明瞭な柱穴痕が検出されたり、様々な検出状況を示す（図9）。そこで、ここではピットの客観性をいくらかでも示し得るように、ピットの規模と簡単な特徴を表化し、柱穴と認識されたピットには○、その可能性のあるピットには?、可能性のないピットには×印を付した。

本窯跡における柱穴は、発掘時の所見も加え上端がほぼ正円を示し、平坦な底部に至るまでほぼ等しい筒形を示す。覆土の殆どは、軟らかい黒色主体の土で若干砂質である。ここでは、二〇個の柱穴を検出したことになる。

柱穴が多数検出されているにも拘わらず、その規則性には明確さを欠く。敢えて、柱穴配列の特色を示せば、窯体壁際に接して、下方から上方に向け焼成室の広がりと合わせて配列する、左右柱穴群が挙げられよう。窯体右側においては、それらを囲むように、第一焼成室以後上方に向けて配列する柱穴群がありそうである。窯体と接する右側の両柱穴群との関係は判然とせず、左側一三線付近の柱穴群についても規則性を把むに至ってない。

本窯跡の物原について若干説明する。物原探索は、当初窯体谷部に目が向けられたが灰の厚い堆積が認められず、窯体の両側に多くの試掘溝を設けた。窯体左側においては、灰層を流し捨てるだけでなく、穴の中に埋める行為も想定されたからである。窯跡に接した谷側には山道が通り、発掘調査前より断面の観察は可能であった。

窯体周辺では、H－一四区が最も良好な灰層と認識された。本窯跡における物原は、捨て場の範囲を限定せず、窯体右側を主体に掻き流された状態である。窯体右側の状況は、各焼成室入口との関係を示唆している。

五　窯体遺物

窯体の遺物は、主たる生産目的である磁器、磁器焼成上必要な窯道具、窯本体に付随した材料等に別けられる。ここでは磁器・窯道具の概要を述べていく（図10～12）。

本窯跡出土の磁器は少なく、小片も含めた数は五〇点以下である。理由の一つには、窯体規模に関わる総点数の少なさがある。また、窯体内出土磁器が数点であり、窯体外に掻出された遺物も破壊・採集行為を受け易い状

表1　窯体関係柱穴一覧（倉田編 1982 より）

ピット	大きさ(cm)	深さ(cm)	底　部	壁　部	備　　考	判断
1	23 × 24	23	平坦	良好	―	○
2	24 × 25	37	〃	〃	―	〃
3	〃	15	〃	〃	―	〃
4	25 × 26	24	ほぼ平坦	〃	―	〃
5	19 × 20	13	平坦	〃	―	〃
6	20 × 20	37	〃	〃	―	〃
7	〃	38	〃	〃	若干山側に傾斜	〃
8	〃	43	―	〃	底径 5～6cmと窄まる	?
9	22 × 23	42	平坦	〃	―	○
10	16 × 16	20	〃	〃	若干窄まる	〃
11	20 × 20	―	〃	〃	深さは山側で 80cm	〃
12	〃	32	〃	〃	底部にトンバイあり	〃
13	5 × 15	16	〃	〃	壁の一部は黒色	〃
14	10 × 12	40	尖る	〃	―	?
15	25 × 28	65	〃	不良	鬚根が蔓延	×
16	21 × 30	70	〃	良好	〃	〃
17	26 × 29	20	擂鉢状	〃	―	?
18	19 × 20	45	ほぼ平坦	〃	―	○
19	8 × 10	30	―	〃	北側は良好	?
20	14 × 14	35	―	〃	底部は若干窄まる	〃
21	18 × 21	15	ほぼ平坦	〃	―	○
22	23 × 25	38	〃	〃	―	〃
23	15 × 15	13	〃	〃	―	〃
24	16 × 16	24	平坦	〃	―	〃
25	19 × 19	28	ほぼ平坦	〃	―	〃
26	16 × 16	18	平坦	〃	若干北側に傾斜	〃
27	21 × 21	29	〃	〃	若干窄まる	〃
28	17 × 17	40	凹凸	〃	底部には小穴が 2 個	?
29	20 × 22	30	―	〃	底径は約 8cmで窄まる	〃
30	18 × 18	34	―	〃	〃	〃

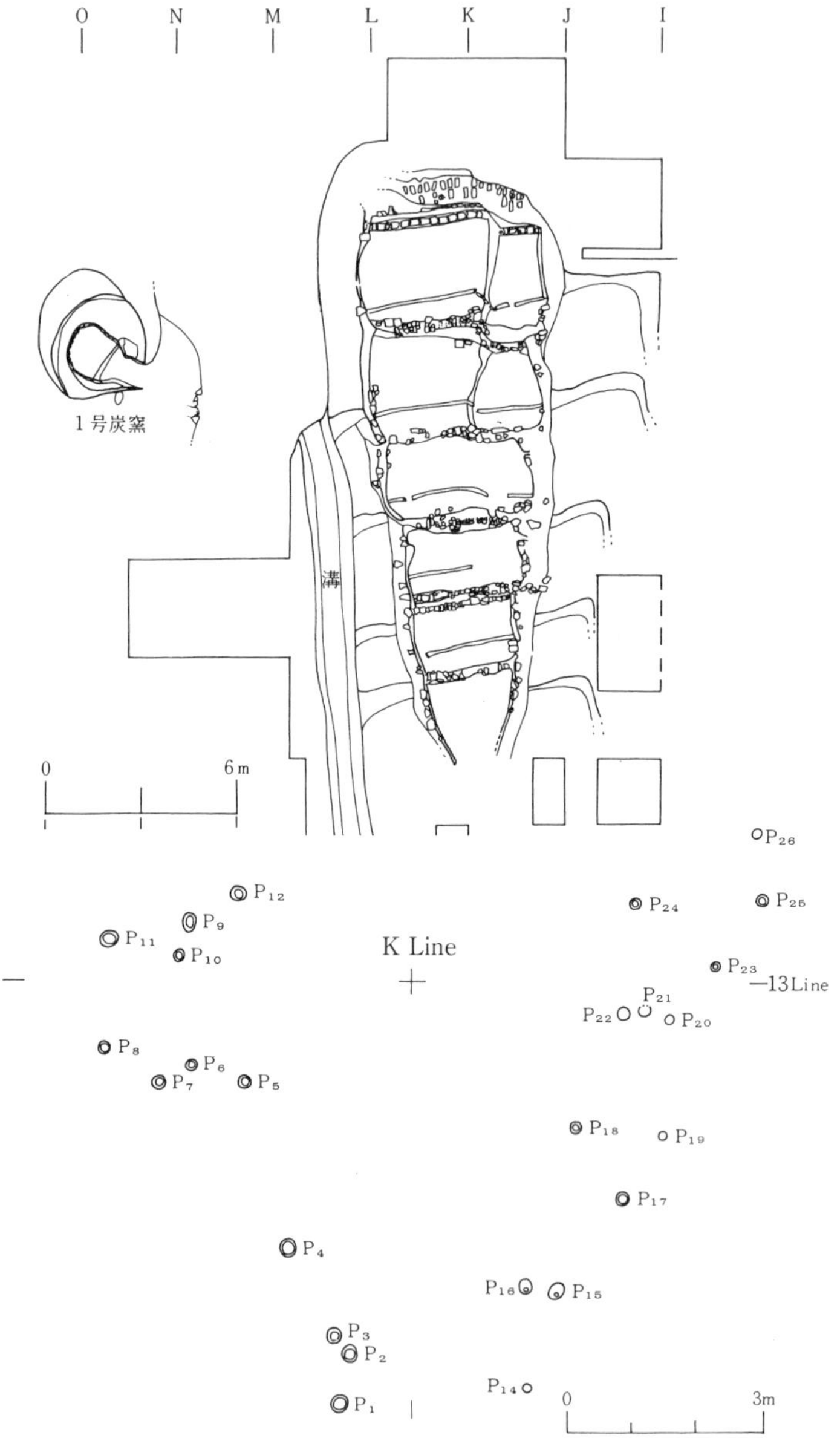

図9　段状遺構及びピットの配置（倉田編 1982 より）

況下だったためと考えられる。

出土磁器は、主体となる茶碗・瓶類・高杯の種類がある。茶碗は口径一〇センチ内外・底径四センチ内外を計りほぼ共通するが、器高にはばらつきがある。殆どの茶碗は、高台に一線腰部に二線を施す。本報告書掲載の殆どが窯体外出土であり、H－一四区灰層中の遺物が主体を占める。

文様は図10－1～4・21の網目文、7～10の笹文、5・6・11・18の草花文、3・20の鋸歯状文、それに21の横帯文とも言うべき文様に大別できる。文様の認められない遺物は、無文なのか、小破片であるせいなのかは不明である。

文様の総てが染付であり、染付の中でも青色と灰色に二大別できる。染付が青色に発色する遺物の地色は白に近く、灰色の遺物は淡灰色となる。両者の相違は、火の受ける状態による焼成差と考えられるが、本窯跡出土茶碗について、文様別に比較してみた。

網目文を有する茶碗は、総てが灰色で青色は一片も含まない。草花文の遺物については、殆どが青色である。笹文の遺物については、両者を含むという結果が出た。以上の特色は、皿山窯跡において文様の相違が、焼成室における配置の位置と関係していることを示唆しているのかもしれない。今後の問題点と言えよう。

特色の二としては、1～5の高台裏に、草書体の文字が付されている点である。1～4の網目文の茶碗には「福」の字が、5の草花文の茶碗には、「山」と考えられる字が付されている。

次に窯道具について説明する（図11）。

窯体内窯道具の総数は、二八一二個である。数値は窯体外の遺物が含まれず、且つ、複数に割れた遺物が多量であり、本来置かれていた道具数とは大幅に異なる。窯道具は、総て赤色化しており、中には小豆色を示すものもある。

道具の種類は、トチン・ハマ・ナンキンであり、法量より各々型式差がある。トチンは、A～Cと三型式に

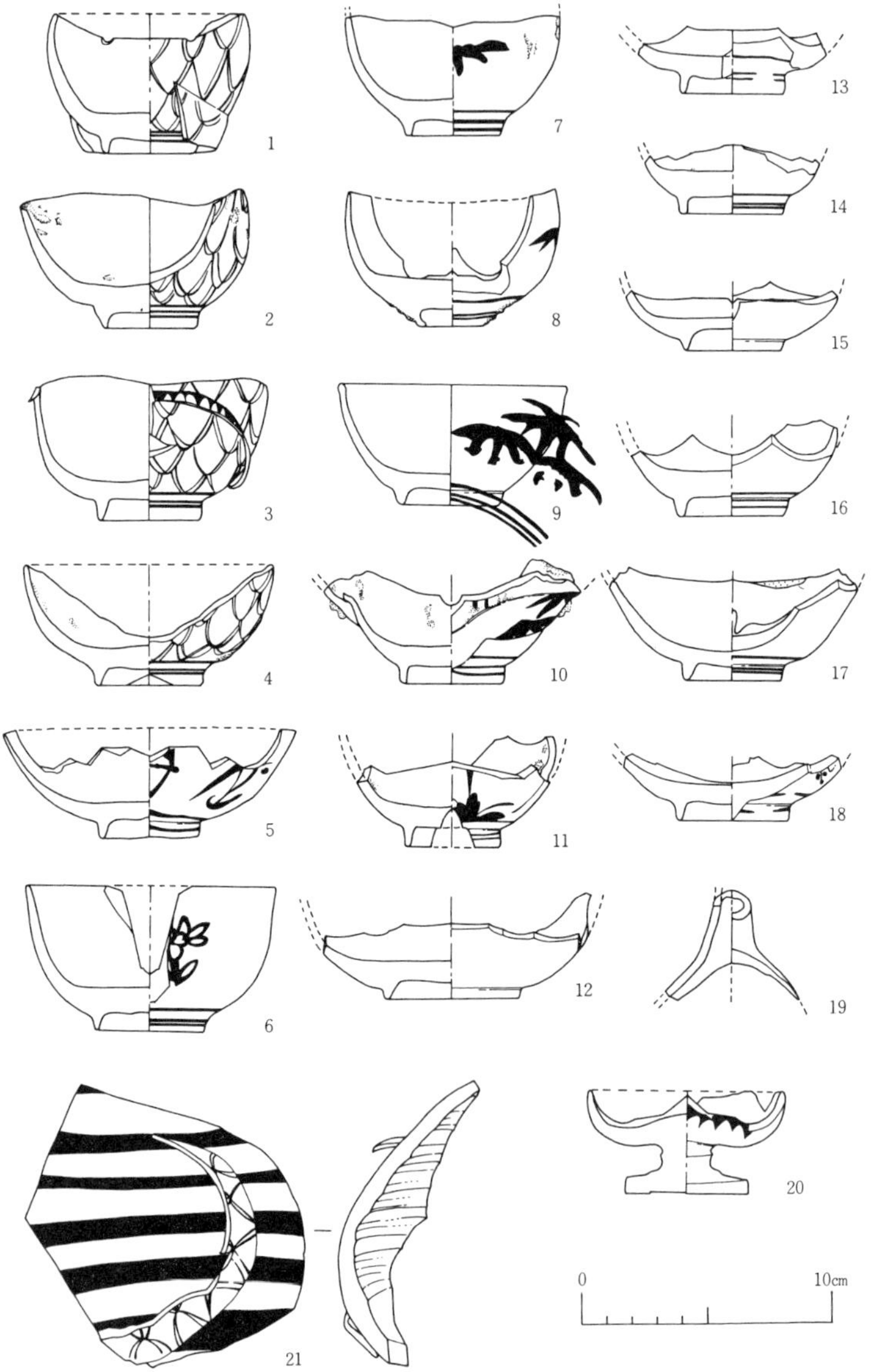

図10　窯体遺物（1）（倉田編 1982 より）

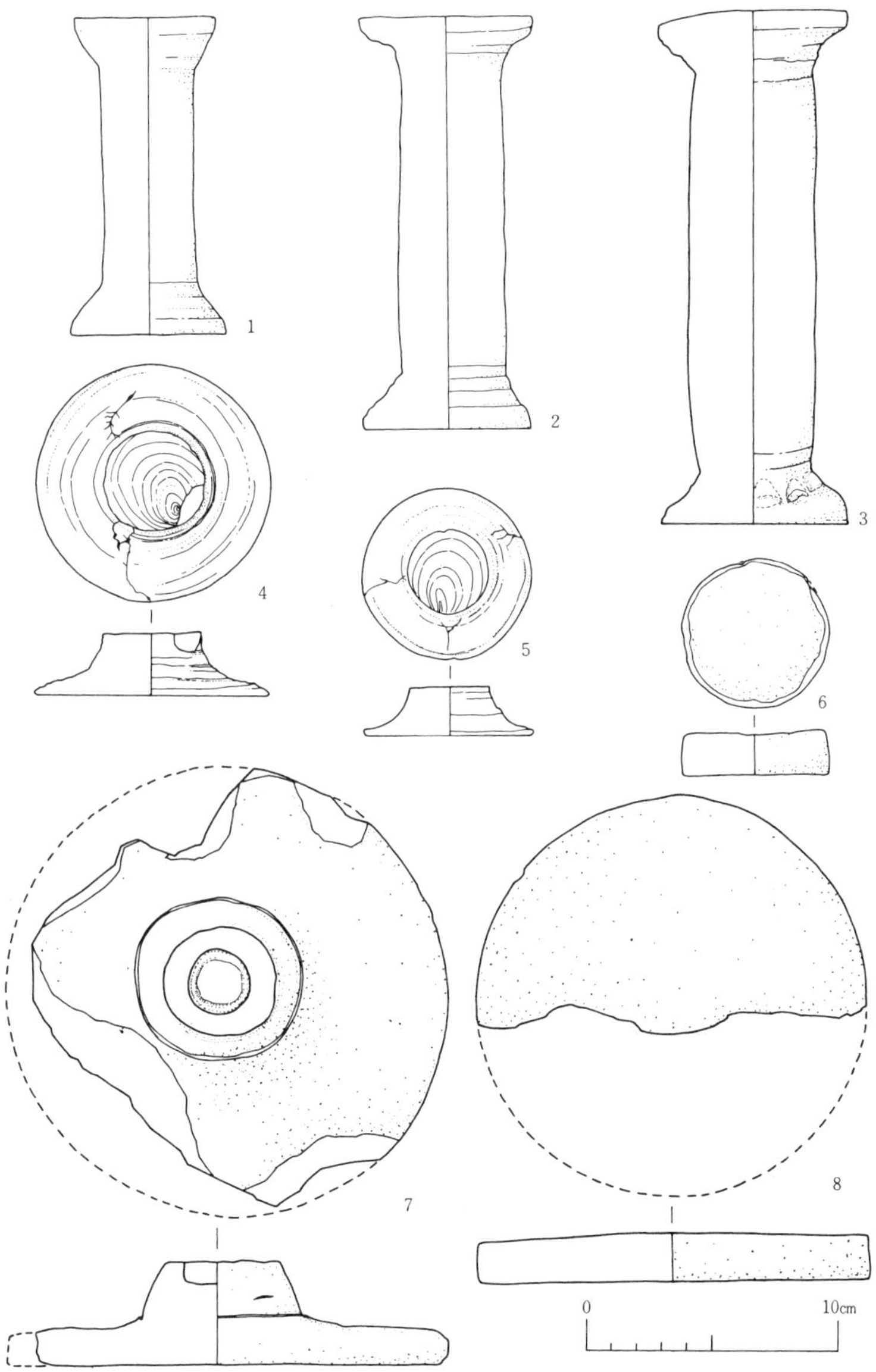

図11　窯体遺物（2）（倉田編 1982 より）

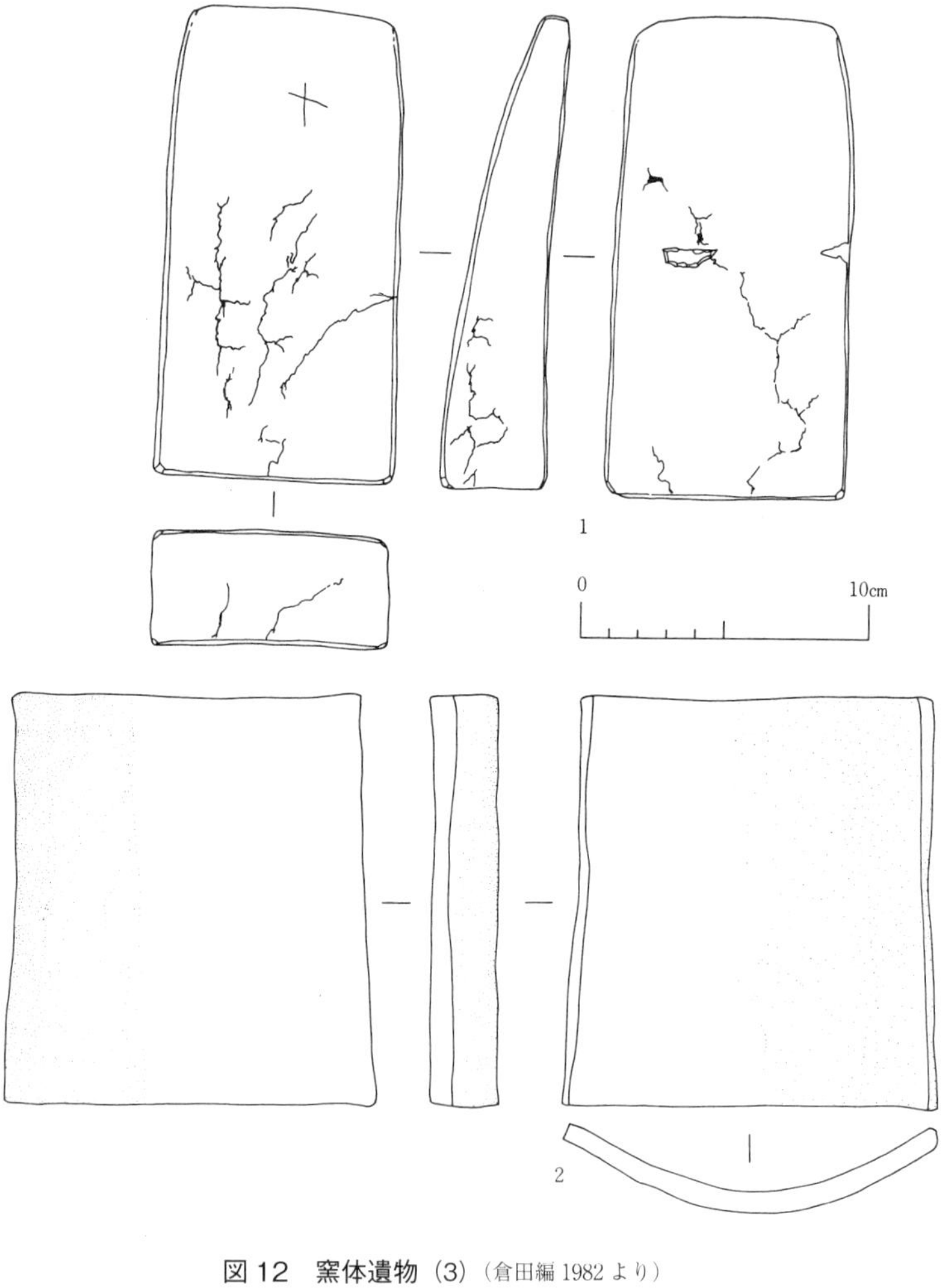

図 12　窯体遺物（3）（倉田編 1982 より）

分かれ、高さ×太さの法量は次の通りである。A（1）は、一二センチ×三・五センチ内外、B（2）は一六センチ×四センチ内外、C（3）は二〇センチ×五センチ内外である。ハマは、イ～ハの三型式に分かれる。底径×高さの法量は、イ（5）では六センチ×二センチ内外、ロ（4）では九・五センチ×二・五センチ内外、ハ（7）では一七・五センチ×四センチ内外である。ハマの糸切り痕は、観察した中では轆轤右回転による。ナンキンは、a・b二型式に分かれる。径×厚さの法量は、a（6）では六センチ×一・五センチ内外、b（8）では一五・五センチ×二センチ内外である。

トチンは、第一～第五焼成室まで一貫して小型品が多く大型品が少ない。ハマは、第三、第四焼成室においては大型品に比べて小型品が多い傾向を示すが、第一、第二焼成室では、大型品が多くなる傾向を示す。ナンキンは、第四、第五焼成室において主体的に使用され、小型・大型品とも同じ位いの量を示す。

以上、各種窯道具の法量による型式差を示し、窯道具を通して各焼成室における製品の存り方に少しでも言及しようと試みたが、前述のごとく破損品の数値では、基準資料の信憑性に欠けるため傾向を把えるに留まった。

他に窯道具として障壁がある。図12－1には、窯印「メ」が施されている。障壁は、製品に炎を直接当てない炎の誘導に役立ったと考えられる。所謂楯である。

窯構築材の遺物として瓦が挙げられる。瓦は、第二・第四・第五焼成室奥壁付近より検出された。図中の瓦は、第五焼成室出土の瓦である。厚さは一・五センチ内外とほぼ均一である。部分的に縁取りを行なう。図の点描部分は吸炭を示し、他は赤褐色を呈する。他の瓦は、大きさに多少のばらつきがあるにせよ同じ形である。

六　窯体構築に関するまとめ

本窯跡は窯本体と両脇に段状遺構を設けており、段状遺構の個々は室に隣接し左右対称をなして並んでいる。

ここでは段状遺構についての考えを整理し、その過程で生じた二、三の問題点を適出していきたい。

窯本体と付随する段状遺構の性格を考る手段として、まず二者を別個の遺構として捉え、構築状態と土層を基に、築窯から操業、廃棄と辿る過程の中に照らし合わせて考えていく。

調査の結果、窯体構築順序は次の三段階に大別できる。第一段階は、地山掘削作業であり、窯本体の掘方や段状遺構の壁面・底面を形成する。第二段階は、窯跡床面の基礎・奥壁造りの作業である。床面の基礎となる土と奥壁裏込め礫の一部に、床面が覆っていた理由による。第三段階は、床・壁・天井と一連の粘土構築作業である。壁の基礎や温座の巣については、第二段階であるのか第三段階であるのか判然としない。

土層については前述報告の如くであり、両遺構の関係を知る上で、鍵となる連続した土層は明確ではない。因って、ここでは、操業を終え窯本体より掻出された破損遺物を含む段状遺構のⅠ層と窯操業以前の床面構築時から、Ⅰ層との間を埋める時間帯に注目した。つまり、操業時間と製品の取り出しに要する時間帯を、両遺構に連続して関わる共通要因とし、窯の床とⅠ層を鍵として捉えた。

段状遺構に関わる層位のうち、Ⅱ・Ⅲ層は操業以前の土層であり、Ⅱ層の上面には操業面のⅠ層がある。Ⅰ層の形成は操業時と同じ時期である。窯跡床面の貼り付け粘土の直下には黒色土層を用い、地山掘削の後の床面を築くまでは短期間である。段状遺構の地山掘削面とⅡ層との間には、やはり黒色土Ⅲ層を用いている。両遺構の掘削時期は同じと考えられ、両黒色土に関して粘性や粒子の細かさは若干異なるが、一連の時間の経過として捉えられる。両黒色土には、炭化粒が含有する共通要素も以上の事実を裏付けている。段状遺構の黒色土は、窯跡の床構築以前に湿気を防ぐために床直下の基礎の土を焼き、床造りの平坦化に際し余分な黒色土を窯本体脇に移したものと考えられる。余分な黒色土に周辺に盛られていた地山土も含み、段状遺構における黒色土Ⅲ層が形成されたと考えられる。その上にⅡ層を構築した。

窯本体脇には、地山面に多数の柱穴痕が存在し上屋構造が想定された。上屋を支える柱穴の構築時を、操業時のI層に求めるならば、地山面より下方数一〇センチの深さに、更に黒色土Ⅲ層分の厚さ数一〇センチを加えることとなり、極めて深い柱穴を掘らなければならない箇所も出てくる。逆に地山面の時点で、柱穴を掘り固定しⅢ層を埋込むならば、頗る合理的であると考えられる。なお柱穴とされる中には、上屋のみならず窯体構築作業上梁を渡すため必要とされたものの可能性も加えておく。

最後に、窯本体と段状遺構の地山掘削状況について述べておく。窯体各室の床面と床下に位置する地山掘削面の高低差は、上方の奥壁付近では小さく、下方の温座の巣付近では大きく、約五〇センチを測る部分もある。左右一四線における地山掘削面では、中央に向かうに随い床面との比高差を増し、一三線の断割でも同様の結果を得た。これは奥壁を高く積上げ、床下の基礎になる土を詰める必要性に起因している。段状遺構の地山掘削部分は、窯壁の基礎である二つの掘り残し地山部分を境に左右に平坦部を造り、窯本体においては奥の手前が極端に浅く、下方にかけて緩い擂鉢状をなす。窯本体の掘削面は、はじめに段状遺構同様平坦部を造り、後に傾斜を造り出す掘削を施したと考えられる。

以上、いくつかの問題点を記述してきたが、Ⅱ層の性格が明確になるに及んで、操業時における段状遺構の機能は副次的と言える。因って、段状遺構の性格付けをするならば、先に述べた窯体構築過程第一～第三段階のうち、第二、三段階の作業を順調に遂行するために、積極的に設けられた作業場・足場とすることができるであろう。だからこそ、段状遺構個々の外側壁方向が統一性に欠け、規模についても、焚口より第五焼成室まで順序だった規制を受けていない。Ⅱ層上面が比較的固く締まった感触を与えた事実も、足場としての性格を表わしていよう。

今回のような段状遺構の完掘は初めてと思われ、窯体解明のために、窯本体外側の調査と断割方法による調査は、是非とも必要であると痛感した。

あとがき

筆者が考古学を志したのは昭和四九年（一九七四）四月のことである。駒澤大学の故倉田芳郎先生に入門した後、立正大学坂詰秀一先生の門下を経て、秋田県埋蔵文化財センターに務めることになった。三月でセンターを離れる本年が、考古学を始めて四五年の節目に当たっている。

駒澤大学の考古学研究会に何気なく入り、初めて考古学徒として行った作業が群馬県菅ノ沢遺跡出土須恵器の洗浄であった。偶然にも同遺跡の春季発掘調査が延期となり、入会の早かった筆者が同期では一人、太田市まで埋め戻し作業に連行されたことを思い出す。その頃は、まだ学生運動の余波が残っている時期で、資料室の土器等が、その巻き添えを被る寸前だったことを先輩に聞いたことがある。

両先生は、日本考古学協会に生産技術研究特別委員会が発足し（一九六四）、その事務局長兼窯業部会専門委員の倉田先生、同専門委員で窯業部会「関東」を担当した坂詰先生の関係で、『日本の考古学』Ⅳに共同執筆された間柄である。後に倉田先生は近世陶磁器の研究を本分とされた。古代土器を専攻した筆者を、倉田先生が坂詰先生の元で学ぶように薦めてくれた必然性を、今にして感じる。相撲観戦の好きな先生が出稽古の場所として坂詰門下を選択してくれたのである。

立正大学では、八坂前窯跡の調査に参加することができた。当時八王子に現場を持ち、掛け持ちの調査であったが、整理作業にも参加できた。窯跡上方の斜面で思案していた先生の姿が記憶にある。国外の民族考古学を追求し、筆者の中で名前だけが先行していた関俊彦先輩とも巡り会えた。仏教考古学を主体として、古代から近世にかけての歴史考古学全般を、幅広く学ぶことができた掛替えのない時期であった。

秋田県埋蔵文化財センターに赴任したのが昭和六〇年、採用が同六二年（一九八七）、三二歳であった。昭和六三年に調査した竹原窯跡は、両大学での窯跡調査の経験が実践できた遺跡である。筆者と考古未経験の非常勤職員が、九二〇〇平方メートルの面積に対して十数台のベルトコンベアーを駆使して挑んだ。行政の為せる技であるが、期限に合わせる急ぎの調査であった。報告書も然りである。相撲界では三二歳頃に、新たな踏ん張りが出る説があるらしい。本書の大部分の論考は、センター在職中の発掘調査とその整理作業に基づくが、その源泉は前述した二つの相撲部屋にある。

秋田県、つまり東北在住の切っ掛けを作ってくれたのは当時センター所属の岩見誠夫氏である。東北縦貫自動車道関連遺跡の縁でセンター職員の出発点を支援して頂いた。縄文後期の遺跡が草創期に遡ると訴えたことに二次調査の英断を下し対応してくれた冨樫泰時氏、払田柵跡の調査に長く携わり若手の古代土器研究の意欲を喚起してくれた船木義勝氏等々、センターで多くの方々と接する機会に恵まれ沢山の刺激を頂いた。

平成三〇年（二〇一八）久保田城跡の発掘は、近世家老職であった渋江家屋敷の全貌解明に向けた広範な区域の調査であった。筆者が、これまで責任を持って調査を続けてきた現場の最後がこの遺跡である。道路を隔てた向かいに、筆者が敬愛する藤田嗣治画伯を顕彰した旧県立美術館があり、そこが調査事務所である。昼休みには、高校野球一〇〇回記念に県立金足農業高等学校の激戦を近くのイベント会場スクリーンで応援し、見知らぬ人達と歓喜を分かち合った。倉田先生は高校野球観戦が大好きであった。しかも、肥前系陶磁器が多量に出土した久保田城跡は、有田天狗谷窯跡を調査した先生の研究領域と直結する。更に遺跡内の一角にあり、筆者が学生時代に歌った「国境の町」の歌手、東海林太郎の小公園地区を偶然にも調査できた。一方で、太平洋戦争当時の戦跡が見つかり、考古学が担うべき現実と直面した思いがあった。坂詰先生は戦跡考古学の先達者である。秋田は終戦時に土崎空襲に見舞われ、筆者が所属していたセンター中央調査班の新屋地区が昨年迎撃ミサイル基地の候補地になり、国と県民の間で論争が巻き起っている。二次調査ではその詳細が記録されることを願うが、戦跡は、歴史を担う考古学が優先して取り込むべき対象である。

それにしても、近年の記録方法、調査員の気質等において、若い世代との隔たりを強く感じる。一九七〇年代とでは覚醒の感がある。このところ、考古学の専攻生が少ないことをよく耳にする。広辞苑にもある三K（きつい・汚い・危険）が蔓延っているのだろうか。筆者は、教育者、研究者としての恩師の姿を礎に、秋田での発掘や整理作業を進めてきた。考古学を表徴する言葉として、教育、研究、そして文化財に共通する歴史性や文化的価値を堅持する意味から、共有の言葉を加えた新三Kが相応しいと考えている。ここ数年のセンター職員は若返りが著しく、全国的に世代交代が進行している傾向を反映したものであろう。多くの若い世代には、新三Kの新感覚を旗印に、温故知新に学んでもらいたい。

本年は奇しくも改元の年に当たり、平成時代とほぼ重なる筆者の在職期間の最後の年でもある。思えば本年は、平成元年（一九八九）から三〇年、かのフランス革命からは二三〇年である。昨年は明治元年（一八六八）から一五〇年を迎えており、去年と今年の変化は歴史の大きな節目を感じさせてくれる。本年で五〇年になる東大安田講堂事件も忘れてはならない。文化庁再編の動きも聞こえてくる。社会の動きが目まぐるしいこの時期に、一度立ち止まって、考古学について思考する時間があっても良い。

倉田先生との出会いがなければ、考古学を生涯の仕事とすることはなかったと思う。旧館三階の研究室の前で「君、ここは西洋館だよ。」と下駄履きの筆者が注意を促され、その時「はい」と即答した。この会話が始まりである。この意味では、いの一番、上京に賛同してくれた両親に感謝しなければならない。以上のように、四五年の節目に当たり、徒然に、来し方の思いにも触れてみた。

考古学の日常を通じて、坂詰先生が述べた「論考を纏めるのに一〇〇の類例を集めなさい。」の金言を懐中に忍ばせてきた。しかし行うは難しである。筆者はこれまでに、発掘や整理、それらの条件整備等で一〇〇を越える遺跡に携わってきたが、本書が考古学の本質や在るべき姿を模索する契機になれば幸いである。稀に思考を休め、時に勢いを持って、ふる里秋田から考古学を発信していきたい。まだ土俵を降りるつもりはないのである。

荒磯のように豪快で、疾風のごとき活力ある若人に肖りながら、五〇年の節目に向かって令和の時代に踏み出したい。平成の時代に起きた、東日本大震災をはじめとする幾多の自然災害を忘れることなく。

最後に、本書刊行の機会を作って頂いた桑門智亜紀氏、煩雑極まりない編集作業を遂行して頂いた児玉有平氏には、心より感謝申し上げます。

二〇一九年四月吉日

利部　修

■著者紹介

利部　修（かがぶ おさむ　Kagabu Osamu）

1955年秋田県に生まれる。

1978年駒澤大学文学部歴史学科（考古学専攻）卒業。

1983年立正大学大学院文学研究科修士課程（史学専攻）修了。

1985年より秋田県埋蔵文化財センターに勤務、同センター南調査課長、主任文化財専門員を歴任。

《主要著書》
『「心象考古学」の試み―造形物の心性を読み解く―』雄山閣　2017年
『出羽の古代土器』同成社　2008年
『長崎・松浦皿山窯址』先史15　駒沢大学考古学研究室（共著）1981年
「北日本の須恵器についての一考察」『考古学の諸相』坂詰秀一先生還暦記念会　1996年
「平安時代東北の長頸瓶」『生産の考古学』同成社　1997年
「虚空蔵大台滝遺跡の呪術・祭祀・信仰―平安時代後半と中世後葉の心象風景―」『生産の考古学』Ⅱ　倉田芳郎先生追悼論文集編集委員会編　2008年
「近世×形文の変容」『秋田考古学』第62号　秋田考古学協会　2018年　など

2019年5月25日　初版発行　《検印省略》

考古学研究《こうこがくけんきゅう》とその多様性《たようせい》
―東北《とうほく》からの視座《しざ》―

著　者　利部　修
発行者　宮田哲男
発行所　株式会社 雄山閣
東京都千代田区富士見2-6-9
ＴＥＬ　03-3262-3231 / ＦＡＸ　03-3262-6938
ＵＲＬ　http: //www.yuzankaku.co.jp
e-mail　info@yuzankaku.co.jp
振　替：00130-5-1685
印刷・製本　株式会社ティーケー出版印刷

ISBN978-4-639-02645-7 C0021
N.D.C.210　248p　21cm